*Halte die Augen weit auf,
bevor du heiratest -
und halb geschlossen,
wenn du verheiratet bist.*

Benjamin Franklin

A 72

ZWEI IN EINS GEGEBEN

ZWEI IN EINS GEGEBEN

Der gemeinsame Weg

Herausgegeben
von
Margret Huda

1984

VERLAG WORT UND WERK SANKT AUGUSTIN

CIP-Kurztitelaufnahme der Deutschen Bibliothek

Zwei in eins gegeben: d. gemeinsame Weg / hrsg. von Margret Huda. – 601.–610. Tsd. – Sankt Augustin: Verlag Wort u. Werk, 1984.
ISBN 3-8050-0141-X
NE: Huda, Margret [Hrsg.]

5205 Sankt Augustin 1

Gestaltung und Zeichnungen: J., H. und P. Palm
ISBN 3-8050-0141-X
1984: 601.–610. Tausend
Neue, überarbeitete Auflage
Druck und Herstellung: Druckerei Steyl b.v., NL

Foto vor Seite 1 Stefan Moses
Nach den Seiten
16, 64, 80, 96, 128, 144, 160, 176, 224 Stefan Moses
48, 112, 192 Toni Schneiders
208, 240, 256 Karl Vigelius

Das Bild des Umschlages zeigt Ausschnitte aus dem Portal des Hildesheimer Domes

Foto: Hermann Wehmeyer

EINLEITUNG

Dieses Buch ist geschrieben für junge Menschen, die heiraten wollen oder gerade die Ehe geschlossen haben. Seit es 1963 zum ersten Mal erschien, hat es eine Auflage von 500 Tausend erreicht. Seine Mitarbeiter konnten also vielen Lesern wertvolle Hilfen anbieten. Dank und Anerkennung an sie werden keineswegs dadurch geschmälert, daß unsere schnellebige Zeit mit den vielfältigen Wandlungen in Gesellschaft und Kirche nun ein aggiornamento, eine Anpassung an unser neues Jahrzehnt erforderlich macht.
Nicht nur das Zweite Vatikanische Konzil und die Synode der Bistümer Deutschlands haben die Partnerschaft von Mann und Frau verändert. Breiter genutzte Bildungschancen und Berufsmöglichkeiten führten zu einem neuen Selbstverständnis im privaten und gesellschaftlichen Leben. Davon kann auch die christliche Ehe nicht unberührt bleiben. Mag ihr Wesen als Lebens- und Liebesgemeinschaft auf Lebenszeit immer dasselbe bleiben, ihre vitale Ausgestaltung muß sich an Erfordernissen und Einsichten, Entwicklungen und Fortschritten jeder Zeit stets neu orientieren.
Die schöpferische Spannung zwischen Ewiggültigem und zeitbedingt Wandelbarem zeigt sich auch in den anschließenden Beiträgen. Ihre Reihenfolge geht von den Überlegungen eines jungen Paares vor der Ehe aus. Jedoch können vordringlich interessierende Themen ruhig zuerst gelesen werden. Alle Beiträge sind in sich abgeschlossen und vermitteln je eigene Informationen und Anregungen, Hilfen und Diskussionsgrundlagen.

Die Zeiten, da Eltern ihren Söhnen und Töchtern ein eigenes Nest bauten, sind für die meisten vorbei. Heute wird vernünftigerweise mehr in die Berufsausbildung investiert, so daß viele Heiratslustige über selbstverdientes Geld verfügen und zahlreiche Wünsche bei der Vorbereitung auf die Ehe haben. Um die verschiedenen Vorstellungen abzustimmen, sind Gespräche über eine praktische Aussteuer, die richtige Ernährung, das erste gemeinsame Heim ebenso wichtig wie über Liebe, Glaube und Mitmenschen. (I)

Rückt der Hochzeitstermin mit dem verbindlichen Jawort näher, ist nüchterne Besinnung heilsam. Denn die Ehe hat eine sehr realistische Basis im bürgerlichen und im kirchlichen Recht. Ob einer sie für ersetzbar hält oder ob eine bekenntnisverschiedene heutzutage schon eine ökumenische Heirat ist, sollten betroffene Brautleute gründlich diskutieren. Solche Klarstellungen tragen erheblich zu einer harmonischen Hochzeitsfeier bei. Wie tief christliche Ehe bis hin zu den Problemen der Geburtenplanung in Seele und Leib wurzelt, beweist nicht zuletzt ein offenes Gespräch mit dem Arzt. (II)

Ein Kind bedeutet für viele junge Eltern außer großer Freude auch gründliches Einüben von Pflegen und Erziehen. Wie sich Mutter und Vater darauf gemeinsam vorbereiten können, zeigt der Beitrag ‚Geburt und Pflege des Säuglings'. Weil Kindertaufe nicht mehr einfach aus Tradition, sondern aus Verantwortung gewünscht und gespendet werden soll, gibt es neuerdings ein vorbereitendes Gespräch mit dem Taufspender. Zum richtigen Rollenverständnis als Vater und Mutter können Mann und Frau sich gegenseitig helfen. Dabei häufig auftretende Spannungen erhalten sowohl durch außerhäusliche Berufstätigkeit als auch durch ein ‚Nur-Hausfrau-Dasein' manchmal zusätzlichen Konfliktstoff. Naives Beschwichtigen hilft da weniger als eine gehörige Portion Phantasie, Rücksichtnahme und Aufeinandereingehen. (III)

Tapetenwechsel ist heilsam, fahren Sie mal zur See . . .

Jugendliche fragen heute zunehmend nach Leitbildern im Elternhaus und machen kritische Anmerkungen. Darin liegt auch ein Anstoß für die jungen Eheleute, die Ziele, Inhalte und Weisen ihrer Erziehung zu bedenken. Was würden sie auf die Frage – bevor sie den Beitrag dieses

Buches gelesen haben – antworten: „Sollen unsere Kinder christlich erzogen werden?“ Würden sie ihren Kindern nur sagen: „Wenn euch einer haut, wehrt euch!“, obschon auch die Jüngsten soziales Verhalten einüben müßten als Voraussetzung für Frieden. Interessieren sie Aufgaben von Kindergarten und Schulpflegschaft? Wissen sie, daß sich Heranwachsende – wie ihre eigenen Eltern früher – ein unverkrampftes Familienleben wünschen, in dem Fragen der Geschlechtlichkeit nicht ausgeklammert werden? Bei Schwierigkeiten mit dem Nachwuchs, für die man selbst keine Erklärung hat, gibt es u. a. gute Erziehungsberatungsstellen. (IV)

Obwohl freie Zeit oft zu knapp bemessen scheint, sollten wir ab und zu prüfen, ob wir sie sinnvoll nutzen. Zeit zum Erholen und zum Nachdenken, zum Zuhören und zum Sprechen bewahrt vor oberflächlicher Aktivität und verantwortungsloser Reaktion. Wer über seine freie Zeit richtig verfügt, kann gesellig sein, sich pflegen, so weit wie möglich fit halten . . . und ein geeignetes Ferienprogramm für die ganze Familie machen. Selbst das Streiten, „das zur Ehe gehört wie die Panne zum Auto“, wird mit etwas Zeit fruchtbringender gelingen. Wobei zu bemerken ist: Die meiste Zeit haben nicht immer die Menschen, die am wenigsten arbeiten! Sollten dennoch unüberwindliche Mißverständnisse in einer Ehe auftreten, gibt es auch dafür geeignete Beratungsstellen. (V)

Keine Familie existiert für sich allein. Ihr Schicksal wird mitbestimmt von Ansprüchen und Einflüssen in Kirche und Staat. Es ist darum nicht gleichgültig, ob die einzelnen Familien Kontakt zur kirchlichen Gemeinde suchen, Elan zu Bürgerinitiativen aufbringen, sich politisch informieren und entscheiden. Dabei sollten Enttäuschungen weniger zu unreifem Resignieren als zu erneuter sozialer Verantwortung führen. Vielleicht wächst damit auch der Mut, das Leben auf der Erde einmal von seinem Ende her zu sehen: Von Erbschaft und Testament, Krankheit und Tod. (VI)

Alle Autoren – zuständige Wissenschaftler und erfahrene Praktiker – haben aus ihrer Sicht und Verantwortung Beiträge geschrieben, die der christlich-gelebten Ehe und Familie in Kirche und Welt dienen wollen. Wenn ihr vielfältiges Angebot wie ein bunter Blumenstrauß angenommen wird und Freude bereitet, wissen sie sich bedankt.

Margret Huda

WIR WOLLEN HEIRATEN

DIE LIEBE LERNEN

Es ist schwer, etwas über die Liebe zu sagen, was nicht schon falsch wäre in dem Augenblick, da man es ausspricht. Denn die Liebe ist ein Geheimnis zwischen zwei Menschen und Gott, und die Verwirklichung so vielfältig, wie die Menschen verschieden sind. Daß es nicht genügt, Gefallen aneinander zu haben, verliebt zu sein und sich „riechen" zu können, daß die Liebe *gelernt* werden muß und oft nicht wenig Lehrgeld kostet: das erfahren so manche Liebenden schon in der Verlobungszeit. Und glücklich die, die es erfahren und nicht irre werden an den Krisen und Krisenzeiten der Liebe, in denen es scheint, als sei alles aus und vorbei, was sie im Aufschwung der Gefühle für ewig hielten. Kann doch der geliebte und begehrte Mensch einem plötzlich fremder werden als ein Vorübergehender auf der Straße. Dabei ist meist nichts weiter geschehen, als daß man mit einem Male erkennt, daß man sich noch gar nicht richtig gekannt hat, daß man noch viel zu sehr mit *sich selbst* beschäftigt war, um wirklich offen sein zu können für das Du. Junge Liebende sind nicht selten wie die Kinder, die selbstverständlich Liebe fordern, ohne mehr dafür geben zu wollen, als was die zärtliche Regung des Augenblicks verlangt. Was aber heißt Begegnung: daß man den anderen *annimmt* in seinem unabdinglichen Anderssein, ihn liebt nicht nur mit seinen guten Eigenschaften und dem, was uns an ihm gefällt, sondern weil er so ist, wie er ist. Den jungen Mann auch mit seiner Sportbegeisterung, die uns vielleicht auf die Nerven fällt, mit seiner zeitweiligen Großsprecherei, die uns geniert, mit seinem Eigensinn, der ihn gegen Argumente taub macht. Und er wird in seiner Braut nicht mehr nur die liebe, hübsche, verständige Freundin sehen, die ihn vor dem Alleinsein bewahrt, sondern wird aufgeschlossen und hellhörig werden für ihr besonderes Wesen, wird ihre Empfindlichkeit und

Glück beim Heiraten ist mehr als den richtigen Partner zu finden; es geht darum, der richtige Partner zu sein.

Sprödigkeit mit einzubeziehen versuchen. Wie gut, wenn Liebende schon in der Verlobungszeit erfahren, daß der, der nur sich sieht, Schiffbruch leiden muß in der Begegnung. Ein Leben lang sind wir auf dem Wege, die Liebe zu lernen. Ja, was ist das eigentlich, Liebe? Anfangs scheint es ein Gefühl zu sein, eine Kraft, die mächtig zueinanderzieht, die sehnsüchtig und unruhig macht, wenn man den geliebten Menschen entbehrt, und die mit Glück und Frieden erfüllt, wenn man beieinander sein und sich berühren darf. Wenn Liebe nur aus diesem Gefühl bestünde, wäre sie sehr flüchtig und in den meisten Fällen zu Ende, wenn die Sehnsucht ihre letzte Erfüllung gefunden hat. Aber Liebe, wenn sie echt ist, ist sehr viel mehr: sie um- und erfaßt den *ganzen Menschen,* sie kommt aus der Mitte seines Wesens, wurzelt in seinem innersten Kern, und von daher ergreift sie nicht nur sein Gefühl, sondern auch sein Denken, Handeln und Wollen. Sie erfüllt den ganzen Menschen und wandelt ihn um, aus einem ichsüchtigen, in sich verschlossenen in ein aufgeschlossenes, hingabebereites Wesen.

Wenn du eine Frau suchst, nimm die, die du zum Freunde nehmen würdest.

In jedes Lebensalter treten wir
als Neulinge
und ermangeln darin der Erfahrung
La Rochefoucauld

Wünschen nicht viele junge Mädchen, ihrem Verlobten eine gute, möglichst vollkommene Gefährtin zu werden? – dennoch aber ist so manche bange vor der Erfahrung der letzten körperlichen Hingabe. Gerade jenen Mädchen, die ihre Jungfräulichkeit auch in Gedanken unverletzt bewahrt haben (sie sollten sich im übrigen dieser Gnade dankbar bewußt sein und sich darum nicht besser dünken als andere, die vielleicht schweren Versuchungen ausgesetzt waren), fällt die Bereitschaft zur letzten Hingabe oft schwer. Vielleicht denken sie: warum muß „das" auch dazugehören? – um sich die Antwort zu geben:

wir wollen ja schließlich Kinder haben, deswegen muß ich es auf mich nehmen. Ach, nicht nur deswegen. Es ist doch nicht so, daß die Frau nur dulden und erdulden soll; es ist nicht wahr, daß sie nur ein passives Wesen ist. *Schenken* soll sie, sich selbst schenken in der Ehe, aus der Tiefe ihrer Freiheit und mit aller Großmut. Sich bereitmachen, ihren Mann in Liebe und ohne alle Vorbehalte bei sich zu empfangen, wie es gewollt ist. Vielleicht ist sie noch in dem Irrtum befangen, es gäbe eine seelisch-geistige und eine sinnliche Liebe, und die letztere sei eine niedere Form, deren man sich halb schämen müsse. Es gibt aber nur *eine* eheliche Liebe, und sie umfaßt den ganzen Menschen mit Geist und Sinnen. Ich möchte sogar sagen: wer das Geschlechtliche in der Ehe nur oberflächlich hinnimmt und sich nicht ganz von ihm durchdringen läßt, wer sich nicht müht, alle seine Möglichkeiten zur Vervollkommnung zu erschließen, der nimmt ebenso Schaden an seiner Seele wie derjenige, der es mißbraucht und zu einem Mittel des Genusses herabwürdigt. In der geschlechtlichen Gemeinschaft als innigstem Ausdruck der Ehe wird die Liebe erst *ganz gegenwärtig,* gewinnt sie ihren *Sinn* und besonderen *Wert.* Nicht in der Begattung liegt die Seligkeit der Vereinigung, sondern darin, daß es für kostbare Augenblicke gelingt, die Ferne, die zwischen zwei so grundverschiedenen Wesen, wie es ein Mann und eine Frau sind, zu überwinden, ineinander überzufließen und eine Einheit zu erleben, die über den Menschen hinausweist. Und sie erkannten einander, heißt es in den biblischen Berichten, wenn ein Mann eingegangen war in den Schoß seiner Frau. Nicht der biologische Vorgang der Vereinigung ist dabei das Wesentliche, sondern eben dieses Erkennen des anderen in der Ekstase des ehelichen Aktes, aus der Mitte des Wesens, durch das Zusammenklingen aller Kräfte von Herz, Sinnen und Geist. Es liegt im Wesen der ehelichen Liebe, daß sie nur das geben kann, was sie empfangen hat. Darum muß also die Braut sich bereitmachen, die Fähigkeit zur *vollkommenen Hingabe,* die in ihr schlummert, wecken zu lassen, um sie in der Ehe zu verwirklichen. Die eheliche Hingabe erst läßt uns den anderen ganz finden, aber auch das eigene Wesen in ihm. Sie lehrt die Eheleute die höchsten Reichtümer kennen, zu denen sie, einer durch den anderen, gelangen können. Alles ist gut, was in der Liebe geborgen und behütet wird, was dem Sinn der Ehe entspricht.

Wer sein eigenes Herz öffnet, öffnet das des anderen

Dorothea Grunenberg

EINE PRAKTISCHE AUSSTEUER

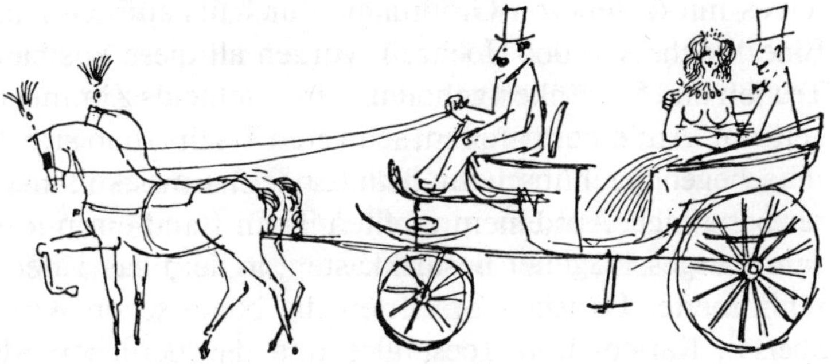

Als der Urgroßvater die Urgroßmutter nahm . . .

. . . war die Aussteuer noch eine höchst wichtige Angelegenheit. Jeder Vater – man höre und staune – hatte nämlich lt. § 1620 BGB die gesetzlich verankerte Pflicht, seiner Tochter bei Eheschließung eine standesgemäße „Zuwendung" zukommen zu lassen. Nun, jeder kluge Papa kümmerte sich beizeiten und vor allem um die letzten fünf Buchstaben des Wortes Aussteuer, und je nach Finanzlage gestaltete sich die Beschaffung der tausend standesgemäßen Dinge mehr oder weniger dramatisch. Aber dramatisch war es in jedem Fall. Dafür sorgte schon die Frau Mama, die Nächte damit verbrachte, über die Anzahl der Brüsseler Spitzen-Einsätze und über die Dessins der Meißener Mokkatäßchen nachzudenken. Bleistift und Papier lagen stets auf der Marmorplatte ihres Nachtkästchens bereit. Und während Rudolf vulgär neben ihr schnarchte, kam sie zu dem festen Entschluß, daß für ihre Adelheid das Beste gerade gut genug sei. Und außerdem sollte die Schwiegermama nur sehen, wes Standes man sei.

Brüsseler Spitzen

Kurz nach der Verlobung wurden Ballen von feinstem Leinen, bester Baumwolle und erstklassigem Damast ins Haus geliefert. Die Weißnäherin kam und fertigte unter Mamas prüfendem Auge Berge von Bettbezügen, Kopfkissen, Leintüchern, Tischdecken, Servietten, Handtüchern, Überhandtüchern und Nachthemden. Für die glückstrahlende

Adelheid begann die Zeit der Monogrammstickerei, denn das war selbst für eine höhere Tochter nicht unfein. Sie hatte, wenn sie nicht gerade Chopin übte, schon manche schöne Tischdecke in monatelanger Geduldsarbeit gestickt. Und ihre filigranzarten Spitzendeckchen konnten es mit denen von Großmama durchaus aufnehmen.
Eine Woche vor der Hochzeit wurden all diese kostbaren Dinge aus Truhen und Schränken geholt und in Adelheids Zimmer dekorativ aufgetürmt. Auf einem großen, schweren Tisch erhob sich das imposante Wäschegebirge, hübsch mit Satinbändern umwickelt und mit Duftwasser besprengt. Auf einem zweiten Tisch stand ein mit dunkelblauem Samt ausgeschlagener Besteckkasten, in dem das Tafelsilber 222teilig schimmerte. Daneben brillierten die böhmischen Kristallgläser, das Speise-, Kaffee- und Teeservice und die zierlichen Mokkatäßchen. Schwere silberne Leuchter erhoben sich dahinter, Großmutters Biedermeieruhr tickte dazwischen. Auf dem dritten Tisch stand das Küchengeschirr, Töpfe, Tiegel, Pfannen, Pfännchen, Messer, Mörser, Kuchenformen. Im Schrank hing die neue Garderobe der Braut. Mama besah sich die Pracht mit seliger Genugtuung, ließ Vasen bereitstellen, zog sich das Schwarzseidene an und erwartete die Gäste. Adelheids Freundinnen und deren Mütter waren zum Tee gebeten. Es war ihr ein Vergnügen! Und eine Mischung aus Glück und Stolz erfüllte sie, als sie die Geladenen in der Dämmerung ins Jungmädchenzimmer hinaufführte. Sie hatte die Kerzen anzünden und die mitgebrachten Blumen dazustellen lassen. Während sie lächelnd die Tür öffnete, klangen ihr all die Ah- und Ohrufe schöner als Musik in den Ohren. Als Glücksbringer für den Schritt in die Ehe legte sie jene putzigen Schühlein auf den höchsten Wäscheturm, mit welchen Adelheid die ersten Schritte im Leben versucht hatte.
Die Möbel, die in Adelheids Aussteuer außerdem enthalten waren, standen bereits in der neuen Wohnung. Und den zusätzlichen fünfstelligen Geldbetrag, den Papa als standesgemäße Mitgift empfand, erfuhren nur die engsten Beteiligten. Geld hat man, darüber spricht man nicht. Adelheid brachte also außer einem Herzen voller Liebe, dem Abschlußzeugnis einer höheren Töchter-Schule, einen gutdurchdachten, vollständigen Hausrat samt Möbeln und ein beträchtliches Bankkonto mit in die Ehe. Und was brachte der glückliche Bräutigam? Ein ebenfalls entflammtes Herz und etwa als Arzt einen angesehenen und einträglichen Beruf, mit dem er eine Familie wohl ernähren konnte.

Außerdem und überdies – hatte er einen guten Namen. Einen „von Stand“. Überlassen wir nun Adelheid und Egon ihrer rosigen Zukunft und fragen wir uns, wie es im Laufe der Jahrhunderte zu solch einem enormen Aufwand für die Brautausstattung kam.

Bei den Eiszeitjägern dürfte die Mitgift noch keine Rolle gespielt haben. Wichtig war nur der Nachwuchs, den man für die Altersversorgung unbedingt brauchte, daher pflegten sie – wild wie sie waren – den Frauenraub. Jeder bärtige Höhlenbewohner war froh, wenn er es überhaupt zu einem eigenen Höhlenweib brachte. Als das dann mit Ackerbau und Viehzucht losging, wurde die Sache allmählich anders. Die Sippe verlor ja mit einem weggeheirateten Mädchen eine junge, also leistungsstarke Arbeitskraft, was wiederum einen Verlust des Ernteertrages darstellte. Und da die übrigen Sippenmitglieder keine Lust zu Überstunden hatten, kamen sie überein, für die arbeitsame und obendrein schöne Braut einen Ausgleich in Naturalien zu verlangen: Rinder, Schafe, Saatgut und noch einiges mehr. Solche vernünftigen Sitten haben sich bis heute, z. B. in Afrika, erhalten. Das hat leider zur Folge, daß mancher in Liebe entbrannte Jüngling seinem glutäugigen, aber unbezahlbaren Schatz resigniert ins Ohr flötet: Teures Mädchen, sieh mein Leiden. (Vielleicht ist das auch ein Grund, warum Orientalen oder Afrikaner so gerne deutsche Frauen heiraten: Man bekommt sie gratis!)

Das teure Weib

In jenen Gesellschaftsordnungen aber, in denen die Töchter nicht am Bruttosozialprodukt der Familie mitarbeiteten, bedeutete eine nicht verheiratete Jungfer eine lebenslängliche Belastung des väterlichen Geldbeutels. Und da man meist eine ganze Auswahl von Töchtern hatte, half man eben mit dem Liebreiz der Dukaten nach. Oh, die Mütter ließen sich da allerhand einfallen, wie auch die Ausstattung unserer Adelheid beweist. Während Egon „hinaus ins feindliche Leben“ mußte, übernahm sie die von ihr erwartete, einzig mögliche Rolle der Dame des Hauses. Bei Frauen, die nicht von Stand waren, hieß es (mangels Dienstmädchen) Heimchen am Herd, ab erstem Kind Hausmütterchen. Während Arbeit arme Leute, auch Frauen!, angeblich „adelte“, war Arbeit für eine Frau „von Stand“ nicht mit der Ehre ihres Gatten bzw. ihres Vaters zu vereinbaren. Ja, so streng waren da die Bräuche.

Die Dame des Hauses

Die Zeiten haben sich geändert

Was früher ehrenrührig war oder ein Gebot der Not, ist heute selbstverständlich: Töchter arbeiten; denn ihre klugen, weisen Väter ließen sie ordentlich was lernen: Berufsausbildung! Und damit haben sie den größten Teil der Mitgift schon geschafft. Denn, siehe da, mit selbst erworbenem Geld kaufen Conny, Heike und Angelika sich munter all die vielen teuren Dinge ganz allein. Vorausgesetzt: Es geht ans Heiraten. Und vorher? Nun, das ist eine recht zweischneidige Sache. Als ich daranging, diesen Artikel zu Papier zu bringen, interviewte ich sämtliche Freundinnen und die meiner Schwester gleich dazu, alle verheiratet, alle aussteuererfahren. Und jede, aber auch jede, sagte mir, daß sie sich heute über allzufrüh Angeschafftes und von gutmeinenden Eltern, Tanten, Großmüttern Geschenktes ärgere. Warum, frage ich mich, gefällt uns heute nicht mehr, was uns vor 10 Jahren gut gefiel. Weil Teller, Tassen, Bettbezüge schneller unmodern gemacht werden. Die Betonung liegt auf „gemacht“. Unser Geschmack wird manipuliert, und die Kassen klingeln von neuem.

Arbeitende Frauen – kein Heiratshindernis

Wie freut es mich heute, daß ich mir als Teenager, statt Handtücher zu stapeln, sehr zum Entsetzen meiner aussteuerwütigen Anverwandten die Welt angesehen habe, frei nach Goethe: Die beste Bildung findet ein gescheiter Mensch auf Reisen. Und die Aussteuer? Bescheiden, aber schön, erstand ich sie kurz nach der Verlobung. Dies würde ich allen Mädchen nur zu gerne raten, wenn … ja, wenn die Aussteuer

Bildung oder Aussteuer

Wem das Herz nicht warm ist,
dem ist es überall kalt.

nicht doch Tausende von Mark kosten würde und wenn angesparte Tausende in 5 Jahren noch so viel Kaufkraft hätten, wie sie heute haben. Es bleibt mir also gar nichts anderes übrig, als in die altausgetretenen Stapfen meiner weiblichen Vorfahren zu treten und laut zu posaunen: Was du hast, das hast du!

Aktion Eichhörnchen

Um diese Aktion Eichhörnchen aber vor späterem Kopfschütteln über den eigenen schlechten Geschmack zu bewahren, ist eines wichtig: Sich niemals von modischem Schnickschnack blenden zu lassen, sondern sich erst einen guten Überblick zu verschaffen und so lange zu suchen, bis man die wirklich edle Form, die wirklich harmonischen Farben, die wirklich gute Qualität gefunden hat. Dieses Suchen ist anstrengend, es erfordert Zeit, aber das Finden und Besitzen ist von jener reinen Freude begleitet, die nur edle Dinge verbreiten können.

Wenig und gut ist doppelt gut.

Praktisch soll der Hausrat natürlich auch noch sein, aber als Frau unter Frauen kann ich es augenzwinkernd ruhig sagen: Hauptsache schön! Auch wenn Millionen Männer darüber den Kopf schütteln. Verkaufsmanager wissen das längst und bemühen sich, ihre Produkte von internationaler Jury als „formschön" prämiieren zu lassen, um damit sehr erfolgreich die Werbetrommel zu rühren.

Es sind viele Dinge, die der Mensch in unserer Konsumgesellschaft angeblich zur Aussteuer braucht. Wirklich notwendig sind nur die allerwenigsten. Und alle Achtung vor jenen, die frei vom Habenmüssen das Durchstreichen noch nicht verlernt haben. Sie wissen, daß Mangel zwar ein guter Nährboden für Ehekrach ist, aber Luxus keinerlei Garantie für Glück.

Wichtig ist fürs erste nur der Überblick. Um ihn zu gewinnen, geht man möglichst ohne Geld in das beste Haushaltwarengeschäft, das zu finden ist – so was soll geschmackbildend sein – und läßt sich eine sogenannte Hochzeitsgeschenkliste geben. Sollte der Verkaufsleiter noch keine derartig geschäftstüchtige Idee gehabt haben, so hamstere man alle einschlägigen Prospekte und lasse sich von einer erfahrenen Verkäuferin beraten, wobei man ihre fachmännischen Vorschläge wie goldene Worte notiere. Sie wird auf die Vorteile von Stapelgeschirr aufmerksam machen und über feuerfestes Glas und Prozellan informieren. Sie wird ein Speiseservice empfehlen, das in Einzelstücken käuflich ist, und raten, es für 8 und mehr Personen zu kaufen. Auch wird sie die vielen kleinen nützlichen Helfer, vom Meßbecher bis zum Küchenpinsel, vom Schneebesen bis zum Sparschäler, aufzählen. Wenn sie es beson-

. . . und die kleinen Dinge des Alltags

ders gut meint, wird sie zu Allzweckgläsern raten und eher zu Edelstahlbesteck als zu echtem Silber. Schließlich aber wird sie voller Begeisterung den unübertrefflichen Schnellkochtopf in den Himmel loben. Für soviel Menschenfreundlichkeit sollte man sich auch freundlich bedanken und alsdann – zur Gewinnung weiterer Übersicht – in das zweit- und drittbeste Geschäft gehen, um das Ganze zu wiederholen. Es ist zum Wundern, wie verschieden Preise für gleiche Qualität sein können.
Natürlich sollte man sich auch in erstklassigen Wäschegeschäften beraten lassen, um sich dann freundlich wieder zu empfehlen und die Wäscheliste alleine und in Ruhe zusammenzustellen. Ein führendes Geschäft empfahl mir, vom raschen Modewechsel selbst sichtlich beeindruckt, recht geringe Stückzahlen für die Aussteuer. Es ist zu überlegen, welche Art von Betten man später einmal haben will. Bei gemusterter Wäsche ist zu beachten, daß sie sich kaum mit gemusterten Tapeten oder Gardinen verträgt und daß sie außerdem schneller unmodern wird als unifarbene Sachen. Manchmal ist sie hinreißend schön und bügelfrei obendrein, so daß man Adelheids Grundsatz von „lebenslänglicher“ Bettwäsche wohl übergehen kann. Und wenn man statt Tischwäsche lieber die eigenen Glieder stärkt, so sind praktische Dralondecken angebracht. Kommt dann der Tag des großen Geldausgebens, erinnere man sich in Dankbarkeit der liebenswürdigen Beraterinnen und lasse sich nur von ihnen bedienen. Welche Verkäuferin wäre nicht stolz, als Lohn für ihre Freundlichkeit eine Tausendmarkrechnung ausstellen zu können.

Nun wünsche ich eine glückliche Hand beim Auswählen und keinen von jenen Männern, die sich ihre Ehefrau nach dem Motto: „Ei, Mädle, was kriegst für a Heiratsguat“ aussuchen, sondern einen, der neben seinem guten Charakter ein Schloß, einen Reitstall, eine Yacht, ein Privatflugzeug, eine Juwelensammlung und Ländereien in Südamerika besitzt – und auch ein bißchen Unterwäsche, Socken, Hemden, Taschentücher, einen Bademantel und einen – Herrendiener.

Lieselotte Fesser

Gisela Trurnit, *Deutsche Gesellschaft für Ernährung:*
Wollen wir ein Auto fahren, müssen wir lernen, wie das geht, und eine Prüfung ablegen. Das Fahrenlernen ist mit Mühe verbunden, muß geübt werden und macht am Anfang wenig Spaß. Je besser die Beherrschung wird, desto größer wird auch die Freude am Fahren. So ist es auch mit unserer Ernährung heute. Wir sollten diesen Führerschein uns selbst abverlangen! Verstehen wir erst einmal, warum Ernährung heute anders ist als gestern, wissen wir etwas über den eigenen Energieverbrauch und was Kalorien wirklich bedeuten, so gibt uns die Fülle des Nahrungsmittelangebots keine Rätsel mehr auf, die uns mißtrauisch machen oder zu Einkäufen verlocken, die uns nicht befriedigen. Wissen wir erst einmal, was zu beachten ist, und worauf es heute ankommt, so haben wir nicht nur einen Führerschein auf Lebenszeit erworben, wir haben auch jederzeit die Instrumente zur Hand, den Umweltfaktor Ernährung für uns ganz zu nutzen.

WOHL BEKOMM'S!

ODER WIE ERNÄHREN WIR UNS RICHTIG?

I. *Die gegenwärtige Situation*

Eine schockierende Tatsache! Ein Drittel der Bundesbürger Deutschlands stirbt an Erkrankungen, die mit der Ernährung zusammenhängen. Und das trotz des großen und reichhaltigen Angebots an Lebensmitteln! Wir leiden keinen Hunger, an dem mehr als ein Drittel der Menschheit leidet und stirbt; aber viele Menschen in unserem Land ernähren sich nicht richtig. Mit dem guten Wunsch: Wohl bekomm's! ist es offenbar allein noch nicht getan.

Mäßigkeit wird alt, zuviel stirbt bald,

Die Fehlernährung vieler junger und alter Menschen in unserem Land kann verschiedene Ursachen haben:

Hätt'ste Milch getrunken . . .

- Aufnahme zu großer Mengen an Nahrungsmitteln, also eine den individuellen Kalorienbedarf übersteigende Ernährung, die zum Übergewicht führt. Über 10 Millionen Menschen in der Bundesrepublik leiden unter zu hohem Körpergewicht mit allen Folgeerscheinungen.

- Zufuhr zu geringer Nahrungsmengen der ‚schlanken Linie' wegen, ebenfalls mit schweren Folgeerscheinungen.
- Eine – kalorisch gesehen – richtige, aber in ihrer Zusammensetzung falsche Ernährung, die zu typischen Mangelkrankheiten führt.

Was ist angesichts dieser Tatsachen zu tun? Eine langjährige Erfahrung zeigt, daß nicht dieses oder jenes Rezept die Lösung ist, sondern ein ausreichendes Wissen von den Lebensmitteln, von dem, was mit diesen im Körper geschieht und welche besonderen Aufgaben sie dort im Dienste unserer Gesunderhaltung zu leisten haben. Aus diesen Erkenntnissen und Einsichten ergeben sich Regeln für unser Ernährungsverhalten. Darum muß zunächst über die Grundlagen einer richtigen Ernährung gesprochen werden.

II. *Ernährungsphysiologische Grundkenntnisse – eine notwendige Voraussetzung gesunder, vollwertiger Ernährung*

Nährstoffe ist der gemeinsame Name für die wichtigen Bau- und Energiestoffe des menschlichen Körpers.

Zur Erhaltung seines Lebens ist der Mensch auf Nahrung angewiesen. Sie versorgt ihn täglich mit den notwendigen Baustoffen. Bei heranwachsenden Menschen nimmt die Zellsubstanz der verschiedenen Gewebe und Organe ständig zu. Auch der Erwachsene bedarf zur ständigen Zellerneuerung der Zufuhr von Baustoffen. Erinnert sei etwa daran, daß innerhalb von 156 Tagen die Hälfte der menschlichen Muskulatur sich erneuert; daß die roten Blutkörperchen eine Lebensdauer von etwa drei Wochen und die Leberzellen nur von zehn Tagen haben.

Ständiger Austausch

Wichtige Baustoffe

Ohne Protein kein Leben,

- *Eiweiß* = Protein ist Bestandteil jeder lebenden Zelle. Ohne Eiweiß gibt es kein Leben! Der Mensch besteht zu 12–20% aus Eiweiß. Der tägliche Bedarf eines Erwachsenen beträgt durchschnittlich 1 g pro Körperkilogramm. Kinder, Jugendliche und Ältere, auch Schwangere ab der 2. Hälfte der Schwangerschaft und Stillende haben einen höheren Proteinbedarf.

- *Wasser* macht etwa zwei Drittel des Menschen aus. Davon sind 30% in Blut und Lymphe enthalten; 70% befinden sich innerhalb der Zellen. Der normale Wasserbedarf des Menschen beträgt etwa 35 g pro Körperkilogramm, also rund 2,5 Liter täglich.

aber ohne Wasser auch nicht.

- *Mineralstoffe* kommen in unserem Körper meist in Form von Salzen vor, zu denen Kalzium-, Kalium-, Magnesiumsalze, phosphorhaltige Verbindungen und andere gehören. Sie machen 4–5% unseres Gesamtbestands aus. Der tägliche Bedarf ist für jedes Element ein ganz bestimmter.
- *Fett* ist auch bedeutsam als Baustoff, es bettet wichtige Organe ein und bildet das Unterhautfettgewebe.

Energiestoffe

Außer den Baustoffen müssen dem Menschen mit der Nahrung auch solche Stoffe in ausreichendem Maße zugeführt werden, welche die Körperwärme erzeugen und ihn zu den verschiedensten Arbeitsleistungen befähigen. Das sind vor allem die Fette und Kohlenhydrate.

- *Fett* enthält der menschliche Körper zu 7–12%. Der Fettbedarf richtet sich nach dem Alter, der Art der Arbeit und dem Klima. Bei Kindern und Jugendlichen soll die Fettmenge 1,5–2 g pro Körperkilogramm ausmachen. Körperlich schwer arbeitende Menschen benötigen mehr Fett als die mit gewöhnlicher oder gar vorwiegend geistiger Arbeit beschäftigten. Letztere brauchen etwa 1 g pro Körperkilogramm. Ältere Menschen kommen dagegen mit rund 0,7 g pro Körperkilogramm aus. Eine größere Menge führt leicht zu Übergewicht.
- *Kohlenhydrate* in Zucker und stärkehaltigen Nahrungsmitteln sind im Körper – als Reserve – nur 0,5% vorhanden. Der tägliche Bedarf liegt bei etwa 7 g pro Körperkilogramm, ältere Menschen benötigen etwa 4,5 g pro Körperkilogramm.

Die Nahrungsmittel als Nährstofflieferanten

ordnet man in ihrer Bedeutung jeweils einer bestimmten Gruppe zu: *Eiweiß-Träger* sind hauptsächlich Milch, Fleisch, Fisch, Ei, auch Getreideprodukte, Hülsenfrüchte, Sojabohnen. Tierisches Eiweiß ist biologisch besonders wertvoll.

Protein

Fett *Fett* sind pflanzliche und tierische Öle und Fette,
Kohlenhydrate *Kohlenhydrat-Träger* sind vor allem Zucker, Honig und stärkehaltige Lebensmittel, wie Getreideprodukte, Kartoffeln und Hülsenfrüchte,
Mineralstoffe *Mineralstoff-Träger* sind vorzugsweise Fleisch, Milch, Obst und Gemüse.

Wirkstoffe

Zu einer vollwertigen Ernährung gehören außer den genannten Nährstoffen auch die sogenannten Ergänzungsstoffe, die Vitamine und die Spurenelemente. Sie erst bewirken das harmonische Zusammenspiel der Stoffwechselvorgänge im Körper.

Vitamine
- *Vitamine* in der Gruppe der fettlöslichen Vitamine sind die Vitamine A, D, E und K, in der Gruppe der wasserlöslichen die Vitamine der B-Gruppe und Vitamin C.

Spurenelemente
- *Spurenelemente* sind, wie der Name besagt, Stoffc, dic nur in sehr geringer Menge (meist unter 1 mg) im Körper vorkommen und deren Bedarf sich meist in mg und noch weniger angeben läßt. Dennoch sind sie unentbehrlich. Sie haben im Stoffwechsel eine ähnlich wichtige Bedeutung wie Direktoren in einem Großbetrieb. Sie regulieren mit den Vitaminen zusammen die Stoffwechselvorgänge des Gesamtorganismus. Solche Elemente sind unter anderen Jod, Fluor und Kobalt. Der Bedarf daran läßt sich durch eine normale vollwertige Kost decken. Verluste treten meist bei unsachgemäßer Behandlung der Lebensmittel während der Nahrungszubereitung auf.

Die Nahrungsmittel als Wirkstofflieferanten
ordnet man ebenfalls bestimmten Gruppen zu. Reich an

Vitamine
Vitamin A und seinen Vorstufen, den Karotinen, sind: Karotten, Grünkohl, Spinat, Petersilie, Milchfett, Eigelb, Leber, Lebertran,
Vitamin B: Vollkornerzeugnisse, Milch, Hülsenfrüchte, Weizenkeime, Hefe, Kartoffeln, Leber, Niere, Rind- und Schweinefleisch, Eidotter, Gemüse, Nüsse u. a.
Vitamin E und K: Erbsen, Spinat, Karotten, Kohlrabi, Getreidekeimlinge,

Vitamin C: Petersilie, Paprika, Grünkohl, Spinat, Karotten, Tomaten, Sanddorn, Zitrone, Schwarze Johannisbeeren u. a.

Spurenelemente: Petersilie, Zwiebel, Bohnen, Möhren, Spinat, Sellerie, Salate, Tomaten, Kohlarten, besonders Grünkohl, Milch, Fleisch, Ei.

Sonstige wichtige Nahrungsbestandteile

Geschmacks- und Geruchsstoffe

Süß und Sauer

machen die Speisen erst schmackhaft und appetitanregend. Schwerverdauliche Speisen werden leichter verdaut. Bei manchen Erkrankungen sind sie sogar Heilmittel, wie neuere Forschungen gezeigt haben.
Zu den Geschmacksstoffen im weiteren Sinne zählen *Kochsalz* und *Essig,* ferner Fruchtsäuren, die, wie die Zitronensäure, dem Essig vorgezogen werden. Zitronensaft ist zum Beispiel ‚milder' im Geschmack und enthält zudem auch noch Vitamin C. Essig ist jedoch ebensowenig gesundheitsschädlich wie Kochsalz. Aber es kommt auf die rechte Dosierung an. Kochsalzeinschränkung beispielsweise ist geboten bei Nieren- und manchen Kreislauferkrankungen. Ein Gramm Kochsalz bindet immerhin 100 ccm Wasser im Körper.

Das gewisse „Etwas"

Geschmacksstoffe im engeren Sinne sind *Gewürze.* Neben den Geschmacksqualitäten salzig, süß, sauer und bitter gehören vor allem die hundertfach verschiedenen Duftstoffe dazu. Bei den Gewürzen handelt es sich um getrocknete Pflanzenteile, um
Wurzeln bei Meerrettich und Ingwer,
Rinden bei Zimt,
Blätter bei Lorbeerblättern,
Blüten bei Gewürznelken,
Früchte und Samen bei Pfeffer, Muskat und Paprika.

Blattgewürzpflanzen sind Petersilie, Sellerie, Borretsch, Schnittlauch, Dill, Bohnenkraut, Estragon, Rosmarin, Majoran und viele mehr.
Gewürzmischungen sind bekannt als Back-, Fleisch- und Fischgewürzmischungen.
Curry ist eine Mischung von rund 30 verschiedenen Gewürzen.

Eine wichtige Regel

Magen-, Darm- und Nierenkranke sollen scharfe Gewürze meiden.

Ballaststoffe

sind in unserer täglichen Nahrung auch immer als unverdauliche Stoffe enthalten; sie werden mit dem Kot ausgeschieden, wie beispielsweise Zellulosefasern und Schalen. Diese Ballaststoffe kommen vor allem in Getreideprodukten (Vollkornbrot), in Gemüse und Obst vor. Sie sind echte Hilfsstoffe der Ernährung, da sie die Darmbewegung und die Darmentleerung fördern. Wie viele Menschen leiden heute unter Verstopfung, da ihre Nahrung zu wenig Ballaststoffe enthält! Ballaststoffe sind besonders den Übergewichtigen zu empfehlen, da sie das Hungergefühl nehmen und so vor einer zu großen Nahrungsaufnahme bewahren.

Stoffwechsel

Die mit der Nahrung aufgenommenen Nährstoffe werden in unserem Körper mit Hilfe der Wirkstoffe so verarbeitet bzw. umgewandelt, daß sie ihre Aufgaben als Bau- und Energiestoffe erfüllen können. Diese Vorgänge nennt man *Stoffwechsel.* Der Stoffwechsel vollzieht sich in drei Stufen:

- Die Verdauung (Abbau) der aufgenommenen Nahrung erfolgt in Mund, Magen und Dünndarm durch Einwirkung von Verdauungssäften. Diese bauen die Kohlenhydrate, Eiweißstoffe und Fette bis zu ihren Bausteinen ab. Wasser und Mineralstoffe brauchen nicht abgebaut werden. Das Unverdaute wird ausgeschieden.
- Die Aufnahme (Resorption) der Nährstoffbausteine, des Wassers und der im Wasser gelösten Mineralstoffe geschieht durch die Darmwände (Zotten) über die Blut- bzw. Lymphbahn in den Blutkreislauf, der die Stoffe an die Stellen des Verbrauchs bringt.
- Der innere Stoffwechsel vollzieht sich in den Zellen

a) als Baustoffwechsel: Er bewirkt den Aufbau oder Ersatz von Zellen und Körpersäften.

b) als Energiestoffwechsel: Die Bausteine, vor allem der Kohlenhydrate und Fette, vereinigen sich auf komplizierte Weise mit dem Sauerstoff des Blutes, wodurch Wärme und Energie für Leistungen erzeugt wird.
Ein Gramm Kohlenhydrate ergibt 4,1 Kalorien / 17,2 Kilojoule
ein Gramm Fett ergibt 9,3 Kalorien / 30,0 Kilojoule
ein Gramm Eiweiß ergibt 4,1 Kalorien / 17,2 Kilojoule
Den Energieverbrauch des Körpers bei völliger Ruhe im Liegen nennt man *Grundumsatz.* Er richtet sich nach Alter, Geschlecht und Gewicht des Menschen; der Durchschnittswert liegt bei rund 1500 kcal (Kilokalorien). Kinder haben einen höheren, ältere Menschen einen niedrigeren Grundumsatz. Wenn sich der Mensch bewegt und körperlich arbeitet, erhöht sich der Grundumsatz entsprechend dem *Arbeitsumsatz.* Der *Gesamtumsatz* umfaßt demnach Grundumsatz + Arbeitsumsatz. Er liegt beim Erwachsenen mit geringer körperlicher Arbeit zwischen 2000 und 2500 kcal/8380 kJ und 10470 kJ.

c) Die Bildung von Energiereserven erfolgt, indem in der Leber Kohlenhydrate als Glykogen, Bausteine des Eiweißes im sogenannten Stoffpool und Fette in den Fettpolstern gespeichert werden. Kohlenhydrate und Eiweißbausteine, die weder direkt verwendet, noch gespeichert werden können, werden in Fett umgewandelt. Der Abbau erfolgt immer dann, wenn der Körper weniger Energielieferanten aufnimmt, als er zur Energieerzeugung braucht.

Neuerdings verwendet man statt der speziellen Maßeinheit für die Wärmeenergie: Kalorie bzw. Kilokalorie (cal, kcal), die Maßeinheit der Energie (oder Arbeit) ist das Joule bzw. Kilojoule (J, kJ), sprich: „dschul".

1 cal = 4,184 J   1 kcal = 4,184 kJ   1 kJ = 0,239 kcal

Bei der Oxidation von
1 g Fett entstehen 9,3 kcal bzw. 39 kJ
1 g Kohlenhydrate 4,1 kcal bzw. 17 kJ
1 g Protein 4,1 kcal bzw. 17 kJ
Anmerkung: 1 g Alkohol liefert 30 kJ!

III. *Richtlinien für die Nahrungszufuhr*

können nur Anhaltspunkte geben, die sich in einigen Regeln zusammenfassen lassen:

Vollwertige Kost

1. Regel: Eine vollwertige Kost muß alle Nähr- und Wirkstoffe in der erforderlichen Menge, außerdem genügend Aroma- und Duftstoffe sowie ein ausreichendes Maß an Ballaststoffen enthalten.

Genügend Energiewerte

2. Regel: Die tägliche Kost soll so zusammengesetzt sein, daß sie für den Erwachsenen im allgemeinen 1 g Eiweiß, 1 g Fett und 6–7 g Kohlenhydrate pro Körperkilogramm enthält. Das entspricht etwa dem Gesamtenergiebedarf.

Eiweiß ist überwiegend in:

1 Hühnerei	= rund	7 g Eiweiß
1 Becher Joghurt	= rund	9 g Eiweiß
1 Becher Quark	= rund	43 g Eiweiß
¼ l Trinkmilch	= rund	10 g Eiweiß
1 Portion Fleisch	= rund	25 g Eiweiß
1 Portion Fisch	= rund	20 g Eiweiß

Fett ist überwiegend in:

100 g Öl	=	100 g Fett
100 g Butter	=	80 g Fett
100 g Margarine	=	80 g Fett

Verstecktes Fett enthalten:

100 g Nüsse	= rund	55 g Fett
100 g Mettwurst	= rund	51 g Fett

Kohlenhydrate sind überwiegend in:

100 g Zucker	=	100 g Kohlenhydrate
100 g Schokolade	= rund	55 g Kohlenhydrate
100 g Brot	= rund	50 g Kohlenhydrate
100 g Kartoffeln	= rund	20 g Kohlenhydrate
100 g Nährmittel	= rund	75 g Kohlenhydrate
100 g Obst	= rund	10 g Kohlenhydrate
100 g Gemüse	= rund	5 g Kohlenhydrate

Nicht ohne Eiweiß

3. Regel: Keine Hauptmahlzeit dürfte ohne Eiweiß, davon etwa die Hälfte tierisches Eiweiß, sein. Gute Kombinationen sind: Ei + Kartoffeln, Ei + Reis, Ei + Weizenbrot, Milch + Weizenbrot, Rindfleisch + Kartoffeln.

Frischkost

4. Regel: Jede Mahlzeit soll Mineral- und Wirkstoffe enthalten – es besteht eine reichhaltige Auswahl –, kein Tag ohne Frischkost aus Obst oder Gemüse.

5. Regel: Hilfsstoffe der Ernährung dürfen an keinem Tag fehlen. Je vielseitiger der Küchenzettel, um so eher bietet er die Gewähr für eine gesunde Ernährung.

6. Regel: Besondere Vorsicht gilt bei dem Gebrauch von Fett! Auch auf das verborgene Fett in Wurst usw., auch auf das zu Tunken und Mehlschwitzen verwandte Fett ist zu achten! Hochwertige Fette mit Linolsäure (reichlich enthalten in Keimlingsölen und Sonnenblumenöl ...) sind bevorzugt zu verwenden.

Wer gut schmiert, der gut fährt – stimmt nicht immer!

7. Regel: Alle Nähr- und Wirkstoffverluste sind möglichst zu vermeiden durch schnelle Säuberung beim Waschen und Putzen und die richtige Garart. Nährstoffschonende Garverfahren sind: Dünsten im eigenen Saft, Dämpfen in wenig Flüssigkeit, Garen in Folie oder im Römertopf und anderen feuerfesten Geräten sowie Grillen. Langes Warmhalten der Speisen bringt enorme Vitaminverluste.

Besser im eigenen Saft ...

8. Regel: Die einzelnen Mahlzeiten sind über den ganzen Tag hin richtig zu verteilen. Fünf kleine Mahlzeiten sind besser als drei größere. Dabei sollten das erste und zweite Frühstück rd. 30%, das Mittagessen 40% und Vesper und Abendessen 30% ausmachen. Die letzte Mahlzeit wird am günstigsten bis 19 Uhr eingenommen, da zu späteren Stunden die Verdauungssäfte nicht mehr optimal fließen.

Zur rechten Zeit das rechte Maß

9. Regel: Die Speisen sollen sorgfältig zubereitet und appetitlich angerichtet auf den Tisch kommen und die Mahlzeiten selbst ohne Hast und in aller Ruhe eingenommen werden. Das gilt auch für das erste Frühstück.

Immer mit der Ruhe

10. Regel: Jede Nahrungszufuhr muß nach Maß sein, d. h. die Tageskost muß die jedem zukommende Gesamtkalorienzahl in der richtigen Zusammensetzung enthalten. Für größere Familienhaushalte mit Kindern verschiedener Altersstufen und auch für Großeltern bedarf das einer sorgfältigen Planung.

Jedem das Seine

Eine Sonderstellung hat die Ernährung bei Säuglingen und Kleinstkindern, Schwangeren und stillenden Müttern sowie Kranken, die besonderer Diät bedürfen, und Genesenden mit Schonkost. Für alle diese genannten Fälle gibt es Spezialliteratur.

IV. *Empfehlungen*

Die Deutsche Gesellschaft für Ernährung (DGE), Frankfurt, gibt im Auftrage des Bundesministers für Jugend, Familie und Gesundheit Empfehlungen für eine gesunde Ernährung heraus. Einige Beispiele seien nachstehend angeführt:

Ein Kind

Ein Schulkind von 10 Jahren braucht etwa 1860 Kalorien pro Tag, entsprechend:

54 g Eiweiß-Protein	100 g Fleisch, 100 g Milch, 1 Becher Joghurt decken den Bedarf an tierischem Eiweiß.
61 g Fett	Biologisch hochwertige Fette, wie Butter, Margarine, pflanzliche Keimöle verwenden.
230 g Kohlenhydrate	Brot, Getreideprodukte, Kartoffeln, Hülsenfrüchte, Obst sind wertvolle kohlenhydratreiche Lebensmittel.
1000 mg Kalzium	Vor allem decken Milch und Milchprodukte den Bedarf.
14 mg Eisen	Einen hohen Gehalt haben z. B. Innereien, Fleisch, Vollkornbrot und Graubrot, Spinat.
75 mg Vitamin C	Obst, Gemüse und Kartoffeln sind wichtige Vitamin-C-Träger.

Der Jugendliche

Ein Jugendlicher mit 18 Jahren, der Sport treibt, körperlich aber nicht schwer arbeitet, braucht etwa 3000 Kalorien pro Tag, entsprechend:

100 g Eiweiß-Protein	800 mg Kalzium
100 g Fett	10 mg Eisen
400 g Kohlenhydrate	75 mg Vitamin C

Der Mann von 40

Ein Mann von etwa 40 Jahren, körperlich kaum beansprucht, etwa als Büroangestellter, braucht etwa 2400 Kalorien pro Tag, entsprechend:

80 g Eiweiß-Protein	800 mg Kalzium
80 g Fett	10 mg Eisen
350 g Kohlenhydrate	75 mg Vitamin C

Eine Frau von etwa 25 Jahren, körperlich wenig beansprucht, beispielsweise eine Sekretärin, braucht etwa 2200 Kalorien pro Tag, entsprechend: *Die Frau von 25*

70 g Eiweiß-Protein	800 mg Kalzium
80 g Fett	12 mg Eisen
340 g Kohlenhydrate	75 mg Vitamin C

Einem 65jährigen Menschen genügen 2250 Kalorien pro Tag, entsprechend: *Ein 65jähriger*

84 g Eiweiß-Protein	800 mg Kalzium
75 g Fett	10 mg Eisen
300 g Kohlenhydrate	75 mg Vitamin C

Empfehlenswerte Literatur *Literatur*

Aus der Reihe: Moderne Hauswirtschaft, Verlag Schöningh, Paderborn: Hermann Gerhard, Ernährungslehre – leicht serviert. Ein Sachbuch für Erwachsenenbildung, kart. 8,20 DM.

Gisela Trurnit, Die Säuglings- und Kleinkindernahrungen; kart. 9,40 DM; Sr. Franzinis Braun – Sr. Ingrid Helfberend, Verarbeitung der Lebensmittel im Familienhaushalt und in Anstaltsküchen, 15,80 DM.

Der Vertiefung des Wissens über richtige Ernährung heute dienen u. a. folgende Kleinschriften der Deutschen Gesellschaft für Ernährung (DGE), Feldbergstraße 128, 6000 Frankfurt am Main, die immer auf den neuesten Stand der Forschung gebracht werden.

Kleine Nährwerttabelle der DGE, Schutzgebühr 1,80 DM.

Die wünschenswerte Höhe der Nahrungszufuhr, Schutzgebühr 2,80 DM.

Richtig gekocht, vollwertig ernährt, Schutzgebühr 3 DM.

Ernährung des Klein- und Schulkindes, kostenlos.

Kalorientabelle für den täglichen Gebrauch, kostenlos.

Maria Schmidt

UNSERE ERSTE EIGENE WOHNUNG

Zu Anfang war es eine Höhle, dann ein Dach, von vier Wänden getragen, ein Raum, von draußen abgeschirmt, Schutz bietend vor Regen, Schnee, Sturm, Kälte, wilden Tieren und feindlichen Menschen.

Das Haus machte den Menschen seßhaft. Der häusliche Herd wurde Sinnbild des Heimes, bedeutete er doch Licht, Wärme, Nahrung und Überleben. Der Mensch hatte seinen Lebensraum entdeckt, von dem er ausging, in den er zurückkehrte, wo er geboren wurde und starb.

Später entstanden Einfriedungen, um sich von Nachbarn abzusetzen. Und im Laufe der Zeit baute man dann prunkvolle Fassaden, um besondere Lebensart und Reichtum zu dokumentieren.

Das Zuhause früher

Höhlen oder Schilfhütten

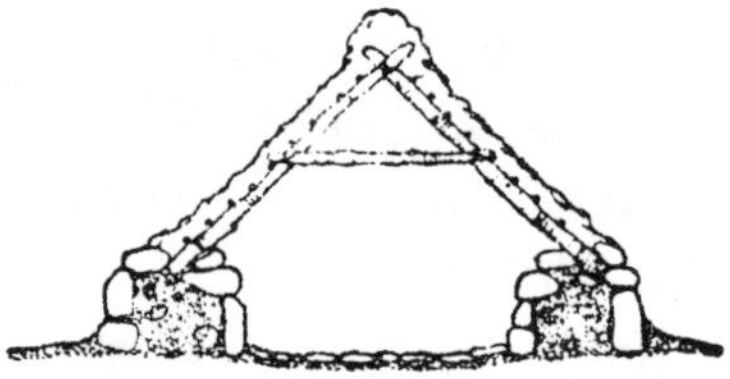

Halb Grube mit Dach

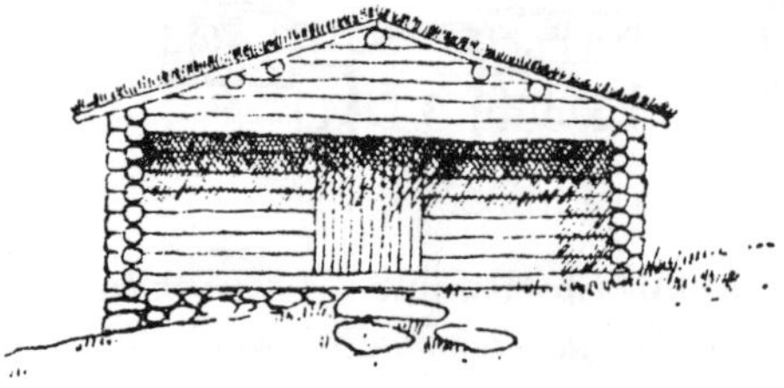

Das Haus, die 4 Wände

Aus 4 Wänden wurde mehr

Wir werden gefordert, Entscheidungen zu treffen, die eine Reihe von Jahren gültig sein sollen. Informieren wir uns und suchen wir Rat.

Dieser Haus- und Bauherr wurde gut beraten

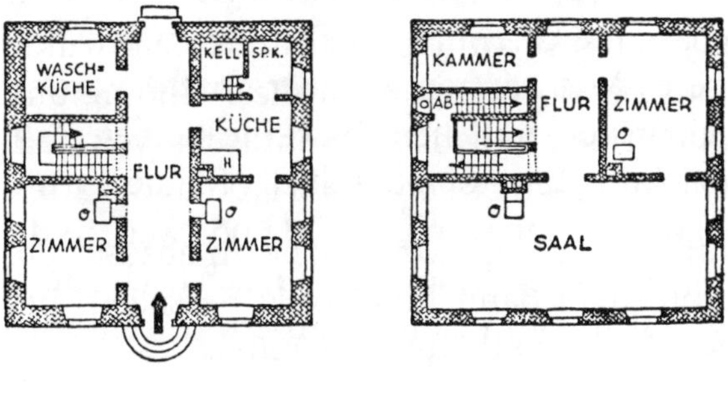

Zeitlos schön, heute noch gültig – und doch 250 Jahre alt!

Während das Haus ärmerer Leute in seinen Ansprüchen und Bedürfnissen bescheiden bleibt und nur nötigsten Raum zum Schlafen, Essen und Wohnen bietet, erweitern sich die Funktionen im Innern des Hauses wohlhabender Familien mehr und mehr und werden ein Spiegelbild der Zeit und Kultur. Dem jeweiligen Lebensstil und Zweck angepaßt entstehen Häuser, die etwa nur der Repräsentation, dem Spiel, der Zerstreuung oder der Arbeit dienen.

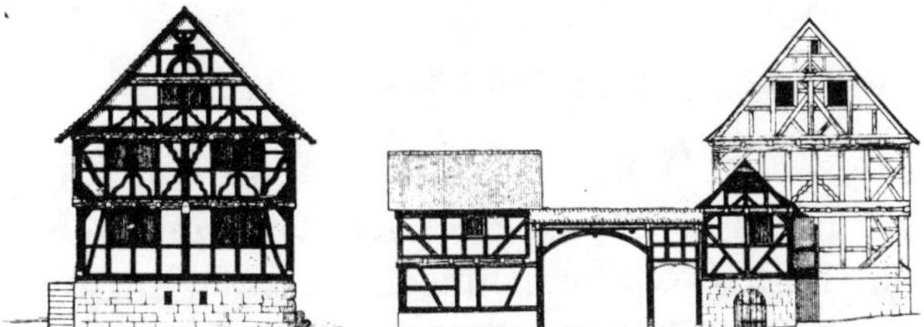

Viele Jahrhunderte konnte sich eine Persönlichkeit im Wohnen darstellen. Aus einem Heim sprach neben dem materiellen Wert auch der Charakter des Bewohners.

Seit frühester Zeit gibt es so auch das maßgeschneiderte Haus bzw. die Wohnung des einzelnen, einer Persönlichkeit, die sicher und unbefangen sich selbst darzustellen weiß beim Bauen und Einrichten. Aus einem Heim spricht daher nicht nur der materielle Wert, sondern auch der Charakter des Bewohners. Wir wissen vielleicht aus Erfahrung, wie sehr Geist und Atmosphäre eines Zuhause den Menschen für seine Zukunft prägen und formen können.

Das selbstgestaltete Heim

gibt uns eine sehr wichtige Bestätigung; wir gewinnen innere Ruhe darin und zugleich Bereitschaft und Offenheit für alle Fragen, Ansprüche und Aufgaben des Lebens. Wie können wir aber unsere Vorstellung von unserem eigenen Heim verwirklichen? Nur eine kleinere Zahl von Bürgern gelangt augenblicklich zu einer individuell gebauten Wohnung, weil erstens der verfügbare Boden weniger wird und zweitens die Preise ins Unermeßliche steigen. Daher findet der Wunsch nach einem Heim heute oft seine Verwirklichung in Reihenhäusern, Eigentumsetagen oder Mietwohnungen.
Neben erstaunlich guten Ansätzen mit den Mitteln der heutigen Technik, in Zusammenarbeit von Städteplanern, Architekten und Soziologen, wohngerechte Heime für alle Schichten zu schaffen, finden wir allerdings ebenso erschreckende Beispiele auf dem „Wohnungsmarkt", von gewissenlosen Geschäftemachern angeboten. Oft steht der Wohnungsuchende ratlos vor dem Angebot einer zufällig entstandenen, gesichtslosen Dutzendware und ergreift Zuflucht zu Altbauten, in denen er individueller leben kann, oft natürlich auf Kosten der Bequemlichkeit.

Unsere erste und schwierigste Aufgabe

ist es, eine Wohnung zu finden, die unserer Vorstellung am meisten entspricht, in der wir glücklich sein können, Kraft und Ruhe für Arbeit und Freizeit schöpfen, uns selbst entfalten, unseren Kindern ein Gefühl von Geborgenheit vermitteln, einen geordneten Tagesablauf ohne zuviel unnötige Wege durchführen und gute Nachbarschaft entwickeln können. Eine günstige Zugabe wäre eine vernünftige Verbindung zur Arbeitsstätte, zum Einkaufszentrum und zu kulturellen Einrichtun-

Die Flucht aus den Ballungsräumen in Gegenden mit besserer Lebensqualität versuchen viele

Individueller leben, hier könnte man es – aber Bequemlichkeit . . .

gen. Erhalten wir eine solche Wohnung zu einem entsprechenden Miet- oder Kaufpreis, dürfen wir den ersten Sieg feiern.
Danach ist es eigentlich ein ‚Kinderspiel', unser eigenes Heim zu realisieren. Zeitschriften und Einrichtungshäuser bieten eine Fülle von Anregungen. Das Angebot ist allerdings verwirrend groß und die Reklame so gezielt, daß leicht Traumvorstellungen geweckt werden,

Von Schaufensterwohnungen wird **ab***geraten*

die natürlich Abstriche erhalten müssen. Vielleicht liegt heute ein Kunststück darin, kritisch zu wählen und unseren Geldbeutel mit den Wünschen in Einklang zu bringen. Auch in diesen Entscheidungen zeigt sich eine gewisse Persönlichkeit.
Am wenigsten sollten wir uns beeinflussen lassen von Freunden oder Nachbarn, die üppiger eingerichtet sind. Verfallen wir aber auch nicht der Vorstellung, nach dem Einzug ‚komplett' eingerichtet sein zu müssen. Je mehr an Wünschen ‚offen' ist, desto mehr wachsen wir in die Wohnung hinein, desto klarer zeichnen sich mögliche Ergänzungen ab. Und die Freude, neu zu entdecken, bleibt noch lange erhalten. Trotzdem sollten wir einen Einrichtungsplan entwerfen und uns dabei beraten lassen.

Hier wird dringend **zu***geraten*

Von folgenden Überlegungen sollten wir ausgehen:

1. Wie groß ist die Wohnung?
2. Was soll sich darin abspielen?
3. Genügt der Platz? Oder müssen wir verschiedene Funktionen zusammendrängen? Ist dennoch der Eindruck von Großräumigkeit zu ermöglichen?
4. Wie ist die Beschaffenheit der Wohnung, von Fußboden, Wänden, Einbauten?
5. Wie sind die Lichtverhältnisse?
6. Welchen Charakter möchten wir der Wohnung geben?
7. Welche Möbel und Gegenstände brauchen wir?
8. Was besitzen wir davon?
9. Welche vorhandenen Möbel sind uns lieb und wichtig?
10. Was muß neu angeschafft werden, sofort oder später? Möbel sind nicht austauschbar wie Kleidungsstücke. Mögen wir sie auch in 10–20 Jahren noch um uns haben? Bitte nie drauflos kaufen!
11. Können wir eine Übergangslösung finden mit vorhandenen älteren Möbeln?
12. Was können wir selbst herstellen?
13. Lassen wir uns einen Grundriß von der Wohnung im Maßstab 1 : 50 geben. Wir schneiden die Möbel aus Millimeterpapier aus und spielen damit, bis wir eine ungefähre Lösung gefunden haben.

Vor dem Einzug

sollte die Wahl des Fußbodens, die Farbgebung der Wände und Vorhänge getroffen werden. Je kleiner eine Wohnung, desto weniger Wechsel von Farbe und Material! So könnten alle Räume einen nicht zu bunten, strapazierfähigen Teppichboden erhalten, in Diele, Küche und Bad wäre ein Plattenbelag praktisch.

Nicht zuviel wollen

Schöne Möbelstücke und Bilder kommen mehr zur Geltung, wenn die Wände nur mit einem Anstrich auf Rauhfasertapete behandelt werden, wobei dunkle Räume einen warmen Vollton vertragen. Ein Bad muß nicht unbedingt farbig gefliest sein. Fliesen sind ja nach Muster und Qualität sehr teuer, und in einigen Jahren möchten wir sie gern ändern; mit einem warmen Wand- und Deckenton können wir dem Bad ein Gesicht geben und öfter wechseln.

Was haben wir?

Welchen Zweck soll der Vorhang erfüllen? Er kann beispielsweise Licht- oder Sonnenschutz sein oder gegen Einsicht von draußen abschirmen. Bei einem herrlichen Ausblick aus dem Fenster wird er dagegen tagsüber vermutlich zur Seite geschoben. Vorsicht bei gemusterten Stoffen! Soll der Vorhang einen farbigen Akzent etwa in Küche, Bad und Kinderzimmer setzen, würde er ‚neutral' die Räume größer erscheinen und die Einrichtung mehr hervortreten lassen.

Was zuerst besticht, kann auf Dauer ins Auge gehen

Die Diele

ist die Visitenkarte einer Wohnung und zugleich die Einladung einzutreten. Ihr kommt also einige Aufmerksamkeit zu. Wir können sie in den Wohnbereich einbeziehen und mit einer Spiegelwand sehr reizvoll vergrößern.

Die Küche

muß vor dem Einzug vor allem hinsichtlich der Installation gründlich durchgeplant sein. Zur Beratung sind Küchenspezialisten der über 250 Küchenherstellungsfirmen bereit. Sie kennen die sinnvolle Anordnung der Einrichtung für den Arbeitsablauf und manch wertvolle Tips.
Die Küche der Zukunft wird mehr als heute mit dem Wohnbereich verflochten sein als ein Mehrzweckraum mit offenen und halboffenen Funktionszentren. So lange wir jedoch den ‚gemauerten' Kochraum haben, sollte er mindestens 240 cm breit sein. Bei zweiseitiger Aufstellung der Schränke von je 60 cm Tiefe ergibt sich ein Gang von 120 cm Breite. An Stellfläche werden im Idealfall 7 laufende Meter von 60 cm Tiefe benötigt für Arbeitsplatz, Geräte und Schrankfläche. Es ergibt sich folgendes Bild:

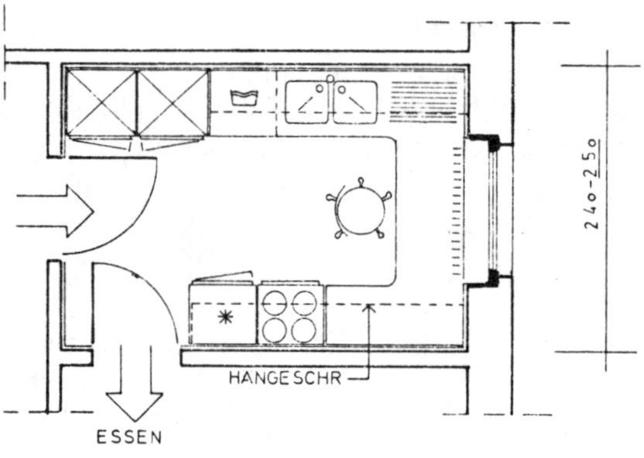

Ca. 30 cm Abstellfläche neben dem Herd, 60 cm Herd, 60 cm Hauptabstell- und Vorbereitungsbereich mit evtl. unterbautem Kühlschrank, 120 cm Spüle mit möglichst zwei Becken und Abtropffläche evtl. mit unterbauter Geschirrspülmaschine, 30 cm Abstellfläche, 60 cm Kühlschrank, der auch neben der Abstellfläche am Herd aufzustellen wäre. In der Nähe des Herdes sollten Gewürze und Nährmittel greifbar sein. Über den Arbeitsflächen haben sich Hängeschränke als praktisch erwiesen. Ein Besenschrank ist nicht zu vergessen.

Die Frontausführung der Schränke in weißem oder farbigem Kunststoff, naturholz furniert oder massiv Holz (Lamellen), mattlackiert oder farbig gebeizt, ist von uns zu bestimmen. Wenn der Preis keine Rolle spielt, sollten wir wählen, was uns gefällt.

Der Eßplatz

in unmittelbarer Nähe zum Kochraum ist ideal. Ob er in der Küche sein soll, das richtet sich nach der Größe des Raumes und nach den täglichen Gepflogenheiten der Bewohner. Erstrebenswert ist ein Raumteiler zwischen Arbeits- und Eßbereich, offen, halboffen oder mit Durchreiche, wahlweise von beiden Seiten zu benutzen zur Unterbringung des Geschirrs. Manchmal erweist sich auch eine genügend große Diele als geeignet für den Eßplatz. Oft muß er dem Wohnraum zugeordnet werden.
Der Tisch sollte ausziehbar sein, bei einer Größe von 80 × 130 cm oder 120 cm Durchmesser bietet er sechs Personen Platz. Eine abwaschbare Tischplatte erlaubt Hausfrau und Kindern, daran zu arbeiten.
Diese Tischgruppe, ob weiße Kunststoffplatte mit farbigen Kunststoffstühlen, furnierte Platte mit Speziallack behandelt und farbig gebeizten Stühlen, darf sich durchaus von der übrigen Wohngruppe abheben. Auch ein alter Tisch mit ganz verschiedenen Stühlen, vielleicht farbig lackiert, kann sehr gemütlich wirken. Wir können die Tischgruppe betonen, wenn sie ein starkes Bindeglied der Familie als Treffpunkt über die Funktion Essen hinaus darstellen soll. Der Eßplatz muß eine direkte Tischbeleuchtung erhalten.

Wunschbild eines Wohnraumes

Jahrhunderte gültig – aber wem steht heute so etwas schon zur Verfügung? Worin liegt die Wohnqualität dieses Raumes? Möbel sind nur wenige vorhanden. Vielleicht außerhalb des Bildes noch ein Schrank, vielleicht noch ein Lehnstuhl am Ofen. Welche Möglichkeiten bietet dieser Raum der Familie, vor allem den Kindern – und auch beim Besuch von Freunden – zum Essen, Spielen und Feiern? Ich kenne Wohnungen, deren Einrichtungen ein Vermögen kosteten, wo sich aber jeder scheut, ein Spiel oder auch nur eine einfache Faltarbeit zu machen. Doch – ja doch – man kann fernsehen – in ‚Clubgarnituren'.
Es geht hier nicht darum, eine vergangene Epoche zu verherrlichen. Wir müssen ein Zuhause schaffen, wo der Mensch sich entfalten kann.

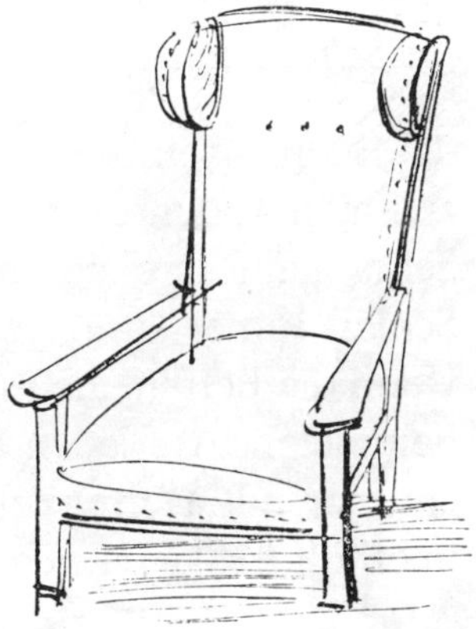

Der Wohnraum

Wenig, aber gut

sollte nicht überladen sein. Die Sitzgruppe in der Nähe des Fensters mit Ausblick könnte übereck angeordnet werden, wobei die einzelnen Sitze aneinandergeschoben eine Liege bilden, und so nicht nur mehr Personen Platz finden, sondern außerdem eine gewünschte Übernachtungsmöglichkeit geschaffen wäre. Um Platz zu sparen, können wir Eck- und Beistelltische benutzen.

Nostalgie ist zwar „in", aber ein geerbtes Möbel ist mehr

Die Wahl von Polstermöbeln und Tischchen ist bei dem Überangebot auf dem Markt nicht leicht, und da vieles Modische keine Überlebenschance hat, sollten wir uns erst nach gründlichem Informieren und Prüfen entscheiden. Preisschlager halten nicht immer, was sie versprechen. Vielleicht können wir alte, mit modernen Bezugsstoffen ganz verschieden überzogene Sessel zusammenstellen. Ein alter Sekretär, eine geerbte Truhe oder ein gutgearbeiteter Schrank brauchen einen besonderen Platz.

Regelwände, teils offen, teils geschlossen, in kleinen beliebig zu ergänzenden Einheiten, sind meist zusätzlich erforderlich, ob an Schienen aufgehängt oder an aufrechtstehenden Seitenwänden, die unabhängig von der Mauerwand quer im Raum sein können. Wenn schon andere Holzarbeiten im Raum vorhanden sind, sollte die Allzweckwand weiß sein, denn sie erscheint lebendig durch Bücher und viele andere Dinge. Eine Fernseh-Radio-Stereoanlage kann hier eingeplant werden, auch Schallplatten, Getränke und ein Schreibfach können darin einen Platz bekommen.

Als Beleuchtung ist eine tiefheruntergezogene Lichtquelle über einem Tisch der Sitzgruppe, eine Stehlampe mit verschieden auszurichtenden Strahlern zum Lesen, zum Ausleuchten einer Wand oder eines Bildes und eine Lichtquelle in der Nähe des Fernsehapparates erstrebenswert.

Im Schlafzimmer

der Eltern ist eine genügend lange Schrankwand notwendig aus beliebig zu ergänzenden Einheiten, von 60 cm Tiefe und 50–55 cm Breite. Die Schrankaufsätze nehmen weniger benötigte Gegenstände auf. Das Schlafzimmer kann auch zusätzlicher Wohn- und Arbeitsraum sein, wenn die Betten, als Liege übereck gestellt, tagsüber eine Sitzgelegenheit bieten. Auf jeden Fall ist die Vorstellung vom kompletten Schlafzimmer mit Herrenkommode, Frisiertoilette und Nachtschränkchen überholt. Ablagen neben den Betten sind nützlich.

Das Kinderzimmer

kann nicht geräumig genug sein, vor allem in den Jahren, wo die Kinder Platz zum Spielen brauchen und ein zusätzlicher Kinderspielraum nicht vorhanden ist. Zweistöckige Betten sind platzsparend. Mit dem Anschaffen sogenannter Kindermöbel sollte man vorsichtig sein, da sie teuer sind und das Kind ihnen sehr schnell entwächst. Wichtig ist dagegen eine Wandtafel, stapelbare Schubkisten zur Aufnahme aller Spielsachen, die auch als Hocker zu benutzen sind, eine Ablage für Bücher. Hier sollten wir bewußt Übergangslösungen anstreben und viel Farbe in den Raum bringen. Die ganze Einrichtung soll einschließlich gut ausgewählten Spielzeugs die Phantasie des Kindes wecken und unterstützen. Später soll das Kind mitentscheiden, wie es seinen Wohn-, Arbeits- und Schlafbereich haben möchte.

Jeder Raum aber erhält erst Leben

durch Dinge, die wir täglich benutzen und die einfach zu uns gehören. Deshalb sollten alle Gebrauchsgegenstände nicht nur zweckmäßig, sondern auch materialgerecht und formschön sein. Das gilt für Geschirr und Glas, ja sogar für Schirmständer und Fernsehapparat.
Beim Aussuchen der Vasen ist zu überlegen, welche *Blumen* niedrige, weite, enge, hohe Formen benötigen. Blumen können zu jeder Jahreszeit einem Raum und auch einem Balkon Leben geben. Es genügen oft Zweige, die, im Winter selbst ohne Grün und Blüte, in ihrer Verästelung schön sind.

Bilder gehören eigentlich in jede Wohnung. Wir erhalten heute auch zu erschwinglichen Preisen gute Drucke alter Meister und moderner Künstler. Vielleicht besitzen wir schon eine Graphik. Oft genügt aber ein Plakat. Wichtig ist, daß wir eine Beziehung zum Dargestellten haben. Beim Aufhängen muß berücksichtigt werden, ob ein Bild einen besonderen Platz braucht oder eine Aufreihung von Bildern auf einer Wand reizvoll ist. Bilder sollten auf jeden Fall einheitlich und nach Möglichkeit in Augenhöhe der Sitzenden hängen. Musikinstrumente, Reiseerinnerungen oder selbsthergestellte Stücke schaffen besonders persönliche Bezüge.
So wird unsere Wohnung zu unserem geistigen Eigentum. Ein Gefühl von Entwurzeltwerden bei einem notwendigen Aus- und Umzug beweist das.

Die Wohnung der Zukunft

wird sehr viel variabler sein als unser heutiges Heim. Von einer Installationszelle abgesehen, werden austauschbare Wandelemente geplant, um die einzelnen Bereiche je nach Bedarf verkleinern oder vergrößern zu können, um beispielsweise einen zusätzlichen Arbeitsraum auf Kosten eines kleineren Schlafbereichs und umgekehrt zu schaffen. So werden die Bewohner viel mehr individuelle Gestaltungsmöglichkeiten erhalten.

Beweglichkeit

Die fließenden Übergänge von Arbeits- und Wohnbereich entsprechen auch dem veränderten Partnerschaftsverhältnis von Mann und Frau. Wenn heute auch die Frau einen Beruf ausübt, wird der Mann anders als früher einen Teil häuslicher Arbeit übernehmen. Mancher Ehepartner findet schon jetzt Gefallen an dem Wirken mit attraktiven technischen Hilfsmitteln. Und die Wäsche in der vollautomatischen Waschmaschine kann von dem besorgt werden, der gerade über die Zeit zum Schalten und Abstellen verfügt.

Arbeitsteilung

Junge Leute streben inzwischen zunehmend die Möglichkeit von Wohngemeinschaften an, nicht zuletzt um der Isolierung in der industrialisierten Gesellschaft etwas zu entkommen und sich gegenseitig helfen zu können. Wenn sich solche Versuche bewähren, würden in nicht zu ferner Zeit wieder Wohnungen gefragt sein, in denen sowohl mehrere junge Familien als auch Familien verschiedenen Alters einschließlich der Großeltern Platz hätten.

Wohngemeinschaft

Die Wohnungen der Menschen können vielfältige Gesichter haben, aber das Bedürfnis nach Schutz und Geborgenheit scheint nicht aufzuhören. Möglich, daß Häuserbauer und -besitzer deswegen sich weiter an Maßstäben orientieren werden, die in anderen Bereichen fast verlorengegangen sind.

Ingrid Reckmann

ZUM SEGEN EINES NEUEN HEIMES

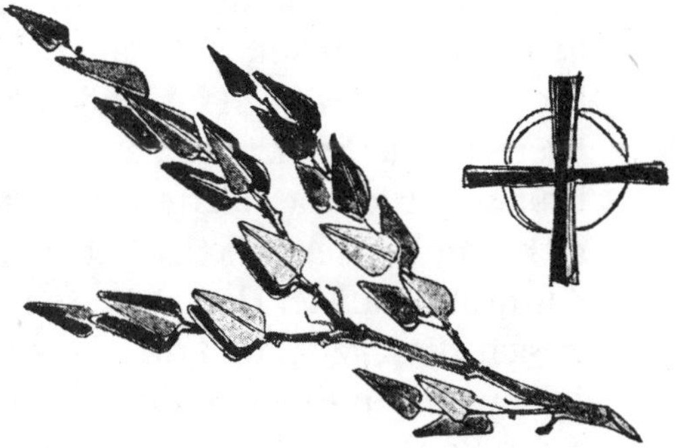

Der folgende Beitrag möchte kein Rezept darstellen, noch viel weniger denen, die ihr Haus unter den Segen eines christlich verstandenen Kreuzes stellen, die neu zu bedenkende Entscheidung ersparen, welche damit von jeher verbunden ist und die nur durch eine tragende christliche Tradition zeitweilig verdeckt blieb. Er möchte zunächst nur zum Nachdenken anregen.

Durch Weisheit wird ein Haus gebaut und durch Einsicht wird es gefestigt
Spr. 24, 8

Man muß heute innewerden – „in" –, wenn man sein Haus und dessen Ordnung christlich prägen will, man muß überlegen, was man damit aussagen möchte. Die Situation erschwert sich, wenn Eheleute zwar aus dem menschlichen Impuls ihrer Liebe ihr Haus bauen, der christliche Partner aber genötigt wäre, den anderen seinen eigenen Weg suchen zu lassen und später den der heranwachsenden Kinder zu tolerieren und freizugeben. Ich weiß aus Erfahrung, welchen vitalen Widerstand allein das Aufhängen eines religiösen Bildes, geschweige eines Kreuzes auslösen kann. Da stellt sich schon die Frage, ob der christliche Partner natürlich nicht aus Feigheit, sondern aus größerer Liebe im Sinne von Gertrud von Le Forts „Kranz der Engel" etwa dem andern den größeren freien Raum läßt. Will jedoch ein junges Paar gemeinsam sein Haus unter diesen Segen stellen, dann stehen beide Partner ebenso vor der Überlegung, wie sie ihr ‚Hauskreuz' vor Verwandten und Freunden vertreten und wie sie durch ihr Zeugnis im Leben es einmal vor ihrem Nachwuchs begründen wollen.

Damit ist bereits der christliche Lebensstil von heute und morgen angesprochen. Wie bezeugt sich ein Christ heute in unserer Welt? Ich würde auch als Seelsorger angenehm berührt sein, wenn ich das christliche Zeichen nicht schon im Hausflur fände und es als missionarische Grundhaltung des Paares werten, wenn dieses Zeichen in einem der

Innenräume, entweder im gemeinsamen Schlafzimmer oder in einem heimeligen Winkel, ‚dem alten Herrgottswinkel' sichtbar wäre. Vielleicht stünde es auch an beiden Stellen.
Hier sei eine Bemerkung angebracht über die Verteilung der Räume. Früher gab es das Herrenzimmer und den Damensalon. Damit war nicht nur herrschaftlicher Lebensstil gemeint. Es kam darin auch zum Ausdruck, daß der Hausvater seinen eigenen Arbeitsraum hatte, in den er sich zurückzog, und die Hausfrau die gleiche Chance zum Zurückziehen und intimen Freundesgespräch besaß. Ich erinnere mich an einen Besuch bei Josef Bernhart. Seine Frau empfing mich und bedeutete mir beim Hinaufsteigen in die Dach- und Arbeitsstube des Meisters: „Hier läßt er nicht jeden herein. Auch ich gehe nur herein, nachdem ich angeklopft und Antwort gehört habe. Aber Sie sind ein Freund . . ."
Wo die Möglichkeit besteht, sollten Mann und Frau jeder einen Winkel einrichten, in den sie sich zurückziehen können. Dort wäre ein christliches Zeichen besonders sinnvoll.
Dieses christliche Zeichen, vor allem das Kreuz, sollte so gestaltet sein, daß sich jeder verwunderte Blick, alle abwartenden Gedanken erübrigen. Darum sollten Brautleute bzw. junge Ehepaare, wenn es möglich ist, einige Zeit und auch etwas Geld darauf verwenden, das ihnen entsprechende Zeichen oder Kreuz zu bekommen. In der Wahl des geeigneten Platzes im Hause dafür kommt auch noch anderes zur Aussage. Früher formulierte man: „An Gottes Segen ist alles gelegen." Heute ist das Aufhängen des Kreuzes häufig ein sehr tiefes, wortloses Bekenntnis: „In keinem anderen Zeichen ist Heil als im Namen des Gekreuzigten und Auferstandenen."
Dem unaufdringlichen christlichen Lebensstil entspricht ein Besucherkreis, der sich auch und gerade in einem so geprägten Haus nicht danach bestimmt, ob einer zur katholischen oder wenigstens zur betont christlichen ‚Zunft' gehört, sondern ob er menschliche und freundschaftliche Beziehungen will. Hier fühlen sich eben auch Freunde, die christlich ‚abgekommen' oder ‚auf der Suche' sind, mit ihrer Last des Nicht-mehr-glauben-Könnens aufgenommen und im Schatten des Kreuzes zu Hause.
Neu stellt sich die Frage nach dem Zeichen des Kreuzes, wenn ‚die Kinder kommen', neu nach jedem Lebensalter. Sie bringen je nach ihrem Lern- und Reifeprozeß ihre eigenen Fragen aus der Schule und von der

Das Geheimnis des Kreuzes – werden wir es je erfassen?

Straße mit. Spätestens dann, eigentlich aber schon viel früher, sind Eltern ihren Kindern eine Erklärung schuldig, warum das Kreuz bei ihnen hängt. Eine autoritäre Begründung wie die folgende würde schlecht ankommen: „Solange ihr die Füße unter unseren Tisch stellt, habt ihr hinzunehmen, was hier ist.“ Am besten wäre freilich, die Frage ‚warum‘ erübrigte sich, weil die Antwort sich aus dem Leben der Eltern von selbst ergibt. Dann gehörte das Kreuz auch zum Testament und imponierenden Angebot der älteren Generation, hinein in den neuen Einrichtungsstil der Jungen und Mädchen mit ihren zeitgemäßen Leitbildern.

Nach diesen Vorklärungen nun ein einfacher Bericht, wie man in neuen Wohnungen oder Häusern eine Hausweihe vornehmen kann: Das geweihte Wasser, ein Licht, das Kreuz, die Familie – alles ist zur Stelle. Es gibt gute gedruckte Texte, aber sie sind auch frei zu formulieren. Der Priester erklärt zunächst in einigen Sätzen den Sinn eines christlichen Hauses. Dann bittet er den Hausvater voranzugehen. Meist beginnt man im Hausflur bzw. in der Diele, erwähnt die Wichtigkeit einer Schwelle im Haus und die Bedeutung des ersten guten Wortes an der Haustüre, begleitet von einem freundlichen Lächeln, einer aufmunternden Frage. Man macht darauf aufmerksam, wie wichtig es ist, daß ungutes Gerede, zerstörerische Kritik, bewußte Falschmeldungen nicht über die Schwelle gehen mögen. Dann kommt es darauf an, in welchen Raum die Familie zuerst führt. Im Wohnzimmer sei erinnert an den Sinn von Aufnahme und Zusammensein, die Wohltat eines gastlichen Hauses, wo alle offenen Fragen ausgesprochen werden dürfen, wo alles auszutragen ist. In der Küche wird die Arbeit der Hausfrau beachtet, die Kraft des unerschütterlichen Vertrauens, des behutsamen Einteilens und der erratenden Liebe, nicht zu vergessen ein Wort für die Stunden des Zweifelns. Es empfiehlt sich, dabei immer vom konkreten Leben Jesu in Nazareth und darüber hinaus auszugehen. Im Schlafraum liegt nahe, an das letzte gute Wort der Vergebung nach einem Tagesstreit zu denken, an das erste ermunternde Wort am Morgen und natürlich an alles, wofür die diskrete Zärtlichkeit und Liebe hier ihren eigenen Raum hat. Keller und Speicher gehören mit in den Segen um die rechte Sorge, um das rechte Teilen und Zuteilen. Die Kinderzimmer bedürfen, je nach Vorhandensein und dem Alter der Kinder, einer besonders herzlichen Aufmerksamkeit. Der Segensgang schließt im Flur mit einem Gedenken, daß alle, die über diese Schwelle hinausgehen und Herzlichkeiten und Frieden erfahren haben, diese weitertragen mögen. Je nach Ehepaar oder Familie wird die Hausweihe am festlich gedeckten Tisch in anderer Weise fortgesetzt.

Warum hat Gott dem Menschen zwei Augen gegeben? Damit er mal eins zudrücken kann.

Am wichtigsten aber scheint mir, daß hinter einer Wohnungs- und Hausweihe eine gründlich bedachte Entscheidung steht, die dann auch selbstverständlich vor anderen Menschen vertreten werden kann, wie Paulus meint: „Euer liebender Charme werde allen Menschen kund."

Manfred Hörhammer

AUF GUTE NACHBARSCHAFT

Endlich draußen!

Müllers haben es geschafft: Sie bewohnen nun ein helles Haus im Grünen mit einigen Quadratmetern Rasen und Blumen, ohne Luftverpestung und Lärmbelästigung. In den ersten Tagen fühlten sie sich wie in ein Paradies versetzt. Niemand störte bei Gardinennähen und Möbelverstellen, Kofferauspacken und Bilderaufhängen. Christoph fünf und Birgit drei Jahre alt, konnten sich endlich unbeaufsichtigt austoben. Und als die Stereoanlage installiert war, genoß Klaus Müller zunächst den Bolero von Maurice Ravel in voller Lautstärke, hier würden keine fremden Hausbewohner durch solch mächtige Töne verärgert sein. Die täglich fünfzehn Kilometer längere Anfahrt zum Büro, davon ist er überzeugt, sind kaum der Rede wert angesichts der gewonnenen Vorzüge.

Seine Frau Uta möchte ihm nicht vorbehaltlos zustimmen. Sicher, ihr gefällt der Hauch von Ferien über der Vorstadtlandschaft, sie freut sich an der uneingeschränkten Bewegungsfreiheit der Kinder und schätzt es, ihre Zeit nach Lust und Laune einteilen zu können. Aber wenn Klaus abends (verständlicherweise) seine Arbeitsstunden nicht wiederkäuen mag und ihm (ebenso verständlich) einfach die Spannkraft fehlt, sich für ihre simplen Eindrücke und Erfahrungen zu interessieren, dann beschleicht sie ein leichtes Mißbehagen. Wird sie Welt und Menschen demnächst fast nur noch aus Kindermund und Zeitung und Fernsehen kennen? Mangelnder Austausch führt zu Verkümmerungserscheinungen. Und weil Uta gar nicht erst in eine derartige Isolation geraten will – die ihrer Familie auch nicht förderlich wäre –, geht sie mit Christophs neuer Freundin Gabi zu deren Mutter und lädt diese mit zwei weiteren Kindern zum Nachmittagskaffee ein.

Grüne Witwen

Frau Schmidt, eine unkomplizierte, temperamentvolle Frau, findet die Abwechslung im ‚Grüne-Witwen-Dasein' herrlich. „Hier draußen habe ich verstehen gelernt, daß sich Menschen in engen Slums wohler fühlen können als in schönen, hygienisch-sterilen Vorstädten, wie die Amerikanerin Jane Jacobs festgestellt hat", erklärt sie mit einem Stoßseufzer. Ob sie nie versuchte, das zu ändern? „O ja", entgegnet sie, „aber vielleicht haben mein Mann und ich bei unserer nachbarschaftlichen Vorstellungstournee nicht den richtigen Ton getroffen. Über ein höfliches Zur-Kenntnis-genommen-Werden sind wir nicht hinausgekommen. Die Gegenbesuche blieben bis heute aus."

Lastenausgleich

Dabei hatten beide ähnliche Absichten im Hinterkopf wie augenblicklich Uta und Klaus Müller. Ihre Angehörigen wohnen zu weit weg, um mit ihnen gelegentlich feiern und – was noch wichtiger scheint – einen Lastenausgleich organisieren zu können. Deswegen würden sie gern an einem Nachmittag oder Abend oder ein ganzes Wochenende lang Kinder anderer Familien mit versorgen, wenn sie auch ihre Kinder hin und wieder anderswo versorgt wüßten. Sie wären bereit, jemandem während seiner Urlaubsreise die Blumen zu gießen und die Rolläden tagsüber hochzuziehen und freuten sich, selbst einen ähnlichen Dienst zu erfahren . . .

Utas vorsichtig geäußertes Bedauern, daß ihr Mann und sie sich nun vom jahrelang gepflegten Tanzsport abmelden müßten, bringt Frau Schmidt auf die Idee: „Machen wir doch nächsten Samstag ein Treffen in unserem Garten. Da sollen sich die Männer kennenlernen und sich mit uns einigen, wann Müllers tanzen und Schmidts ins Theater fahren können." – Ohne Zweifel, Müllers gefällt das.

Vorher wohnten sie mitten in der Stadt. Obschon Freunde vor mangelndem menschlichen Kontakt, dünnen Wänden und dem Versagen technischer Gemeinschaftsanlagen gewarnt hatten, waren Müllers damals optimistisch in ein Hochhaus eingezogen. Garantierte es nicht die Abgeschlossenheit von der Umwelt, die sich viele junge Eheleute

wünschen, um neben der Berufstätigkeit genug Zeit für sich und die Ausgestaltung des eigenen Heimes zu haben? Aber so unabhängig, wie sie glaubten, wurde das Leben dann doch nicht.

Hochhaus-erfahrungen

Den ersten Hinweis lieferte ein Etagennachbar, Student im achten Semester, beim Bekanntmachen auf dem Flur: „Der Hausbesitzer ist so sehr auf die Instandhaltung seines Baus bedacht, daß er sich selbst in Abwesenheit der Wohnungsmieter über den Zustand der Räume orientiert.“ Durfte er das laut Mietvertrag? Sollte man sich gegebenenfalls energisch zur Wehr setzen oder ihn zu einem Glas Wein bitten und davon überzeugen, daß sein Mißtrauen unangebracht sei und störend wirke?

Während einer feucht-fröhlichen Einstandsparty mit Freunden und Kollegen machten sich die Mieter der über und unter ihnen liegenden Wohnung bemerkbar. Ihr Klopfen gegen die Decke bzw. den Fußboden dämpfte die gute Laune von Gastgebern und Gästen so deutlich, daß sich Uta Müller für kurze Zeit bei ihrer Gesellschaft entschuldigte. Mit einem kleinen Blumenstrauß stellte sie sich zunächst den ‚Klopfern‘ über ihrer Wohnung vor und fand freundliches Verständnis: „Hätten Sie uns vorher gesagt, daß Sie feiern würden, hätten wir unsere Kleine in ein anderes Zimmer gelegt ...“ In der tieferliegenden Wohnung stieß sie dagegen trotz der Blumen auf den ärgerlichen Vorwurf zweier alter Leute, so rücksichtslos benähmen sich heute eben die ‚Jungen‘. Aber die Aussicht, in den nächsten Tagen einmal bei Müllers zum Abendimbiß eingeladen zu werden, stimmte sie zusehends versöhnlicher. Und schließlich meinten sie sogar, wenn man vorher wisse, daß es etwas lauter werden würde, sei man nicht so leicht erregt.

Vorher Bescheid – hinterher kein Leid.

Konnte Klaus Müller auf Anhieb auch nicht einsehen, warum Uta fremde alte Leute zu einem Abendimbiß einlud, so hielt er es rückblikkend doch für eine gute Idee. Die beiden waren übrigens gar nicht so alt, wie sie in ihrer ärgerlichen Erregung ausgesehen hatten. Sie verfolgten aufmerksam politische und kirchliche Entwicklungen, und wenn sie urteilten, entsprach das einer großen Erfahrung. Vielleicht ging davon eine Faszination auf das junge Paar aus. Jedenfalls folgte der ersten Einladung eine zweite und eine dritte. Und als Müllers ihr erstes Kind erwarteten, fanden sie hier verständnisvoll Hilfe. Die alte Dame brachte sogar von sich aus ins Gespräch, wenn die junge Frau noch weiter in ihrem Beruf arbeiten wolle, sei sie bereit, halbtags für das Baby zu sorgen. Bis zur Geburt des zweiten Kindes konnte Uta daher, relativ

entlastet, mitverdienen. Daß sie als Nur-Hausfrau mit zwei kleinen Kindern nicht auf einen entspannenden Stadtbummel verzichten mußte und mit ihrem Mann ziemlich regelmäßig tanzen gehen konnte, dankte sie auch dem alten Herrn. „Man freut sich doch über eine Aufgabe“, hatte er einmal ihre Anerkennung abgewehrt.
Müllers dagegen ersparten es dem älterwerdenden Ehepaar, bei Wind und Wetter seine Besorgungen machen zu müssen. Übernahm Klaus Müller selbstverständlich einen Weg zur Behörde, kaufte Uta Lebensmittel und Artikel des täglichen Bedarfs nach dem Wunschzettel ein. Und war ein Arztbesuch notwendig, benutzte der junge Mann den Bus und überließ seiner Frau den Wagen, damit sie fahren könne. Am wichtigsten jedoch schienen die Augenblicke des Gesprächs, der Austausch von Eindrücken und Überlegungen, in denen sich gegenseitiger Respekt ausdrückte. Natürlich stimmte alt und jung nicht in allem überein, aber die resignierende Bemerkung aus der ersten Begegnung tauchte kein zweites Mal auf. Der Abschied schmerzte, als die alten Leute wegen gesundheitlicher Gründe aus Hochhaus und Großstadt ausziehen mußten zu weit entfernt wohnenden Angehörigen.
Bei den folgenden Wohnungsinhabern machte Uta Müller gleich vorsorglich einen Besuch mit der Absicht, Verständnis für das gelegentliche Herumspringen ihrer beiden lebhaften Sprößlinge zu wecken. Glücklicherweise lief sie hier offene Türen ein. Weil das einzige Kind der Familie bereits in die Schule ging, hatte sich die Frau zu einer Ausbildung als Kindergärtnerin entschlossen. Ihre Unterrichtsstunden fielen praktisch mit der Schulzeit ihres Sohnes zusammen. Nur für den selteneren Fall, daß sie einmal später heimkommen und ihr siebenjähriger Ulrich sich verlassen fühlen würde, suchte sie jemanden, zu dem er dann gehen könnte. Wo bereits zwei Kinder waren, würde da nicht auch ein drittes stundenweise Aufnahme finden?
Gegenseitiges Helfen war für beide Frauen kein Problem. Und wenn sie mal an einem Abend über Erziehungsfragen und das Spielen, Erzählen, Werken, Beten mit Kindern sprachen, diskutierten ihre Männer interessiert mit.
Natürlich gab es auch Menschen im Hochhaus mit anderen Problemen, als sie Müllers beschäftigten. Alleinstehende und Verlassene, solche, die mit distanzierter Höflichkeit ihre Ruhe zu sichern suchten und andere, deren neugierige Freundlichkeit auf die Nerven gehen konnte. Aber es war kein Kunststück, aneinander vorbei- oder miteinander aus-

zukommen. Kleine Dienste leistete man sich unkompliziert, vor üblem Geschwätz ließen sich Ohren und Türen leicht verschließen.

Daheim auf dem Lande

In der gewachsenen Nachbarschaft ihres kleinen Heimatortes hatten Müllers früher anderes erlebt. Die Menschen kannten sich sozusagen aus Urgroßvaters Zeiten. Am Stammtisch und beim Einkaufen gab es für Männer und Frauen reichlich Gelegenheit, sich über den Stand aller Ereignisse auf dem laufenden zu halten. So wurde Freude und Leid miteinander geteilt, allerdings manchmal auch auf eine merkwürdige Weise. Müllers erinnerten sich der wohltuenden Fürsorge, wenn ein kleiner Erdenbürger geboren wurde oder der Tod zugegriffen hatte. Sie dachten aber auch an hochnäsige Urteile über Familien, deren Kind ein Klassenziel nicht erreichte oder aus der herkömmlichen Gewohnheit ausgebrochen war. Damals, als sie beide zur beruflichen Weiterbildung von zu Hause fortmußten, riskierte eine junge Mutter noch nicht, sich nachmittags im Liegestuhl draußen zu erholen, ohne der verständnislosen Kritik arbeitender Mitbürger zum Opfer zu fallen. Achtung, so schien ihnen rückblickend, besaß der einzelne häufig mehr durch seinen Stand und Besitz als auf Grund persönlicher Redlichkeit. Es war gar nicht so einfach, christliches Leben und Hilfsbereitschaft durch Indiskretion, Prestigestreben und Intoleranz hindurch zu verwirklichen. Junge Leute neigten zunehmend dazu, die anonyme Freiheit des städtischen Lebens höher einzuschätzen als die Verbundenheit mit ihrer kleinen Heimatgemeinde.

Aber kein Mensch ist eine Insel. Und das Leben als Robinson gehört zu den Träumen, die dem Erwachsenen nicht genügen. Er braucht Gespräche, Anregungen, Hilfen: Mitmenschlichkeit. In den Eigenheimen der Vorstädte, den Wohnsilos der Großstädte und den gerühmtgesunden ländlichen Wohngebieten ist daher auch gute Nachbarschaft sinnvoll und eine bleibende Aufgabe. *Margret Huda*

Es ist nicht gut, daß der Mensch allein sei

WIR FEIERN HOCHZEIT

EINLEITUNG ZUM BESCHLUSS:

EHE UND FAMILIE

Aus: Gemeinsame Synode der Bistümer Deutschlands

0.1

Das Zweite Vatikanische Konzil hat in der Pastoralkonstitution „Die Kirche in der Welt von heute" die lange Zeit in Gesellschaft und Kirche vorherrschende Betonung der Ehe als Institution zur Erzeugung und Erziehung von Nachkommenschaft durch eine Orientierung am Leitbild der partnerschaftlichen Ehe ergänzt (GS 47 ff.). Damit wurde auch eine vorwiegend rechtliche Sicht der Ehe als vertraglicher Institution und die stark patriarchalisch bestimmte Rollenverteilung von Mann und Frau korrigiert. Die Anerkennung der partnerschaftlichen Ehe, welche auf der gegenseitigen personalen Zuwendung der Partner beruht, hat eine Reihe von soziologisch faßbaren Vorbedingungen. Hierher gehören z. B. die Auflösung der Großfamilie alter Prägung, die Trennung von Familie und Arbeitswelt sowie die zunehmende Gleichberechtigung von Mann und Frau. Das partnerschaftliche Leitbild der Ehe eröffnete zugleich eine tiefer ins Bewußtsein gerückte Eltern-Kind-Beziehung. An der Entwicklung zu diesem Leitbild hin hat das Christentum erheblichen Anteil. In der auf partnerschaftlicher Liebe begründeten Monogamie kommt ein wesentlicher Zug der ursprünglichen Ordnung zur Geltung, in welcher Gott den Menschen geschaffen hat (Mk 10, 4–8).

0.2

Der Verlust früherer Stützen in wirtschaftlichen und gesellschaftlichen Ordnungen macht die heutige Ehewirklichkeit verletzlicher, der Schwund von Tradition und Autorität verweist die Ehepartner stärker auf sich selbst. Die partnerschaftliche Ehe stellt somit hohe Anforderungen an die Liebesfähigkeit der Ehegatten, an ihre Offenheit füreinander, an das Vermögen der Reifung im Verlauf der verschiedenen Phasen des menschlichen Lebens und an ihre Bereitschaft zur Konfliktlösung.

0.3

Das Leitbild der partnerschaftlichen Ehe ist häufig nur in Ansätzen verwirklicht; viele Ehen leiden unter dem Auseinanderklaffen von Leitbild und Wirklichkeit. Zunehmend scheitern Ehen, auch solche zwischen christlichen Partnern. Andererseits werden Ehe und Familie auch immer wieder als Ort der Geborgenheit erfahren, an dem der Mensch Zuversicht und Hoffnung schöpft, weil er sich hier in der unverbrüchlichen Zuwendung seines Ehepartners bzw. seiner Eltern seiner selbst gewiß werden darf. Die Sorge um das Schicksal von Ehe und Familie gehört zu den grundlegenden Funktionen des Dienstes der Kirche an den Menschen.

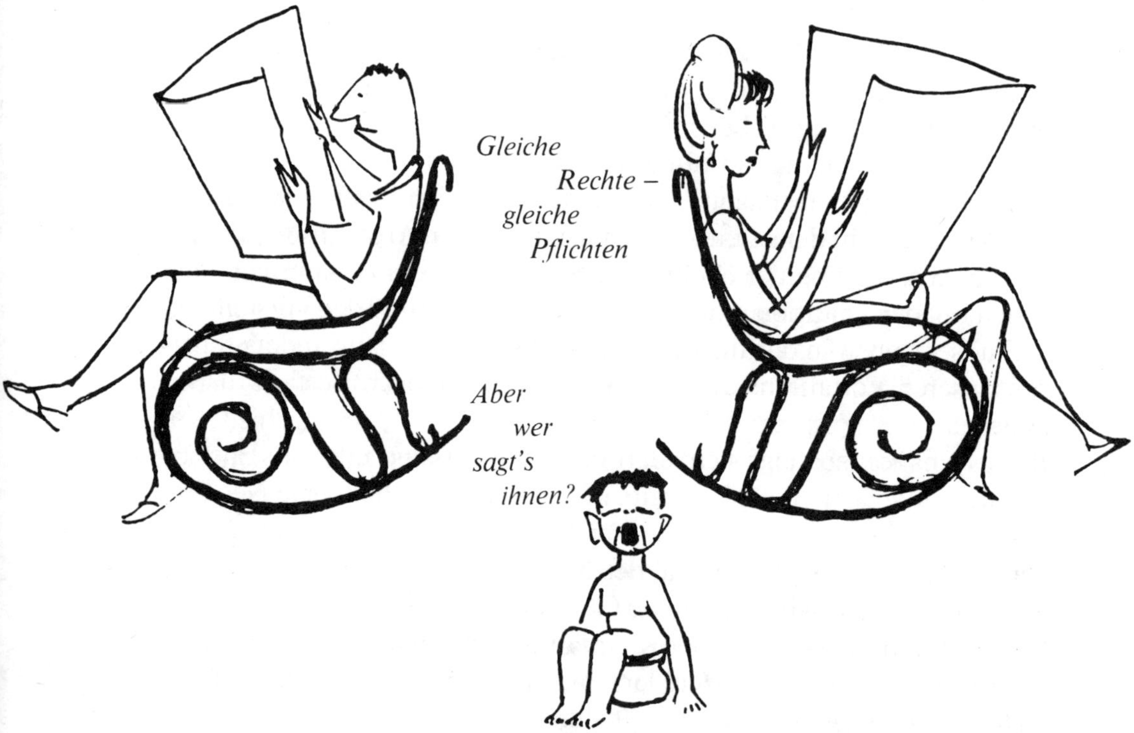
Gleiche
Rechte –
gleiche
Pflichten
Aber
wer
sagt's
ihnen?

IST DIE EHE ERSETZBAR?

Die Funktion der Ehe

Ich würde den Historikern der Zukunft empfehlen, unsere Zeitepoche als das Zeitalter des *kritischen Fragens* zu bezeichnen; denn es gibt keine traditionelle Gepflogenheit, die heute nicht auf ihren Sinn und ihre Berechtigung für unser Leben abgeklopft wird. Freilich ist dieses kritische Überprüfen heute oft nur allzu oberflächlich, und der Nachdenkliche spürt mit Unbehagen, daß es nicht wirklich objektiv vollzogen wird, sondern mit der bereits vorher feststehenden Absicht, Argumente für die Abschaffung der übernommenen Spielregeln zu sammeln, den Bruch mit der Tradition radikal zu vollziehen aufgrund der Vorstellung, daß unser Leben in der Industriegesellschaft so einmalig anders sei als das unserer Vorfahren, daß nichts Altes in ihr noch Bestand haben könnte.

Bruch mit der Tradition

Dieses Phänomen zeigt sich auch in der Diskussion über die Ehe. Es läßt sich aufzeigen, daß sie bereits in der Vergangenheit viele Negativposten zu verzeichnen hatte: die Versklavung der Frau, die Repression der Kinder, die doppelte Moral des Mannes. Und es läßt sich darüber reden, wie sehr sich die negativen Gewichte in der Gegenwart verstärkt haben: durch die Isolation der Kleinfamilie, durch die längere Lebenserwartung und geringere Kinderzahl, durch die Flexibilität und das steigende Bedürfnis nach Abwechslung in der Psyche des modernen Menschen.

Hat die Ehe noch eine Berechtigung?

Hat die Ehe mit den fundamentalen Veränderungen in unserem Leben nicht ihre Aufgabe verloren und hat sie eigentlich als Institution noch eine Funktion?

Antworten auf solche Fragen können ja grundsätzlich nicht am

Schreibtisch gefunden werden. Ob die Ehe in unserem Kulturkreis noch eine Funktion hat, ist allein dort nachprüfbar, wo man sie mehr und mehr auflöst und an ihre Stelle andere Formen des Zusammenlebens stellt.

Das schwedische Experiment

Avantgardistisch ist in dieser Hinsicht in den letzten Jahrzehnten vor allem Schweden gewesen. Schweden hat eine außerordentlich hohe Scheidungsquote und eine Gesetzgebung, die die Scheidbarkeit der Ehe sehr viel leichter macht als die der BRD. Es gibt darüber hinaus ein Heer von ledigen Müttern, die aufgrund der Ablehnung von institutionalisierter Zweisamkeit keine Ehe eingingen und für deren Kinder „Vater Staat" willig eine finanzielle Versorgung erwirkte. Es häufen sich in letzter Zeit die Berichte über die wachsende Unzufriedenheit aller Beteiligten über diesen Stand der Dinge.

... und seine Auswirkung

Die Zahl der verhaltensgestörten Kinder ist in Schweden enorm hoch. Der große Sozialreformer Palme selbst klagte kürzlich in einem Fernsehinterview über die entsetzliche Trägheit, Lustlosigkeit und Genußsucht der Kinder und Jugendlichen in seinem Land. Macht er sich eine Vorstellung davon, wie sehr er selbst durch die Übertragung der Lasten vom persönlichen Vater auf den staatlichen hundertfältig wie ein gefährlich verwöhnender Vater wirkte? Aber auch die Frauen, die scheinbar in eigener Verantwortung, in Wirklichkeit aber mitläuferisch diesen Weg der Ehelosigkeit gegangen sind, werden zunehmend unzufriedener und drängen neuerdings dahin, nach festen Ehepartnern Ausschau zu halten, obgleich dieser Wunsch sich häufig als nicht mehr erfüllbar erweist; denn sie sind mittlerweile nicht mehr die Jüngsten! Die Männer ihres Jahrganges, die das freie Leben satt haben, suchen Dauerbindungen eben unter den jüngeren Frauen.
Schwedens Ärzte klagen, daß Depressionen und psychosomatische Leiden unter diesen Frauen besonders stark zunehmen.
Aufgrund solcher Experimente läßt sich der Schluß ziehen, daß auch für uns die Ehe als Institution noch eine tragende Funktion hat. Worin sie besteht, läßt sich an den negativen Auswirkungen bei ihrer Auflösung durchaus ablesen. Sie soll im folgenden kurz skizziert werden:

1. Auch heute noch hat die Einehe die Funktion, ein Nest für die Kinder zu gewährleisten.
Die Arbeitsteilung eines Ehepaares, bei der der Mann das Geld für die Existenz verdient, die Frau die Versorgung der noch hilflosen Kinder

übernimmt, ist eine brauchbare, bewährte Voraussetzung dafür, daß eine seelisch gesunde und stabile junge Generation heranwachsen kann. Kein neues Modell hat sich anstelle dieses alten bewähren können – im Gegenteil: unsere Statistiken aus Strafanstalten beweisen, wie sehr unzureichende Stabilität der Elternehen Straffälligkeit begünstigt. Zwar ist diese Funktion der Ehe bei dem heutigen Zwei- bis Dreikindersystem eine Angelegenheit, die nur einen Zeitraum von ca. 20 Jahren umfaßt, ist innerhalb dieses Zeitraums aber in bezug auf die Charakterprägung der Kinder von großer kollektiver Bedeutsamkeit, denn eine Innenpolitik, die die Wahrscheinlichkeit mindert, daß die Mehrzahl der jungen Leute seelisch gesund ist, sägt sich selbst den Ast ab, auf dem sie sitzt, denn sie mindert damit die Überlebenschancen des Volkes.

Einehe – bisher beste Lösung

2. Neben dieser auf die Kinder bezogenen Aufgabe hat aber die Ehe darüber hinaus die Funktion, durch die Gemeinschaft eines Paares in gesteigertem Maße Lebenserfüllungen zu verwirklichen. Unter der Voraussetzung, daß die beiden Partner einen Status echter seelisch-geistiger Mündigkeit erreicht haben, kann die Liebesbeziehung eines Paares, das durch die Eheschließung den Willen zur Dauerhaftigkeit der Bindung bekundet, wie keine andere geeignet sein, zu einer Steigerung der seelischen Kraft und zu einer Stärkung der Belastbarkeit in Zeiten der Not zu führen. Sich als eine Einheit zu erleben, als ein Sich-gegenseitiges-Ergänzen und sich damit mit der Möglichkeit zu beschenken, effektiv zu handeln, ist unvergleichbar in der Dauerbeziehung eines verschiedengeschlechtlichen Paares zu verwirklichen.

Stärkung durch Einheit

3. Nicht zuletzt aber bietet die Einehe auf Lebenszeit die hohe Chance einer gemeinsamen Verwandlung und seelischen Fortentwicklung. Kein Mensch ist fertig im wahrsten Sinne des Wortes, wenn er im jungen Erwachsenenalter eine Ehe eingeht. Jeder Mensch trägt aus seiner Kindheit eine Fülle von Komplexen, Fehlprägungen, seelisch-geistigen Rückständen in einzelnen Teilbereichen mit sich herum. Im besten Sinne eine Ehe zu führen bedeutet, voneinander zu lernen, sich in Behutsamkeit und Rücksicht gegenseitig auf Schwierigkeiten und inadäquate Reaktionen aufmerksam zu machen. Eine Ehe zu führen bedeutet heute bei der langen Lebenserwartung des Menschen mehr denn je eine Erziehung zu Vergebungsbereitschaft; denn es gibt keine

Partner für ein ganzes Leben

Lebensgemeinschaft, in der nicht der eine den anderen unbedacht verletzt. In diesem Bereich, dem einer echten, fairen Partnerschaft, haben wir noch unendlich viel zu lernen und nachzuholen; denn in den vergangenen Zeiten ist diese Funktion der Ehe in unserem Kulturkreis nur selten zur Verwirklichung gekommen. Solange wir es aber kollektiv noch nicht geschafft haben, bei einer großen Zahl von Paaren diese Weisen durchhaltender und sich steigernder Gemeinschaft zu erreichen, haben wir wenig Aussichten, daß wir so etwas in Kommunen und Großfamilien in verpflichtender Dauerbeziehung zustande bringen.

Es ist außerordentlich schwer, allen diesen Funktionen der Ehe durchhaltend gerecht zu werden, wenn sie allein um ihrer selbst willen vollzogen werden. Als Nest für die Kinder würde die Ehe eigentlich nur zeitweilig Berechtigung haben, finanzielle Geborgenheit – so haben jedenfalls manche Schwedinnen gemeint – kann auch der Sozialstaat übernehmen, Selbsterziehungsweisen ließen sich auch über den Beruf, durch die Lebenserfahrung, durch gute Freunde anstreben.
Die zentralste Funktion der Ehe ist es nämlich – und deshalb hat die katholische Kirche sie auch zum Sakrament erhoben –, sich im gleichen Joch zu wissen angesichts der Aufgabe, durch alle Etappen des Lebens hindurch und auf alle Weisen gemeinsam daran mitzuwirken, daß Gottes Wille, sein Liebesgebot zum Tragen kommt. Steht das Leben zweier Eheleute unter dieser Einstellung, so wird es ihnen leichtfallen, alle einzelnen Funktionen der Ehe in durchhaltender Treue zu verwirklichen und die Früchte dieser Arbeit als Glück zu ernten. *Christa Meves*

23. Juni 1986

In Erinnerung an die Fachschaft
"Katholische Religion".

Gottes Segen – ad multos annos!

Walter Hofmann

Martin Stadler   Bernhard Hackenrodt

Gerhard Fritz   Horst Leonhard

DIE EHE IM KIRCHENRECHT

Wenn Christen eine Ehe eingehen wollen, ist neben der standesamtlichen Trauung auch eine Feier in der Kirche üblich, für katholische Christen sogar verbindlich. Was geschieht bei der kirchlichen Eheschließung? Warum ist die Kirche hier mit im Spiel?

Die Ehe nach katholischem Verständnis

Bei der Eheschließung sagen Mann und Frau ein unbedingtes Ja zueinander, sie nehmen sich gegenseitig an und begründen eine umfassende Lebensgemeinschaft, die auf das Wohl der Ehepartner und auf Nachkommenschaft hingeordnet ist. Wesentliches Merkmal dieser Lebensgemeinschaft ist die unverbrüchliche Treue – Treue zwischen *einem* Mann und *einer* Frau (Einheit bzw. Ausschließlichkeit) und Treue auf Lebenszeit (Unauflöslichkeit).

Die eheliche Treuebindung ist von Christus nachdrücklich herausgestellt worden, indem er sich entschieden gegen die Scheidungspraxis seiner Zeit gewandt hat (vgl. Mk 10, 1–12). Nach dem Epheserbrief (5, 32) ist die christliche Ehe ein Abbild des Bundes zwischen Christus und seiner Kirche. So wird die „irdische" Wirklichkeit der Ehe zur Heilswirklichkeit, d. h. zum Sakrament, wodurch Einheit und Unauflöslichkeit der Ehe gestärkt werden.

Die Treuebindung der Ehepartner wird von der Kirche auch mit rechtlichen Mitteln geschützt; zu diesem Zweck hat sie im Lauf ihrer Geschichte ein eigenes Eherecht entwickelt, das sich im kirchlichen Gesetzbuch findet, dem „Codex Iuris Canonici", der im Jahr 1983 in überarbeiteter Fassung herausgegeben worden ist. Das kirchliche Eherecht gilt für alle Ehen zwischen Katholiken sowie zwischen einem katholischen und einem nichtkatholischen Partner.

Vorbereitung auf die Eheschließung

Das kirchliche Eherecht ruht auf drei Grundpfeilern: Ehewille, Ehefähigkeit und Eheschließungsform. Vor der Eheschließung wird in einem Gespräch festgestellt, ob ein hinreichender Ehewille vorliegt und ob die Ehefähigkeit gegeben ist, d. h. ob keine Ehehindernisse der Eheschließung entgegenstehen (sogenanntes Brautexamen). Zuständig hierfür ist der Pfarrer des Ortes, an dem Braut und Bräutigam Wohnsitz oder Nebenwohnsitz haben; sollten aufgrund verschiedener Wohnsitze mehrere Pfarrer zuständig sein, können die Brautleute zwischen diesen nach eigenem Ermessen wählen.

Ehehindernisse und Recht auf Ehe

Das kirchliche Gesetzbuch anerkennt das Grundrecht jedes Menschen auf Ehe und Familie. Wie jedes andere Grundrecht kann auch dieses Recht eine Einschränkung erfahren; doch kann dies nur durch rechtlich klar umschriebene Umstände geschehen, die „Ehehindernisse“ genannt werden. Das Vorliegen eines solchen Ehehindernisses hat zur Folge, daß in diesem Fall eine gültige Eheschließung nicht möglich ist.

Ehehindernisse sind:

1. solche, die die Natur der Ehe unmittelbar betreffen:
   - ▷ *Mangel des erforderlichen Alters;* es ist ein Mindestalter erforderlich, das wegen der weltweiten Geltung des Kirchenrechts sehr niedrig angesetzt ist (vollendetes 16. Lebensjahr beim Mann, vollendetes 14. Lebensjahr bei der Frau);
   - ▷ *Impotenz,* d. h. die der Eheschließung vorausgehende und unheilbare Unfähigkeit zur geschlechtlichen Vereinigung (gemeint ist nicht die bloße *Zeugungs*unfähigkeit);
   - ▷ *eine bereits bestehende Ehe;* eine Eheschließung ist nicht möglich, wenn auch nur einer der beiden Partner verheiratet ist;
2. solche, die im spezifisch religiösen Bereich begründet sind:
   - ▷ *Religionsverschiedenheit,* d. h. die Ehe zwischen einem katholischen Christen und einem Nichtchristen (Ungetauften);
   - ▷ *Weihesakrament;* dies Hindernis gilt von der Diakonenweihe an;
   - ▷ *Gelübde,* genauer gesagt: das öffentliche und unbefristete Gelübde der Ehelosigkeit in einer Ordensgemeinschaft;
3. solche, die Straftaten im Zusammenhang mit der Eheschließung verhindern sollen:

- ▷ *Freiheitsberaubung;* eine Ehe kann nicht gültig geschlossen werden, wenn die Frau zum Zweck der Eheschließung entführt oder an einem bestimmten Ort gewaltsam festgehalten wird;
- ▷ *Gattenmord,* sei er gemeinschaftlich begangen worden oder von einem Partner allein zum Zweck der Eheschließung;

4. solche, durch die die Familienmitglieder aus dem Kreis der möglichen Ehepartner ausgeschlossen werden sollen:
   - ▷ *Blutverwandtschaft* in jedem Grad der geraden Linie (z. B. Vater – Tochter) und bis zum vierten Grad der Seitenlinie (z. B. Vetter – Cousine);
   - ▷ *Schwägerschaft;* diese besteht zwischen einem Ehepartner und den Personen, die mit dem anderen in gerader Linie blutsverwandt sind;
   - ▷ *öffentliche Ehrbarkeit;* dieses Hindernis entsteht (im Unterschied zur Schwägerschaft) aus einer ungültigen Ehe oder einem eheähnlichen Verhältnis;
   - ▷ *gesetzliche Verwandtschaft;* diese wird begründet durch ein Adoptionsverhältnis.

Von Ehehindernissen kann im Einzelfall befreit werden, ausgenommen allerdings: bestehendes Eheband, Impotenz, Blutsverwandtschaft in der geraden Linie und im zweiten Grad der Seitenlinie (Bruder – Schwester). Von bestimmten Ehehindernissen wird nur unter erschwerten Umständen befreit.

Von den Ehehindernissen, die die Ehefähigkeit der Partner betreffen, sind die Trauungsverbote zu unterscheiden; diese richten sich an denjenigen, der eine Trauung vornehmen soll, und verbieten, dies ohne besondere Erlaubnis zu tun. Beispielsweise liegt ein solches Trauungsverbot bei der Eheschließung desjenigen vor, der gegenüber einem anderen Partner oder gegenüber Kindern aus einer früheren Verbindung moralisch verpflichtet ist.

Der Ehewille

Allein durch den Ehewillen der Partner kommt eine gültige Ehe zustande. Während von Ehehindernissen befreit werden kann, ist der Ehewille in jedem Fall unverzichtbar; er kann durch keine menschliche Macht ersetzt werden. Inhalt des Ehewillens ist die Zusage der Partner, sich gegenseitig in einem unwiderruflichen Bund zu schenken und anzunehmen; dies umgreift auch alle möglichen Krisensituationen des

menschlichen Lebens, „gute und böse Tage, Gesundheit und Krankheit“.
Damit eine Ehe zustande kommt, muß die Willenseinigung der Partner in einer bestimmten Form geäußert werden. Es kann aber auch sein, daß die äußere Kundgabe des Ehewillens nicht mit dem tatsächlich vorhandenen Willen übereinstimmt. Solche Mängel im Ehewillen können sowohl den erkenntnismäßigen als auch den eigentlich willentlichen Bereich betreffen und die Ungültigkeit der Ehe zur Folge haben, wie beispielsweise: Simulation (d. h. der Ausschluß der Ehe selbst oder einer Wesenseigenschaft oder eines wesentlichen Elements der Ehe), Furcht und Zwang, arglistige Täuschung, das Fehlen des erforderlichen Mindestwissens und Irrtümer verschiedener Art.
Wer also nach außen hin den Ehewillen kundtut, aber z. B. die Wesenseigenschaft der Unauflöslichkeit oder das Wesenselement der Sakramentalität ausschließt, geht keine gültige Ehe ein; ebenso kann ein von den Eltern ausgeübter psychischer Druck, der zur Eheschließung führt, die Ungültigkeit der Ehe bewirken.

Die kanonische Eheschließungsform

Katholische Christen, sofern sie sich nicht in einem formalen Akt von der Kirche losgesagt haben, sind an eine bestimmte kirchliche Eheschließungsform gebunden. Diese besteht darin, daß die Brautleute vor einem trauungsberechtigten Geistlichen und zwei Zeugen ihren Ehewillen öffentlich erklären; in Ausnahmefällen kann unter bestimmten Bedingungen auch ein Laie beauftragt werden, bei der Eheschließung an die Stelle des trauungsberechtigten Geistlichen zu treten. Ist ein trauungsberechtigter Geistlicher oder ein mit der Eheassistenz beauftragter Laie nicht anwesend oder nicht ohne großen Nachteil zu erreichen, so kann die Ehe ausnahmsweise durch die Erklärung des Ehewillens vor zwei Zeugen geschlossen werden. Hier ist etwa an Eheschließungen in Missionsgebieten zu denken, dies kann aber auch der Fall sein in Ländern, wo die Kirche verfolgt wird.

Die bekenntnisverschiedene Ehe

Unter einer bekenntnisverschiedenen Ehe versteht man die Ehe zwischen einem katholischen und einem nichtkatholischen Christen. Weil die Bekenntnisverschiedenheit einer ganzheitlichen Lebensgemein-

schaft der Partner im religiösen Bereich entgegensteht, ist das Eingehen einer solchen Ehe an eine besondere Erlaubnis gebunden. Diese Erlaubnis wird nur erteilt, wenn folgende Voraussetzungen erfüllt sind:

Der katholische Partner muß aufrichtig versprechen, nach Kräften alles zu tun, daß die Kinder in der katholischen Kirche getauft und im katholischen Glauben erzogen werden; doch hängt es von seiner Gewissensentscheidung ab, inwieweit er dieser Verpflichtung in seiner konkreten Ehe nachkommen kann. Der nichtkatholische Partner muß über die Verpflichtung des katholischen Partners informiert werden, wird aber nicht selbst seitens der katholischen Kirche in Pflicht genommen.

Die kanonische Eheschließungsform gilt grundsätzlich auch für die bekenntnisverschiedene Ehe; doch kann von dieser befreit werden, wenn das Brautpaar nicht zu einer katholischen Trauung bereit ist. In diesem Fall muß die Ehe aber in einer anderen öffentlichen Form geschlossen werden; dabei hat die nichtkatholische religiöse Eheschließung den Vorzug vor der bloß standesamtlichen Trauung. Bei Befreiung von der kanonischen Eheschließungsform kommt auch dann eine gültige und nach katholischem Glaubensverständnis sakramentale Ehe zustande, wenn nur eine standesamtliche Trauung vorgenommen wird.
Insgesamt ergeben sich für das Eingehen einer bekenntnisverschiedenen Ehe folgende Möglichkeiten:

1. unter Wahrung der kanonischen Formpflicht:
   - ▷ Trauung vor einem katholischen Geistlichen,
   - ▷ Trauung vor einem katholischen Geistlichen unter Heranziehung eines nichtkatholischen Geistlichen,
2. mit Befreiung von der Formpflicht:
   - ▷ Trauung vor einem nichtkatholischen Geistlichen,
   - ▷ Trauung vor einem nichtkatholischen Geistlichen unter Heranziehung eines katholischen Geistlichen,
   - ▷ Trauung vor dem Standesbeamten.

Die Regelungen für die bekenntnisverschiedene Ehe werden sinngemäß auch auf das Ehehindernis der Religionsverschiedenheit angewandt.

Eheauflösung und Feststellung der Nichtigkeit einer Ehe

Nach dem Glaubensverständnis der katholischen Kirche ist eine sakramentale und geschlechtlich vollzogene Ehe absolut unauflöslich und

wird nur durch den Tod eines Ehepartners aufgelöst. Mit anderen Worten: eine nichtsakramentale oder nichtvollzogene Ehe kann von der Kirche grundsätzlich aufgelöst werden.
Davon zu unterscheiden sind die Fälle, in denen eine Ehe von vorneherein nicht gültig zustande gekommen ist, sei es wegen eines Ehehindernisses, sei es wegen eines wesentlichen Mangels im Ehewillen oder in der Eheschließungsform. Eine ungültige Ehe kann, sofern der Grund für die Ungültigkeit zu beheben ist, gültig gemacht werden; die Partner können aber auch (gegebenenfalls auf gerichtlichem Weg) eine Nichtigkeitserklärung anstreben. In jeder Diözese gibt es ein kirchliches Gericht, das für Ehenichtigkeitsprozesse zuständig ist. *Peter Krämer*

Fürs Leben

„Die innige Gemeinschaft des Lebens und der Liebe in der Ehe, vom Schöpfer begründet und mit eigenen Gesetzen geschützt, wird durch den Ehebund, d. h. durch ein unwiderrufliches personales Einverständnis, gestiftet. So entsteht durch den personal freien Akt, in dem sich die Eheleute gegenseitig schenken und annehmen, eine nach göttlicher Ordnung feste Institution, und zwar auch gegenüber der Gesellschaft. Dieses heilige Band unterliegt im Hinblick auf das Wohl der Gatten und der Nachkommenschaft sowie auf das Wohl der Gesellschaft nicht mehr menschlicher Willkür. Gott selbst ist Urheber der Ehe, die mit verschiedenen Gütern und Zielen ausgestattet ist; sie alle sind von größter Bedeutung für den Fortbestand der Menschheit, für den persönlichen Fortschritt der einzelnen Familienmitglieder und ihr ewiges Heil; für die Würde, die Festigkeit, den Frieden und das Wohlergehen der Familie selbst und der ganzen menschlichen Gesellschaft. Durch ihre natürliche Eigenart sind die Institutionen der Ehe und die eheliche Liebe auf die Zeugung und Erziehung von Nachkommenschaft hingeordnet und finden darin gleichsam ihre Krönung. Darum gewähren sich Mann und Frau, die im Ehebund nicht mehr zwei sind, sondern ein Fleisch (Mt 19, 6), in inniger Verbundenheit der Personen und ihres Tuns gegenseitige Hilfe und gegenseitigen Dienst und erfahren und vollziehen dadurch immer mehr und voller das eigentliche Wesen ihrer Einheit. Diese innige Vereinigung als gegenseitiges Sichschenken zweier Personen wie auch das Wohl der Kinder verlangen die unbedingte Treue der Gatten und fordern ihre unauflösliche Einheit“ (Zweites Vaticanum, Kirche in der Welt von heute, 48).

zum Wohle der Kinder

Zu Hause, das ist nicht dort, wo wir wohnen, sondern dort, wo wir verstanden werden.

BEKENNTNISVERSCHIEDENE – ÖKUMENISCHE EHE?

Lieber Herr Kaplan!

Ob Sie sich noch an die Religionsstunde erinnern, in der wir über die bekenntnisverschiedene Ehe diskutierten, weiß ich nicht.
Daß ein andersgläubiger Partner ein „Ehehindernis“ sein sollte, wollte uns absolut nicht in den Kopf. Das müsse jeder schließlich mit sich selbst ausmachen, ob er eine solche Ehe für gut oder nicht gut halte. Wir ereiferten uns vor allem über die praktische Handhabung dieser Fälle in der Kirche. Das „Hindernis“ sei im wörtlichen Sinn ein reiner Papiertiger: man hole eigens Dispens beim Bischof ein, und die werde dann auf bürokratischem Wege selbstverständlich erteilt. Ob das etwa eine abschreckende Wirkung habe? Und außerdem reizte uns allein schon der Gedanke, irgendein Kirchenrecht wolle uns abschrecken.
Inzwischen habe ich – wie Sie wissen – eine evangelische Freundin, oder richtiger, eine evangelische Verlobte. Wir haben in der Zeit, in der wir uns kennen, immer wieder bestätigt gefunden, wie gut wir uns verstehen und wie sehr wir zueinander passen. Und – merkwürdigerweise – gerade in „religiöser“ Hinsicht verstehen wir uns bestens. Im Gegensatz zu vielen unserer Altersgenossen bedeutet uns die Zugehörigkeit zur Kirche etwas. Wir sprechen oft über religiöse Themen. Häufig sind es reine Diskussionen. Ich meine damit, daß wir uns über sachliche Probleme unserer Kirchen unterhalten. Dies und jenes lernen wir besser verstehen, manches macht uns kritisch, nur gelegentlich geht's auch ein bißchen gereizt zu. Deutlich bleibt aber auch, daß jeder nicht nur aus Gewohnheit zu seiner Kirche hält, sondern mit dem Herzen an seiner Kirche hängt. Eben das ist diese merkwürdige Übereinstimmung, die – ich weiß es nicht recht auszudrücken – weit tiefer reicht als die Diskussionen selbst, die wir da miteinander führen. Ich höre Sie jetzt mitsamt dem Tonfall Ihrer Stimme sagen: „Besser als zwei laue Katho-

liken, bei denen zwar alles – Kirchenmitgliedschaft und Trauritus – stimmt, aber denen die Ehe als Sakrament herzlich gleichgültig ist."
Natürlich wünsche ich uns nicht einen derartigen faulen Frieden. Aber – Sie werden es vielleicht merkwürdig finden, wenn Sie an mich noch als Oppositionsführer aus der erwähnten Religionsstunde zurückdenken: Seit ich Monika kennengelernt habe, denke ich über vieles anders. Sie dürfen mich nun nicht falsch verstehen: Ich bin keineswegs unschlüssig geworden, ob wir heiraten sollen. Diese Entscheidung ist längst gefallen. Wir fühlen uns zwar vollkommen frei. Wir stehen nicht unter dem Druck einer eingegangenen „Verpflichtung", die man nicht mehr gut lösen kann. Unser Leben ist vielmehr vom Denken und Empfinden her zusammengewachsen. Das klingt alles viel zu pathetisch. Aber eine Trennung wäre genauso etwas wie eine Amputation. Ich will nicht sagen, daß wir allen vorgebrachten Vernunftgründen zum Trotz auf einer Hochzeit bestehen würden. Im Augenblick kann ich mir zwar kaum vorstellen, was das für Gründe wären. Vielleicht wenn wir keine gesunden Kinder erwarten könnten oder so was. Man könnte uns jedenfalls keine Angst vor Schwierigkeiten machen, die in unserem Temperament begründet wären. Ich will damit sagen: Schwierigkeiten, die mit uns persönlich und unserer Lebensart zusammenhängen, könnten uns nicht mehr bange machen. Wir würden unserer Zuneigung zutrauen, daß sie damit fertig wird. In einer Richtung sehe ich allerdings Schwierigkeiten, die sich aus unserem verschiedenen kirchlichen Bekenntnis ergeben.
Ja, ich sehe da schon Schwierigkeiten. Das meinte ich, wenn ich schrieb, ich würde über vieles anders denken als früher. Die ersten paarmal, als wir miteinander sonntags in die Kirche gingen, Monika bei uns, ich drüben, hat uns das mächtig angeregt. Wir fanden's interessant, merkten, wie nahe wir uns doch beim Beten stehen, und verstanden auf einmal selbst besser, daß christlicher Gottesdienst einen einzigen wichtigen Inhalt hat: „Tut dies zu meinem Gedächtnis!" Sie können sich denken, daß das ein schönes Erlebnis war. Die für uns neue Erfahrung der kirchlichen Nähe war ja so stark verknüpft mit unserem gegenseitigen Zusammenfinden. Aber diese Art von Erlebnissen läßt sich nicht beliebig oft wiederholen, und man kann solche Erfahrungen auch nicht einfach festschreiben. Heute wissen wir jedenfalls bereits, daß in der Kirche, in der jeder von uns zu Hause ist, der andere eben doch nur Gast sein kann. Wir hoffen, daß wir gerade auch auf diese Weise etwas

dazu beitragen, daß die Trennung zwischen unseren Kirchen doch irgendwann überwunden wird. Aber – ob's uns gefällt oder nicht – von unserem guten Willen allein hängt's nicht ab, und wir haben kein Druckmittel in der Hand mit unserer treu-kirchlichen ökumenischen Gesinnung. (Wie das wieder klingt! Aber eigentlich stimmt's.)
Was hatten wir uns früher in unseren Religionsstunden doch „theoretisch" ereifert. Die bekenntnisverschiedene Ehe hatten wir sozusagen als den Idealfall angesehen. Da könnte einer mal wirklich zeigen, daß er überzeugt und nicht nur Gewohnheitschrist sei. Und welche Chancen für eine Wiedervereinigung boten sich unserem idealistischen Blick! Nein, ich muß gestehen, die Liebe zu meinem evangelischen Mädchen hat mich nüchterner und realistischer gemacht. Als wenn jemand heiraten würde, um damit die Kirchen wiederzuvereinigen! Wenn einer überhaupt etwas auf die Kirche gibt, ist die bekenntnisverschiedene Ehe schon ein Problem.
Aber immerhin, lassen wir einmal alle geschwollenen Redensarten beiseite, so versuchen wir doch etwas, was den Kirchen noch nicht gelungen ist. Eine Ehe ist zwar die kleinste christliche Gemeinschaft, die denkbar ist, aber doch auch ganz sicher mit die intensivste Möglichkeit, den Glauben zu leben. Wenn ich daran denke, habe ich wieder keine Angst, daß unsere Ehe deshalb schiefgehen könnte, weil Monika evangelisch ist und ich katholisch bin. Bestimmt wird's mich immer traurig machen, wenn wir „getrennt marschieren". Aber was stelle ich mir eigentlich vor, wenn ich sage, wir wollten in unserer Ehe den Glauben leben? Gewiß hat das bei mir etwas mit meiner Überzeugung zu tun. Selbstverständlich hat das auch Konsequenzen für das praktische Verhalten. Der Glaube „fordert" etwas. Aber das ist alles nicht die Hauptsache. Ich bin „überzeugter" Christ, weil ich an Christus glaube. Gerade jetzt, wo ich im Umgang mit Monika gelernt habe, über das gegenseitige Verhältnis von Menschen nachzudenken, muß ich sagen, daß ich eine ganz persönliche menschliche Zuneigung zu Christus habe. Das ist zwar merkwürdig, und es ist anders als bei einem Menschen, den man vor sich sieht. Aber ich glaube wirklich, daß er lebt und daß er da ist und daß er für alle dasein kann, weil er für alle gestorben ist. Das sind für mich keine Glaubenssätze, die man irgendwann gelernt hat und deshalb bekennt, weil man doch besser irgendeine Religion hat als keine. Was ich Ihnen da als mein Glaubensbekenntnis geschrieben habe, ist deshalb in mein Leben eingedrungen, weil ich – ich muß jetzt

sehr persönlich werden – diesen Jesus im innersten Herzen gerne habe. Ich weiß nicht, wie Monika das sagen würde. Aber ich bin ganz sicher, daß genau das bei ihr auch der Fall ist. Sehen Sie, das ist auch die „merkwürdige Übereinstimmung", die ich vorhin in meinem Brief nicht so richtig auszudrücken wußte.
Zu dem, was wir im Religionsunterricht über die Ehe gelernt haben, gehörte auch, die Ehe sei ein Sakrament. Das klang unter uns Katholiken recht gut. Man konnte alles so schön damit begründen – von der partnerschaftlichen Liebe und Treue bis zur Unauflöslichkeit. Besonders schön klang: Die Ehepartner spenden sich gegenseitig das Sakrament. Monika wußte natürlich, daß die Ehe bei uns ein Sakrament ist, und bei ihnen keins. Ich kam ganz schön ins Schwitzen, als ich ihr erklären sollte, warum die Ehe ein Sakrament sei. Ehrlicherweise muß ich gestehen: Gut ist mir die Erklärung nicht gelungen. Inzwischen bin ich der Auffassung: Daß die Ehe ein Sakrament ist, hat genau damit zu tun, was ich vom Verhältnis zu Jesus zu sagen versucht habe, auch wenn's mich der Intimität wegen ein wenig Überwindung gekostet hat. Eine so enge und ernstgemeinte Lebensgemeinschaft wie die Ehe kann ein gläubiger Christ nicht an Christus vorbei eingehen und durchhalten. Ich meine aber jetzt nicht so einen Allerwelts-Jesus, sondern ich meine ihn genauso persönlich, wie ich ja auch nicht eine Allerwelts-Monika heiraten werde. Ob Monika das nun Sakrament nennt oder nicht, der Sache nach sind wir hierin einig.
Das klingt also wieder sehr optimistisch. Bin ich auch. Man ist ja immer irgendwie überzeugt, daß Gefahren, die andern oder „ganz allgemein" drohen, für einen selbst nicht gelten. Aber den Punkt, der mir am meisten Sorgen macht, habe ich noch gar nicht erwähnt. Wir möchten ja schließlich auch einmal Kinder haben. Wird das gutgehen? Natürlich wissen wir, daß sie hinsichtlich ihrer Erziehung zum Glauben bei uns besser aufgehoben sind als in einer konfessionell einheitlichen Ehe, in der die Eltern zwar von Kirche und Schule und wer weiß von wem noch eine „christliche Erziehung" wünschen, selbst aber kaum sagen können, was denn „christlich" eigentlich bedeutet. Aber dennoch! Derjenige von uns beiden, der bei der Abmachung über die konfessionelle Zugehörigkeit unserer Kinder nachgeben wird, nimmt ein schweres Opfer auf sich. Ich meine, das Wort „Opfer" sei in diesem Fall nicht gedankenlos gesprochen. Mag sein, daß für unsere Kinder selbst der Zwiespalt gar nicht so empfindlich spürbar wird. Der „unterlegene"

Partner bei uns beiden hat jedenfalls die Absicht, unsere Kinder nicht in ein utopisches Niemandsland zwischen den Kirchen zu treiben. Wir wollen sie gemeinsam in die Kirche hinein erziehen, die wir für sie entschieden haben. Natürlich können Eltern heute in Hinsicht auf die religiöse Erziehung sowieso enttäuscht werden. Sie haben alles getan, und die Kinder gehen ihre eigenen Wege – an der Kirche vorbei. Damit müssen alle rechnen. Aber wir werden – so wenig wie andere – nicht aufhören zu hoffen, daß das, was wir von unserem eigenen Glauben in die Erziehung unserer Kinder investieren werden, nicht umsonst ist. Vorläufig sind wir noch nicht so weit, daß wir schon zur Entscheidung über die Kirchenzugehörigkeit unserer Kinder gekommen wären. Jeder von uns spürt selbst die Verpflichtung und hat den Wunsch, unsere Kinder in seine Kirche hinein zu erziehen. Mit dem Spruch, die Mutter sei doch letztlich für die religiöse Erziehung besser geeignet, kann ich mich nicht so recht anfreunden. Aber daß wir aufeinander Rücksicht nehmen müssen, ist mir bewußt. Ehrlich gesagt, ich weiß hier noch nicht so recht, was wir tun sollen. Wir würden gern einmal auch mit Ihnen darüber sprechen. Es läßt sich so leicht sagen: Wir wollen's nach bestem Wissen und Gewissen entscheiden. An irgendeiner Stelle wurmen einen solche Entscheidungen dann doch.
Wenn der Brief nicht schon zu lang wäre, wäre jetzt die Gelegenheit, ein Klagelied über die Kirchentrennung und das Schneckentempo ökumenischer Annäherung anzustimmen. Zumindest denke ich manchmal, die amtlichen Leute in unseren Kirchen sollten auch einmal am eigenen Leib erfahren, was für Lasten so Leuten wie Monika und mir aufgebürdet sind. Aber das wäre ein langes Kapitel.
Wir besuchen Sie demnächst mal. Bis dahin herzliche Grüße

Ihr Peter

Nachschrift des Verfassers: Das Bewußtsein, aus dem dieser Ideal-Peter seinen Brief geschrieben hat, ist das eines Priesters. Er meinte aber, daß er seine Sache besser durch den Versuch des Einfühlens ausdrücken könne als durch ein bloßes Zureden. Daß es sich dabei um einen Ideal-Peter handelt, ist vielleicht nicht so schlimm. Schwieriger ist die Situation überall dort, wo das kirchlich-gläubige Verantwortungsbewußtsein beider Partner nur gering entwickelt ist. Dann entfremdet eine bekenntnisverschiedene Ehe meist noch mehr der jeweiligen Kirche.

Wilhelm Breuning

UNSERE HOCHZEIT IN KIRCHE UND FAMILIE

Wir feiern Hochzeit! Das ist ein elektrisierender Satz für zwei junge Menschen, die sich lieben und für alle, die ihnen nahestehen, selbst dort, wo eine Hochzeit ohne die Kirche, ja selbst dort noch, wo sie mit dem Hintergedanken gefeiert wird, man könne ja wieder auseinandergehen, wenn man nicht zusammenpaßt. Wieviel mehr Glanz und Gewicht hat die Hochzeitsfeier für zwei junge Menschen, die sich vor dem Altar Gottes in der Eucharistiefeier das Sakrament der Ehe spenden und die überzeugt sind, daß sie damit eine unwiderrufliche Bindung eingehen, die nur der Tod scheiden kann. Ich möchte Ihnen ein deutendes Wort zur kirchlichen Hochzeitsfeier sagen, Ihnen aber auch ein paar Winke für die häusliche Hochzeitsfeier mitgeben; denn die beiden Tische, die in der Kirche den Brautleuten und der Hochzeitsgemeinde bereitet werden, der Tisch des Wortes und des Sakramentes, und der dritte Tisch, den Sie dann selber Ihren Hochzeitsgästen bereiten, gehören zusammen, so wie einst in frühester Zeit Eucharistie und Agape zusammengehört haben. An so großen Tagen spüren wir das noch.

Das Brautamt Bei der Deutung der kirchlichen Trauung gehe ich von ihrer Vollform aus, d. h. von der Trauung, die in die Feier der Eucharistie eingebettet ist. Nach einem schönen alten deutschen Sprachgebrauch sprechen wir vom Brautamt. Dieser Vorzug der Braut ist nicht auf den Namen dieser Messe beschränkt, in einem ihrer feierlichsten Augenblicke wird der Braut ein besonderer Segen, der Brautsegen, gespendet. Selbstverständlich ist und bleibt Trauung ohne Messe möglich. In diesem Falle geht der Trauung lediglich ein Wortgottesdienst voraus. Auch das ist würdig, aber gegenüber dem Brautamt doch eigentlich nur eine Notlösung. Daß Neuvermählte als erstes gemeinsames Tun auf dem gemeinsamen

Weg, den sie nun endgültig beschritten haben, mit dem Priester und mit der Hochzeitsgemeinde das Opfer Christi darbringen, daß die erste Tischgemeinschaft ihres Ehelebens die heilige Tischgemeinschaft des Leibes und Blutes Christi ist, das ist ein so großer Wert, daß man nicht leichten Herzens auf ihn verzichten sollte.

Freiheit den Fotografen mit Distanz

Zum Brautamt selbst sind zunächst drei Dinge zu sagen. Versuchen Sie das klerikale Sprichwort Lügen zu strafen, ein pünktlich zur vorgesehenen Zeit eintreffendes Brautpaar gehöre zu den Sieben Weltwundern. Geben Sie den Fotografen alle nur erdenklichen Freiheiten und Möglichkeiten und bitten Sie sie zugleich um Diskretion im Kirchenraum. Die erhobene Hostie oder kommunizierende Brautleute zu fotografieren, vielleicht gar mit plötzlich in die heilige Handlung hineinflammendem Blitzlicht, ist einfach geschmacklos. Und schließlich vergessen Sie nicht die unbedingt erforderliche Bescheinigung über Ihre bürgerliche Trauung, d. h. praktisch das Familienbuch, und Ihre Ringe mitzubringen. Auch sie sind unentbehrlich, weil sie im Rahmen des Trauungsritus gesegnet werden und Sie sich diese Ringe gegenseitig anstecken. Es ist sympathisch, daß die Trauung seit einigen Jahren nicht mehr vor dem Brautamt, sondern im Innern zwischen Predigt und Gabenbereitung stattfindet, genau an der gleichen Stelle, an der auch die Priesterweihe in die Messe eingefügt wird. So können die Brautleute erst einmal im gemeinsamen Beten und Singen und im gemeinsamen Hinlau-

Daran denken: Familienbuch, Ringe

Trauspruch festhalten

schen auf das Wort der Schrift und auf die Ausdeutung und Anwendung dieses Schriftwortes in der Predigt zu sich und zu der Sache kommen, um die es hier geht. Es ist übrigens ein schöner und empfehlenswerter Brauch, sich das Leitwort der Predigt, gleichsam als Trauspruch, vom trauenden Priester vorn ins Familienbuch eintragen zu lassen. Eine weitere sympathische Neuerung liegt darin, daß der Priester nicht mehr wie früher auf zwei bestimmte Lesungen angewiesen ist, sondern aus einer ganzen Reihe von möglichen Lesungen auswählen darf. In Frankreich hat man ein bebildertes Heft für die Hand der Brautleute geschaffen, das sämtliche möglichen Lesungen enthält und aus dem sie mit dem Priester die Lesungen für ihr Brautamt auswählen können.

Wählen Sie ‚Ihre' Lesung aus

Der Trauungsritus beginnt mit der Segnung der Ringe. Der Ring ist ein uraltes, auch vom Menschen des technischen Zeitalters noch unmittelbar verstandenes Symbol einer gegenseitigen Treue, die kein Ende hat. Es folgt ein dreigliedriges Gespräch zwischen dem trauenden Priester und den Brautleuten, das im lateinischen Text die Überschrift ‚Prüfung' trägt. Es geht darum, noch einmal, dieses Mal nicht unter sechs Augen wie beim Vorgespräch im Pfarrhaus, sondern vor den Augen und Ohren der versammelten Gemeinde, die Echtheit des Ehewillens feierlich zu erfragen. Er muß frei sein, und er muß eine doppelte Bereitschaft enthalten, die Bereitschaft zur Treue bis zum Tod und die Bereitschaft zur Annahme der Kinder aus Gottes Hand. Wenn bei der zweiten Frage zweimal hintereinander erst auf den Bräutigam, dann auf die Braut zu das gewichtige Wort von der Treue erklingt, die dauern soll, ‚bis der Tod euch scheidet', muß ich immer an ein Zettelchen denken von der ungelenken Hand eines vielleicht neunjährigen Kindes geschrieben, als in der Unterstufe einer Volksschule gesagt worden war, jedes Kind dürfe für eine bestimmte Messe das Anliegen aufschreiben, das ihm am meisten am Herzen liege, damit die Messe dann für diese Anliegen gehalten werden könne. Auf dem Zettel stand: Daß meine Eltern sich liebhaben und beieinander bleiben, bis der Tod sie scheidet.

Das Ja

Braut und Bräutigam antworten auf jede der drei an sie gerichteten Fragen mit Ja. Nur an dieser Stelle im Rahmen der Vorbereitung als Antwort auf eine Examensfrage gibt es noch das Jawort bei der Trauung. Die Redeweise, nach der Sich-das-Jawort-Geben soviel heißt wie Heiraten, hängt mit einer früheren Gestalt der Trauung zusammen, die es heute im deutschen Sprachgebiet wohl nirgendwo mehr gibt. Nun stekken sich die Brautleute die vorher gesegneten Ringe an. Im Begleitspruch sagen sie: Trag diesen Ring als Zeichen deiner Treue. In den Mittelmeerländern, aber auch im äußersten Westen Deutschlands, steckt man den Ring an den Ringfinger der linken Hand, das hängt mit einem sehr alten Volksglauben zusammen, von diesem Finger führe eine Ader unmittelbar zum Herzen.

Nach diesen vorbereitenden Akten kann die eigentliche Vermählung stattfinden. Das geschieht in der Form, daß Bräutigam und Braut nebeneinanderstehend einander die Hand reichen und in einem Satz, wie es sich für einen Vertrag gehört, vor dem bevollmächtigten Vertreter der Kirche ihren Ehewillen aussprechen und somit einander das Sakrament der Ehe spenden: Vor Gottes Angesicht nehme ich dich zu meiner Ehefrau, zu meinem Ehemann. Vielerorts ist es Brauch, daß der Priester auf diesem Höhepunkt der Trauungsliturgie die ineinandergelegten Hände der Brautleute mit der Stola umwickelt, ein Zeichen, daß die kleine neu sich bildende Zelle, die durch diese beiden ineinandergelegten Menschenhände angedeutet ist, sich in der großen Gemeinschaft des Leibes Christi umhüllt und geborgen wissen darf. Der trauende Priester schließt den Vermählungsakt mit einer Bestätigungsformel und nimmt dann in einem Schlußwort nicht nur die beiden Trauzeugen, die auch bei der kirchlichen Trauung nicht fehlen dürfen, sondern alle Anwesenden zu Zeugen des hier geschlossenen Bundes.

Die Eucharistiefeier

Drei Besonderheiten zeichnen die Eucharistiefeier aus, die nun folgt. Wenn das ,Vaterunser' und sein Nachgebet gesungen beziehungsweise gesprochen sind, tut der Priester etwas sonst in der Liturgie Unerhörtes: Er wendet sich von den heiligen Gaben auf dem Altar ab und der Braut zu, um ihr einen besonderen Segen zu spenden. Frühere Formeln dieses Segens konnten den Eindruck erwecken, als werde die Frau besonders gesegnet, weil sie wegen ihrer Schwäche besonders gefährdet und deshalb besonders segensbedürftig sei. Das ist natürlich ein unerträglicher und unvollziehbarer Gedanke. Die neuen Gebete haben diese Elemente getilgt, und man spürt nun wieder deutlicher, warum die Braut hervorgehoben wird als Symbolgestalt, in der die Kirche sich selbst dargestellt sieht und als die unmittelbare Hüterin der Glaubens- und Frömmigkeitsüberlieferungen durch die Generationen hindurch. Wo immer in den neuen Formen dieses Segens auf Tugenden die Rede kommt, die ihrer Natur nach gegenseitig sind, etwa die Tugend der Treue, geht der Brautsegen ganz wie von selbst in einen Brautleutesegen über.

Die zweite Besonderheit liegt darin, daß es seit einigen Jahren endlich gestattet ist, daß die Neuvermählten in ihrer Trauungsmesse unter beiden Gestalten kommunizieren dürfen. Ich meine, verständige Brautleute sollten dieses Privileg ausnützen und, wenn der Pfarrer nicht daran denkt, ihn daran erinnern. Wir wissen zwar alle, daß die Kommunion unter einer Gestalt eine volle und richtige Kommunion ist und bleibt. Was ihr fehlt, ist nicht die Fülle der Wirklichkeit, sondern die Fülle des Zeichens. Zu den Motiven, die der Wein zur Zeichensprache des eucharistischen Mahles beiträgt, gehört aber vor allem die Freude. Wenn man an seinem Hochzeitstag die Zeichen der Freude vermehren kann, dazu noch im Innersten der ersten eucharistischen Feier, die man als Mann und Frau miteinander feiert, dann sollte man auch etwas tun, was einem zunächst ganz ungewohnt vorkommt, und von dem man dann doch auf einmal weiß, wie richtig es ist.
Die dritte Besonderheit schließlich ist der Schlußsegen, den der trauende Priester spricht, indem er die Arme segnend über den Brautleuten ausbreitet. Mit seinen Texten, denen Romano Guardini ihre großartige deutsche Sprachgestalt gegeben hat, ist er das Grenzstück des Trauungsritus, das nicht wie der Brautsegen aus altrömischer, sondern aus altspanischer, westgotischer Überlieferung stammt und vielleicht deshalb unser Ohr so unmittelbar anspricht. Besonders bemerkenswert ist, daß den Neuvermählten die sonst in der Liturgie allzuselten genannte Gnade der Freundschaft, der empfangenen und der weitergegebenen, erfleht wird. Das Ehe- und Familienleben, das heute hier seinen Anfang nimmt, darf kein selbstgenügsames Glück gewissermaßen hinter heruntergelassenen Jalousien sein. Es muß wie ein Haus mit hellerleuchteten Fenstern sein, in dem man mit Freuden ein- und ausgeht. So betet der Priester über die Neuvermählten: „Wahre Freunde mögen euch in Freude und Leid zur Seite stehen. Wer in Not ist, finde bei euch Trost und Hilfe. Und der Segen, der den Barmherzigen verheißen ist, komme reich über euer Haus.“
Was kann geschehen, daß etwas vom Glanz dieses Festes in der Kirche, wie wir es hier in seinen Umrissen beschrieben haben, auf die häusliche Hochzeitsfeier fällt? Es ist klar, daß ein Hochzeitsmahl keine Betstunde ist. Aber wäre es so verkehrt, wenn es durch kleine Zeichen mit dem großen heiligen Mahl, von dem man herkommt, verbunden wäre? So könnte die Brautkerze, wo eine solche üblich ist, nachdem sie am Altar gebrannt hat, nun ihren Platz im Umkreis des Hochzeitstisches oder auf

ihm bekommen. Lautes Tischgebet, in seiner Form vorher besprochen, sollte zumindest bei einem solchen Mahl auf keinen Fall fehlen. Am schönsten wäre es, wenn bei diesem Gebet der junge Hausvater die Rolle des Vorbeters übernähme. Was hindert ihn eigentlich daran, da die Zeiten der Menschenfurcht in diesen Dingen ohnehin bald bei uns so unbekannt sein werden, wie sie es in Amerika immer geblieben sind?

Die häusliche Feier

Da Christen zuerst einmal Menschen sein sollten, müßte von dem jungen Paar alles geschehen, um die menschliche Atmosphäre der häuslichen Hochzeitsfeier so wohltuend wie möglich zu machen. Ich darf hier aus vielen Dingen eines nennen: Niemand nimmt es übel, wenn die Neuvermählten sich gegen Abend verabschieden, um ihre Hochzeitsreise anzutreten. Seltsam mutet es an, wenn sie statt dessen schon am frühen Nachmittag plötzlich verschwunden sind und die zurückgelassenen Gäste sich für den Rest des festlichen Tages in die Rolle von trauernden Hinterbliebenen hineinfinden müssen. Wo diese Unsitte sich ausbreitet, ist sie ein Zeichen von mangelndem menschlichem Takt. Man hat Gäste geladen, und plötzlich wird sichtbar, daß man sie im Grunde nicht ernst nimmt.

Von der Fülle mitteilen

Ein Letztes wäre zum Hochzeitsmahl noch zu sagen. An Tagen, an denen es uns so gut geht wie bei einer Hochzeit, schmerzt der Gedanke doppelt, daß es in unserer Welt und vielleicht gar in unserem Umkreis Menschen gibt, die sich nicht satt essen können. Die Mütter hatten früher die Gewohnheit, zu Beginn einer besonders reichlichen Mahlzeit bei einem festlichen Anlaß zu sagen: „So, Kinder, jetzt möchte ich wünschen, alle armen Leute auf dieser Welt hätten so gut zu essen wie wir.“ Mit dem Wünschen allein ist es nicht getan. Wir sollten überlegen, ob wir nicht etwas tun können, um, wenn schon nicht von der Fülle des Hochzeitsmahles, so doch von der Fülle der Hochzeitsfreude an leidende, bedürftige Menschen weiterzuschenken. Ich muß in diesem Zusammenhang immer an das Dorf in meinem Heimatkreis denken, in dem bei jeder Hochzeit die sozialen Spannungen zwischen den sogenannten kleinen und großen Bauern spürbar wurden. Der Pfarrer überlegte mit seiner Pfarrjugend, ob es hier keinen Ausweg gäbe. Und es fand sich ein Ausweg. Man entschloß sich, von der nächsten Hochzeit an sollten Bräutigam und Braut in vollem Hochzeitsstaat, die Braut mit vollgefülltem Henkelkorb am Arm, bei allen bettlägerigen Alten und Kranken des Dorfes einen Besuch machen. Da Krankheit nicht danach fragt, ob sie ins Haus eines großen oder eines kleinen Bauern

einzieht, bedeutete dieser Rundgang jedesmal unterschiedsloses Einkehren bei beiden Gruppen. Der Pfarrer berichtete, daß vom Tag dieser Neueinführung ab die Spannungen, die früher die Hochzeitstage seines Dorfes bestimmt hatten, wie verflogen waren.
Ich bin mir klar darüber, wie selten die Gelegenheiten sind, diese Henkelkorblösung buchstäblich nachzuahmen. Sie steht auch nur deshalb am Ende dieser Anregung, weil der alte Satz, Mangel an Liebe sei oft nichts anderes als Mangel an Phantasie, sicher auch in diesem Zusammenhang gilt. Liebe macht erfinderisch. In irgendeiner vielleicht ganz bescheidenen, von niemandem beachteten Form kann jedes junge Ehepaar von dem Glück weiterschenken, das es selbst im Sakrament der Ehe und am dreifachen Tisch, an dem des Wortes und des Sakramentes und am Tisch des häuslichen Hochzeitsmahles, erfahren hat.

Balthasar Fischer

Den Beitrag entnehmen wir dem Ehe-Seminar auf Schallplatten „Auf dem Weg zur Ehe“, Freiburg 1970, mit freundlicher Genehmigung des Christophorus-Verlages. Er knüpft an den z. Z. noch geltenden Trauungsritus der Collectio Rituum von 1950 an.

AUS DEM GLAUBEN GELEBTE EHE

„Auf meinem Lager, des Nachts, suchte ich den Liebsten meiner Seele. Ich suchte ihn, doch fand ich ihn nicht. So will ich denn aufstehen und durchstreifen die Stadt, die Gassen und Plätze; will suchen den Liebsten meiner Seele. Ich suchte ihn, doch fand ich ihn nicht. Es trafen mich die Wächter bei ihrer Runde durch die Stadt. ‚Habt ihr ihn gesehen, den Liebsten meiner Seele?' Kaum war ich an ihnen vorüber, da fand ich den Liebsten meiner Seele. Ich hielt ihn fest und ließ nicht von ihm, bis ich ihn brachte ins Haus meiner Mutter, in die Kammer derer, die mich gebar. Ich beschwör' euch, ihr Töchter Jerusalems, bei den Rehen und Hirschen der Flur: Weckt nicht auf und stört nicht die Liebe, bis daß es ihr selber gefällt!" (Hoheslied 3, 1–5).

Daß diese Zeilen Liebeslyrik sind, sieht man auf den ersten Blick. Doch würde man sie ebenso selbstverständlich als Aussagen der Bibel erkennen? Wohl nicht so ohne weiteres. Wer das ganze Hohelied (hebräisch „das Lied der Lieder") liest, wird erstaunt sein, mit welcher Selbstverständlichkeit hier in blumenreichen orientalischen Vergleichen aus dem Leben der Natur eine sehr deutliche Liebessymbolik geschildert wird. Im ganzen verherrlicht dieses Lied die bräutlich-eheliche Liebe. Warum eigentlich soll das, worin der Mensch Gott besonders und in einmaliger Weise ähnlich ist – in einer echt menschlichen Liebe, die zudem Abbild der Liebe Gottes zu den Menschen sein soll –, nicht auch in der Bibel enthalten sein? Haben doch auch die Propheten den Bund Jahwes mit seinem Volk ganz unbefangen in den Bildern der bräutlich-ehelichen Liebe dargestellt.

Damit sagt uns das Hohelied schon das Wichtigste über die Ehe: daß sie in der Liebe gründet, daß die Liebe zwischen Mann und Frau das eigentliche und tiefste Band ist, das beide miteinander verbindet; das

rechtliche Band muß zwar aufgrund der Sozialstruktur des Menschen hinzukommen, es bleibt aber ohne das Band der Liebe ein leeres Zeichen. Das Hohelied sagt uns zugleich, daß die Liebe ein ganzheitliches, ein leib-seelisch-geistiges, und damit ein *menschliches* Grundphänomen ist. Diese Aussage hat heute, wo vielfach Liebe und Sexualität getrennt werden, ihre besondere Bedeutung.

Was menschliche Liebe erst ermöglicht,

das schildern uns mit den Stilmitteln der damaligen Zeit die beiden Schöpfungsberichte aus dem Buch Genesis (Gen 1, 1–2, 4a und Gen 2, 18–28). Sie führen die geschlechtliche Differenzierung des Menschen in Mann und Frau auf die Schöpfungstat Gottes zurück. Die Geschlechtlichkeit ist danach nicht irgendein Teil an ihm, sondern prägt ihn umfassend in seinem Menschsein. Sie erst ermöglicht geschlechtlich-personale Beziehungen zwischen Mann und Frau, Überwindung ihrer Einsamkeit und Erfüllung ihrer Sehnsucht nach leib-seelischer Ergänzung und Einheit. Beide sind, von Gott geschaffen, einander völlig ebenbürtig. Die Ehe ist nichts anderes als die natürliche, wenn auch der gesellschaftlichen Regelung unterworfene Folge dieser geschlechtlichen Differenzierung des Menschen.

Jesus spricht von der Ehe

Jesus greift auf diese Aussagen des Schöpfungsberichtes zurück, bekräftigt sie und führt sie in freier Auslegung weiter. Sein Interesse gilt der Überwindung der jüdischen Gesetzeskasuistik, auch im Bereich der Ehe und der Wiederherstellung des ursprünglichen Schöpferwillens. Diese Intention kommt in seinen Aussagen über *Ehescheidung* und *Ehebruch* im Streitgespräch mit den Pharisäern sehr deutlich zum Ausdruck.
Dieses Streitgespräch hat uns Markus (10, 2–10) und Matthäus (19, 3–12) – letzterer in erweiterter Form – überliefert. Die Pharisäer fragen Jesus, ob es dem Manne erlaubt sei, seine Frau zu entlassen. Mit dieser Frage wollten sie ihn auf die Probe stellen. Doch Jesus läßt sich auf ihre Frage nicht ein, sondern hält ihnen ihre Hartherzigkeit entgegen. Nur deshalb habe Moses geboten, der Frau einen Scheidebrief auszustellen. Die Juden aber hatten den Sinn dieser Regelung in ihr Gegenteil ver-

kehrt. Sollte der Scheidebrief der Frau eine gewisse Rechtssicherheit geben – er ermöglichte ihr die Wiederheirat –, so hatten die Juden ihn in der Praxis zum Freibrief des Mannes gemacht, seine Frau zu entlassen. Sie wurde damit zum Eigentum des Mannes degradiert, das dieser beliebig veräußern konnte.

Eine solche Denkweise und Praxis wird von Jesus kategorisch abgelehnt. Er begründet diese Ablehnung mit dem Schöpferwillen Gottes, indem er auf den Genesisbericht (Gen 2, 24) zurückgreift: „Darum wird ein Mann seinen Vater und seine Mutter verlassen und seiner Frau anhangen, und beide werden zu einem Fleisch.“ Und er fügt in freier, aber sinngemäßer Auslegung hinzu: „So sind sie also nicht mehr zwei, sondern ein Fleisch. Was nun Gott verbunden hat, soll ein Mensch nicht trennen (Mk 10, 8–9; Mt 19, 6).

Jesus stellt damit aber kein neues Gesetz auf, sondern erklärt die bleibende Treue der Ehegatten zu einer bleibenden sittlichen Forderung, die bereits im ursprünglichen Schöpferwillen Gottes enthalten ist. Diese Forderung zu erfüllen ermöglicht die mit ihm anbrechende neue Heilsordnung im Glauben und aus dem Glauben. Jesus verkündet hier kompromißlos die Unauflöslichkeit der Ehe. Daran ist nicht zu zweifeln. Es ist aber die Frage, ob er damit auch die absolute rechtliche Unscheidbarkeit einer gültigen christlichen, aber menschlich endgültig zerbrochenen Ehe ausgesagt hat.

Im gleichen Streitgespräch wendet sich Jesus ebenso scharf gegen die jüdische Rechtspraxis, wonach der Mann seine *eigene* Ehe gar nicht brechen könne. Er erklärt kategorisch: „Wer seine Frau entläßt und eine andere heiratet, der bricht an ihr die Ehe“ (Mk 10, 11), und Matthäus fügt in seiner Fassung den Einschub hinzu: „ausgenommen aufgrund von Unzucht“.

Diese Einfügung des Matthäus wird heute allgemein als eine echte Ausnahmeklausel angesehen, die aber wahrscheinlich nicht auf Jesus selbst zurückgeht, sondern auf den Evangelisten, und die pastoralen Bedürfnisse des urchristlichen Gemeindelebens widerspiegelt.

Ehe – ein Abbild des Verhältnisses Christi zur Kirche

Die im Schöpfungsbericht der Genesis begonnene, von Jesus weitergezogene Linie wird von *Paulus* in der klassischen Stelle des Epheserbriefes aufgegriffen und vertieft (Eph 5, 31–33). Voraus gehen dieser Stelle die Ermahnungen des Paulus über das Verhältnis von Mann und Frau in der Ehe (Eph 5, 22–30). Er beschreibt das Verhältnis als Über- und Untergeordnetsein. Der Mann ist als Haupt der Frau dieser übergeordnet. Sie soll ihm „untertan" sein. Diese zeitgebundene Auffassung ist für uns heute nicht mehr nachvollziehbar. Paulus stellt aber zugleich dieses Verhältnis als ein Abbild des Verhältnisses Christi zur Kirche dar. Der Mann soll seine Frau lieben, wie Christus die Kirche liebt.

In diesem Zusammenhang greift nun Paulus ebenfalls auf den Schöpfungsbericht (Gen 2, 24) zurück: „Darum wird der Mann Vater und Mutter verlassen und seiner Frau anhangen, und die zwei werden zu einem Fleisch. Dieses Geheimnis ist groß; ich deute es im Hinblick auf Christus und die Kirche" (Eph 5, 31–32).

Damit sieht Paulus in der Verbindung von Mann und Frau in der Ehe mehr als nur einen natürlichen Vorgang. Sie wird für ihn zum Abbild der Verbindung Christi mit der Kirche. Dieses Verhältnis Christi zur Kirche stellt Paulus zugleich den Eheleuten als Vorbild hin.

Wenn aber die christlich gelebte Ehe Abbild dieses Verhältnisses ist, dann ist sie zugleich eine Grundzelle der Kirche; dann ist Christus in ihr gegenwärtig, wie er in der Kirche gegenwärtig ist; dann ist die Ehe – wie die Kirche – Ort der einenden, heilenden und erlösenden Gegenwart Christi; Ort, wo Christus den im Glauben radikalisierten und aus ihm motivierten Anspruch jeder Ehe zu erfüllen ermöglicht. Eine solche Ehe ist dann Ehe in und aus dem Glauben.

Christliche Ehe im Alltag

Selbstverständlich sind nicht etwa Spannungen und Konflikte in einer solchen Ehe ausgeschlossen. Wo zwei Menschen, Mann und Frau, mit verschiedenen Charakteren und Eigenheiten zusammenleben, dem beruflichen Streß und der häuslichen Kleinarbeit ausgeliefert sind, da kann man auch Spannungen nicht vermeiden. Doch immer da, wo im ehelichen Alltag Streit durch das versöhnende Wort beendet, Spannungen durch einen offenen Dialog abgetragen werden, wo man den Partner in seiner Art gelten läßt, sich in der Enttäuschung nicht abkapselt, sondern weiter Geduld und Vertrauen aufbringt, wo eben selbstvergessene Liebe geschenkt wird, da ist der stets läuternde und die Herzen der Menschen umwandelnde Gott am Werk, da geschieht befreiende, einende, heilende Tat Gottes am glaubenden Menschen. Immer da, wo

Entscheidungen und Handlungen in der Ehe vom christlichen Glauben und von seinem Anspruch her *motiviert* werden, da wird sie zum Ort seiner wirksamen Gegenwart.

Christliche, aus dem Glauben gelebte Ehe ist also nichts „über" oder „neben" der natürlichen Ehe von Nichtchristen. Sie ist vielmehr diese natürliche Ehe selbst als menschlich gelebte Wirklichkeit, sofern sie aus der tieferen Erkenntnis des Glaubens, aus seiner zusätzlichen Motivkraft und aus seinem radikalen Anspruch heraus gelebt wird.

Diese Kraft des Glaubens hat sich durchzusetzen gegen vielfache Widerstände: gegen Charakterfehler, falsche Leitbilder und gesellschaftliche Zwänge, vor allem aber gegen den im Menschen tiefverwurzelten grundlegenden Widerstand des Egoismus. Freilich darf man nicht meinen, diese Glaubenskraft setze sich mehr oder weniger automatisch durch, oder gar, sie breite sich wie ein Glanz über den oft so grauen Alltag aus. Sie wird vielmehr spürbar im Mut, immer wieder neu anzufangen, nicht zu resignieren, sich mit bescheidenen Erfolgen zufriedenzugeben. Der Egoismus ist zu tief in uns verwurzelt, als daß wir ihn – wenn überhaupt – völlig überwinden könnten.

Damit wird klar, daß christliche Ehe kein Zustand, sondern ein dynamischer Prozeß ist, kein ein für allemal gesicherter Besitz von Glaube und Liebe, sondern deren Wachsen und Reifen, das auch Rückschläge nicht ausschließt. Glaube und Liebe sind dynamische Wirklichkeiten.

Zu den grundlegenden Ansprüchen jeder Ehe, die vom Glauben her tiefer motiviert und im letzten wohl nur aus seiner Kraft gelebt werden können, gehören vor allem zwei: die Treue auf Lebenszeit, die im Grunde durchgehaltene, stets erneuerte und bewährte Liebe ist, und die Humanisierung der Sexualität.

Treue auf Lebenszeit

Die tiefere Begründung des ersten Anspruchs, der Treue auf Lebenszeit, liegt darin, daß diese die Einheit von Christus und der Kirche darstellt. Diese tiefere Begründung verhindert jedoch faktisch nicht jede eheliche Untreue, in Gedanken wie in der Tat. Anfechtung und tatsächliches Versagen nehmen, wie die Erfahrung beweist, auch die christliche Ehe nicht aus. Das Glaubensmotiv setzt nicht die menschliche Freiheit außer Kraft. Gottes Wirken besteht im Angebot seiner Hilfe, im werbenden Anruf. Und die Kraft des Glaubens wird erst in

Die Irrtümer des Menschen machen ihn eigentlich liebenswürdig
Goethe

der Annahme dieses Anrufs wirksam, die ihrerseits noch einmal von Gott getragen ist.
Was aber bedeutet konkret: Treue auf Lebenszeit?
Treue auf Lebenszeit meint Treue zur ersten Liebe. Ist sie wirklich möglich? Liebe reift doch. Die Liebe von Brautleuten ist weder die in der Mitte des Lebens noch die des älteren und alten Menschen. Die äußere Gestalt der Liebe mag sich wandeln, manches an Bedeutung verlieren, doch die Annahme der Person des andern und der Wille, mit dem Partner zusammenzubleiben, bleibt, als Ausdruck der grundlegenden Bejahung seiner Person bestehen.
Auch die Treue muß durch mancherlei Anfechtungen hindurch. Da ist etwa die Gewöhnung. Der Reiz des Neuen, des Unentdeckten, des Unbekannten, der in der aufbrechenden Liebe junger Menschen liegt, verblaßt im Laufe der Jahre. Man lernt den Ehepartner, seine positiven wie seine negativen Seiten, immer besser kennen. Früher als reizvoll angesehene Eigenschaften verlieren mit der Zeit ihre Anziehung. Wir halten sie für selbstverständlich oder nehmen sie vielleicht gar nicht mehr wahr. Eigenheiten kehren ihre Kanten hervor, an denen man sich reibt, die man aufbauscht und übertreibt. Sie werden dann zu hartnäckigen Fehlern, die einem mitunter unerträglich auf die Nerven gehen. Gewöhnung bedeutet somit Gefahr. Sie kann zu Gleichgültigkeit und Teilnahmslosigkeit gegenüber dem Partner führen und die eheliche Gemeinschaft von innen aushöhlen, sie zu einem bloßen Nebeneinander entleeren. Das Zusammenleben, seelische und körperliche Belastungen bringen manches an den Tag, was vorher nur potentiell da war: Unduldsamkeit, Sichgehenlassen, Unbeherrschtheit, Trägheit, Schlamperei und dergleichen mehr. Dann können Spannungen auftreten, welche die Ehe bis zur Zerreißprobe belasten und sie unter Umständen zerbrechen lassen.
Darin liegt aber auch eine Herausforderung an die Partner, ihre veränderte Situation und eintretende Schwierigkeiten als Chance zu erkennen, menschlich und religiös zu wachsen. Die Leidenschaft der ersten Liebe muß sich nun bewähren, sie muß eingehen in den tagtäglichen Kleinkram, in den Alltag des Existenzkampfes, des beruflichen Stresses, in die Eintönigkeit des Haushalts, aber auch in eine gewisse Großmut, Toleranz, in Geduld, Nachsicht und Gelassenheit. Schließlich muß auch ein gerütteltes Maß an Humor die menschlichen Schwächen immer wieder – gerade im Bewußtsein der eigenen Fehler – auf das

Wenn das Schicksal hart zufaßt, soll der Humor es sanft abschütteln ihnen zustehende Maß zurückverweisen. Man darf sie auch nicht gar so tragisch nehmen, sie nicht übertreiben, wie die dafür typischen Formeln des „immer“, „nie“ und „alles“ zeigen, die wir im Alltag nur zu oft und ohne Überlegung gebrauchen. Mann und Frau bleiben bis ans Lebensende unfertig. Diese Grenzen ihres Wesens anzunehmen und doch an sich zu arbeiten heißt, sich dem Gesetz des Wachsens, Sichentfaltens und Sichbewährens, das zum Leben gehört, unterstellen. Die etwas boshafte Formulierung des französischen Dichters Valéry Larbeu über das Schicksal menschlicher Liebe, die mit Champagner beginnt und mit Kamillentee endet, trifft zwar nicht zwangsläufig zu, sie hat aber einen richtigen Kern. Auch in einer guten christlichen Ehe bleibt die Endlichkeitserfahrung nicht aus, die den Menschen daran erinnert, daß er im letzten Grunde seines Seins auf einen Anderen hin offen ist und nur von diesem Anderen her ganz erfüllt werden kann: vom stets größeren Gott.

Treue zur ersten Liebe meint auch Treue zu sich selbst. Diese Treue zu sich selbst gründet in einem Selbstwertbewußtsein. In diesem Bewußtsein wissen wir um unseren Eigenwert, der nicht einfach anderen geopfert werden kann. Verständnis für den anderen und Toleranz haben also da ihre Grenze, wo sie zur Aufgabe dieses Eigenwertes führen würden. Liebe verlangt nie die Selbstaufgabe, sondern bejaht gerade jenen Selbstwert als ihren ureigenen Gegenstand, der Grund der Liebe bleibt. Diese Treue zu sich selbst ist ein Teil der Offenheit und Ehrlichkeit gegenüber dem Ehepartner. Man will nicht anders sein, als man wirklich ist. Damit soll freilich die Bereitschaft, seine Fehler zu beseitigen oder zu mildern, nicht ausgeschlossen werden.

Treue als stets erneuerte und bewährte Liebe ist daher viel mehr als bloße Sexualtreue, als Ausschluß eines sexuellen Verhältnisses zu einer dritten Person, wobei man oft und einseitig nur die Tat und nicht auch die Gesinnung, aus der doch diese hervorgeht, ins Auge faßt. Treue reicht tiefer, sie kann nicht darin bestehen, daß man etwas nicht tut, etwas unterläßt. Sie hat vielmehr einen positiven Gehalt: sie ist die ständig erneuerte, in der Liebe begründete Bereitschaft zu ungeteilter Lebensgemeinschaft mit dem Ehepartner einschließlich der Geschlechtsgemeinschaft, die darin gewiß einen besonderen Platz einnimmt.

Humanisierung der Sexualität

Der zweite Anspruch, den jede Ehe erhebt, für den der Glaube aber eine tiefere Motivation und eine zusätzliche Kraft anbietet, heißt: Humanisierung der Sexualität. Was ist damit gemeint? Die Aufgabe der Humanisierung setzt eine Gabe voraus. Als Gabe ist die Sexualität von Gott geschaffen als eine Ausprägung des Menschlichen, das sich als Mann oder als Frau verwirklicht. Menschsein ist immer geschlechtlich ausgeprägtes Sein. Wir können uns – den Normalfall vorausgesetzt – in unserem Leben überhaupt nicht dieser unser ganzes Fühlen, Urteilen und Handeln prägenden Kraft entziehen.

In dieser grundlegenden Ausprägung ist letztlich auch der Sexualtrieb verwurzelt, der besonders mächtig ist und von sich aus den unmittelbaren Triebgenuß anstrebt. Die im Trieb liegende Spannung will ihre Lösung, die mit Lust verbunden ist. Das ist naturgesetzlich so. Lust, Luststreben und Lustgewinn sind also an sich gut. Dieser Gedanke muß jedoch, um nicht mißverständlich zu sein, etwas differenziert werden. Während sich dieses Streben beim Tier rein biologisch vollzieht und insofern gut ist, als die mit ihm verbundenen Ziele erreicht werden, dient der Sexualtrieb beim Menschen nicht in erster Linie biologischen Zwecken (z. B. der bloßen Arterhaltung). Er hat vielmehr primär einen *menschlichen* Sinn. Dieser menschliche Sinn kann nur der gleiche sein, den menschliche Geschlechtlichkeit überhaupt hat, die kein Teil des Menschen, sondern Ausprägung des Menschlichen ist. Als solche hat sie das Ziel, dem Menschen zu helfen „über sich selbst hinauszugehen und liebes- und partnerfähig zu werden", wie die deutschen Bischöfe auch in ihren jüngsten Aussagen zur menschlichen Sexualität ausführten. Eine der grundlegenden Sinnrichtungen des Sexualtriebes ist es also, dem Menschen zu helfen, den Weg vom Ich zum Du gehen zu lernen und vom Du zum Wir.

Zugleich aber strebt der Sexualtrieb nach unmittelbarer Triebbefriedigung und damit nach Lustgewinn. Wir wissen aus unserer täglichen Erfahrung, daß dieses primäre Triebziel sich leicht isoliert und verselbständigt, daß der Trieb in Gefahr ist, in sich selbst zu kreisen, im eigenen Genuß steckenzubleiben oder gar brutal zu werden. Daß dies nicht aus der Luft gegriffen ist, beweist die heutige Sexwelle in Wort, Bild und Ton und die von bestimmten Sexualforschern propagierte „Spaßsexualität" zur Genüge. Man glaubt dabei, Liebe und Sexualität tren-

nen zu können. Zwar muß man theoretisch beide voneinander unterscheiden, doch wollte man sie im praktischen Vollzug voneinander trennen, würden wir menschliche Sexualität auf die biologische Ebene verkürzen und sie damit entmenschlichen. Allerdings dürfte auch in den Fehlformen einer verabsolutierten und isolierten Sexualität und ihres Vollzugs immer noch ein Stück unerfüllter Sehnsucht nach menschlicher Liebe unerkannt und unterschwellig anwesend sein.
Zwischen dem unmittelbaren „selbstsüchtigen" Triebziel des Lustgewinns und dem übergeordneten Ziel menschlicher Geschlechtlichkeit, den Menschen aus seiner Ichenge auf das Du und das Wir hin zu befreien, besteht also eine Spannung. Beide decken sich nicht. Dadurch wird einsichtig, daß Humanisierung des Sexuellen in der Einbindung des Sexualtriebes und seiner Dynamik in den tieferen Sinn menschlicher Geschlechtlichkeit besteht. In ihrer Kraft soll sich der Mensch dem andersgeschlechtlichen Partner öffnen, sie soll zum Ausdruck der Liebe zwischen zwei Menschen werden. Nur in dieser Liebe wird der Teufelskreis eines sich selbst genügenden Sexus durchbrochen und sein Vollzug zu einem *menschlichen* und *menschlich* beglückenden Erlebnis.

Gewandelte Erkenntnisse

Diese Aufgabe der Humanisierung der Sexualität wurde in der Kirche lange nicht richtig erkannt. Bis in die jüngste Zeit hinein war die Einstellung der christlichen Moral der Sexualität gegenüber einseitig von Mißtrauen und Angst geprägt. Man sah sie zu sehr vom Mißbrauch her. Häufig wurde damit die Geschlechtslust abgewertet, die – obwohl doch von Gott geschaffen – als in sich schlecht angesehen wurde. Unterschwellig gibt es auch heute noch vielfach verfeinerte Formen einer Leib- und Geschlechtsfeindlichkeit (man denke beispielsweise nur an die Stellung der Frau in der Kirche). Auch die von Augustinus herkommende Bewertung, wonach der sexuelle Vollzug nur dann sittlich gut sei, wenn er im Dienste der Zeugung steht, ist wohl noch nicht völlig überwunden.
Diese von der kirchlichen Lehre und Moral vielfach vertretene und in der Pastoral lange praktizierte unterdrückende Sexualerziehung rief Haltungen hervor, in denen das Sexuelle verdrängt und sein Vollzug als „schmutzig" abgewertet wurde. Die Früchte einer solchen Erziehung sind bekannt. Sie lagen einmal in einer übertriebenen Vorstellung von

sexueller Erfüllung, zum andern in der Angst und Verkrampfung, die das eheliche Zusammensein vieler Christen schwer belasteten und am Zerbrechen mancher Ehen nicht ganz unschuldig gewesen sein dürften. Erst in jüngster Zeit löst sich auch das kirchliche Lehramt immer mehr von dieser im Grunde unchristlichen Einschätzung menschlicher Sexualität.

Humanisierung des Sexuellen ist eine Lebensaufgabe. Sie fällt uns nicht in den Schoß und kommt auch ohne Triebverzicht nicht völlig aus. Zu ihr gehört ein ausgewogenes Verhältnis von Triebbefriedigung und Triebverzicht. Diese Aufgabe, die jeder Ehe gestellt ist, erfährt in der christlichen Ehe eine zusätzliche Vertiefung und Kraft. In ihr wird die Einheit der Ehepartner in der erotischen Ekstase zum Ausdruck der Einheit von Christus und der Kirche. Die Schrift scheut sich nicht, die Liebe Gottes zu den Menschen und seinen Bund mit seinem Volk Israel in den Bildern der erotischen Liebe und der ehelichen Gemeinschaft auszusagen. Darüber hinaus finden die Ehepartner im Glauben eine helfende Kraft, die Sexualität und ihren Vollzug vor den Gefährdungen der Isolierung zu bewahren und die Verstrickung ihrer Liebe in menschliche Selbstsucht zu überwinden. Dazu aber bedürfen sie der einenden, heilenden und vergebenden Gegenwart Christi in ihrer Ehe.

Franz Schmalz

Literatur: Rudolf Schnackenburg, Die Ehe nach dem Neuen Testament; Joseph Ratzinger, Zur Theologie der Ehe; Heinz-Dieter Wendland, Zur Theologie der Sexualität und der Ehe; in: Theologie der Ehe, Regensburg/Göttingen 1969. Franz Böckle, in: Ehe in der Diskussion, Freiburg 1970.

DAS GESPRÄCH MIT DEM ARZT

Sex ist nicht alles

In der ärztlichen Sprechstunde kommen in zunehmendem Maße Fragen zur Sprache, die auf eine Fehlentwicklung in der Auffassung von Liebe, Ehe und Sexualität hinweisen. Als Beispiel soll die psychische Impotenz bei jungen Männern angeführt werden, die an Häufigkeit zunimmt. Es handelt sich um ein aus seelischer Ursache bedingtes Unvermögen, den ehelichen Verkehr zu vollziehen. Bei der seit langem bekannten männlichen Impotenz ist die Hauptursache im seelischen Bereich, meist in einer gestörten Partnerbeziehung und in einem falschen Verhalten der Frau, zu suchen. Bei der neuen Form einer psychischen Impotenz liegt eine falsche Erwartungshaltung des Mannes vor. Diese wird von den allenthalben anzutreffenden oberflächlichen Sexdarstellungen genährt, die eine Höchstleistung im Sexuellen verlangen und eine ständige Höchstform angeblich unerschöpflicher Lust erreichen wollen. Da der Mann schon allein körperlich dazu nicht in der Lage ist, erlebt er eine Übersättigung und ein Versagen, die zur psychischen Impotenz führen. Besonders Männer, deren Frauen die „Pille“ einnehmen, können überfordert sein. Hier wird die echte Liebe, welche den gesamten Lebensweg begleiten soll, mit Sexkonsum verwechselt. Falsche Erwartungshaltungen von seiten der Frau werden treffend in einem Zitat einer amerikanischen Frauenfachärztin zum Ausdruck gebracht: „Die ‚perfekte‘ Frau wird oft als diejenige dargestellt, welche einen Orgasmus zu jeder Zeit, an jedem Ort, mit einer beliebigen Person erleben und daran Vergnügen haben kann. Dies trifft auf 99% der Frauen nicht zu. Den Frauen wird ein neues Leitbild aufgezwungen, was als normal zu gelten habe.“ Die Folgen sind auch hier Unlust und Angst sowie eine Unzufriedenheit infolge einer übertriebenen und an der Wirklichkeit vorbeigehenden Erwartungshaltung. Es ist ein Unrecht an der Frau, wenn das Erlebnis des Orgasmus nur in einer gleichmacherischen Art beschrieben wird. Frauen erleben ihr Glücksgefühl in der geschlechtlichen Vereinigung auf unterschiedliche Weise. Der Mann muß allerdings wissen, daß die Frau ihren Höhepunkt in der Regel langsamer erreicht als der Mann und daß daher Zärtlichkeit als eine Form der Einstimmung einen wichtigen Platz einnimmt. Wenn ein bestimmter Vorwurf an die Adresse der Männer zu richten ist, dann ist es der Mangel an Zärtlichkeit, unter dem viele Frauen leiden. Bestimmte Formen der Zärtlichkeit sollten den Alltag des Ehelebens begleiten und Freude schenken. Es zeugt von einem Mangel an derartiger Zärtlichkeit, wenn sich eine Frau beklagen muß, daß dann, wenn ihr Mann einmal um sieben Uhr abends zärtlich mit ihr wird, sie genau weiß, was er um neun Uhr von ihr will!

Voraussetzungen für ein lust- und freuderfülltes Einswerden im Körper sind nicht sexuelle Vorerfahrungen und sexuelle Techniken, sondern vielmehr eine innere Zuneigung in gegenseitiger Liebe, welche bereit ist, sich dem anderen unbefangen und ganz zu öffnen. Wer nur aus sexuellen Motiven und nur wegen einer angeblichen besonderen sexuellen Anziehung heiratet, dessen Ehe ist bereits zum Scheitern verurteilt. Die Grundlage für eine Bindung auf Dauer ist anderswo zu suchen, vor allem in der Bereitschaft, dem anderen Hilfe sein zu wollen, in gemeinsamen Interessen, in einer gemeinsamen Aufgabe, in einer gemeinsamen Weltanschauung. Jeder, der sich in einer Ehe binden will, muß sich zuerst ehrlich die Frage beantworten, ob die geschilderten Voraussetzungen für ihn zutreffen. Die Tiefenpsychologie hat Ergebnisse beigebracht, die dafür sprechen, daß in „allen Menschen eine Sehnsucht nach einmaliger, endgültiger, also nie aufhörender umfassender Liebe, folglich nach Liebe zu einem einzigen, einmaligen Partner, besteht“.

Selbst die Erfahrungen in bestimmten Kommunen weisen in dieselbe Richtung. Zunächst wurde in ihnen die sexuelle Freizügigkeit innerhalb der Mitglieder der Kommune propagiert, und dann stellte sich heraus, daß es unweigerlich immer wieder zu einer Paarbildung kommt. Das Paar wird für die Kommune zum Störfaktor, tritt aus ihr aus, so daß auf diese Weise die Kommune mit der Zeit zerfällt. Es ist bisher keine derartige Kommune bekannt geworden, die länger als zwei oder drei Jahre Bestand hatte. Die im Schrifttum niedergelegten diesbezüglichen

Schlußfolgerungen münden alle in die Erkenntnis aus, daß Liebe Dauer sucht.
Weithin besteht noch immer die irrtümliche Ansicht, daß ein junges Ehepaar, das keine sexuellen Vorerfahrungen habe, rein körperlich nicht zueinander passen könnte. Bei normaler Entwicklung als Mann oder Frau ist das jedoch anatomisch nicht zutreffend. Ganz seltene körperliche Fehlbildungen sind durch eine einfache ärztliche Untersuchung feststellbar. Es ist nicht möglich, vorher auszuprobieren, ob man körperlich zueinander paßt; denn der körperliche Gleichklang ist das Geschenk des seelischen Zueinanderpassens und ist das Ergebnis eines längeren Lernprozesses. Das junge Ehepaar muß wissen, daß dieser Lernprozeß vor ihm liegt und auch Geduld erfordert. Vorherige sexuelle Erfahrungen mit anderen Partnern helfen meist nicht, sondern stören eher durch das notgedrungen damit verbundene Erinnern und Vergleichen.
Der Lernprozeß des Ehepaares bereichert das gemeinsame Leben, indem er gerade in der einmaligen partnerschaftlichen Bindung immer neue persönliche Entdeckungen ermöglicht. Ein Paar, das sich wahrhaft liebt, das innerlich mitvollzogen hat, daß alle Ausdrucksformen der körperlichen Liebe, die aus echter Liebe geschehen, in sich gut sind, wird all das von selbst entdecken, was die typische Sexliteratur nur als kalte und ernüchternde Technik vorlegen kann. Wahre Liebe wird dabei dem anderen nichts zumuten, was dieser noch nicht zulassen oder schenken kann. Auch die Gelöstheit und Unbefangenheit im Körperlichen machen einen Reifungsprozeß durch.

Verantwortete Elternschaft und Empfängnisregelung

Viele Umstände werden in der heutigen Zeit die Zahl der Kinder, die ein Ehepaar verantworten kann, bestimmen: Gesundheit der Mutter, Erziehungskraft der Eltern, Wohnraum, finanzielle Lage usw. An erster Stelle steht die Frage, wie viele Kinder ein Ehepaar gut erziehen und ihnen auch eine gediegene Berufsausbildung geben kann. Neben diesen persönlichen Überlegungen ist auch zu bedenken, daß bei einem Ein- oder Zweikindersystem Volk und Kirche zum Aussterben verurteilt sind. Das entsprechende Urteil über die zu verantwortende Kinderzahl müssen die Eheleute im Angesichte Gottes letztlich selbst fällen, wie es im Konzilstext heißt. Keinesfalls dürfen Kinderfeindlichkeit oder die eigene Bequemlichkeit den Ausschlag geben. Wenn dann der Fall eintritt, daß ein weiteres Kind nicht verantwortet werden kann, muß sich das betreffende Ehepaar klar darüber werden, welcher Weg zur Vermeidung einer Empfängnis zuverlässig und sittlich vertretbar ist. Um darüber urteilen zu können, muß man unbedingt die Vorgänge im weiblichen Zyklus (Regelmonat) kennen und verstehen.

Es besteht unter den zuständigen Fachleuten eine weltweite Übereinstimmung, daß es innerhalb eines Zyklus nur etwa vier fruchtbare Tage gibt. Fortschritte der letzten Jahre haben es ermöglicht, daß die persönliche Bestimmung der fruchtbaren Tage zusehends besser durchführbar wird. Es muß aber eindringlich davor gewarnt werden, sich nur auf reine Kalenderaufschreibungen, die unter der „Methode Knaus-Ogino“ bekannt geworden sind, zu verlassen.

Die Methode Knaus-Ogino ist sehr unzuverlässig. Eine Frau kann nur empfangen, wenn der feine Kanal im Halsteil (Zervix) der Gebärmutter weiter wird und sich darin in vermehrtem Ausmaß ein dünnflüssiger glasig-durchscheinender Schleim bildet (Zervixschleim), der so ähnlich aussieht wie rohes Eiweiß. Der Halsteil der Gebärmutter ragt etwas in die Scheide hinein und ist als „äußerer Muttermund“ den meisten Frauen bekannt. Die Absonderung des vermehrten Zervixschleimes dauert einige Tage, ergießt sich in das Innere der Scheide und wird äußerlich durch einen vermehrten Ausfluß bemerkbar. Dieser Ausfluß ist durch eine eigenartige, klebrig-elastische Eigenschaft charakterisiert, die von der Frau wahrgenommen werden kann. Zunächst möge sich jede Frau fragen, ob sie nicht an einigen wenigen Tagen des Regelmonats, meist ungefähr in der Mitte des Regelmonats einen vermehrten Ausfluß verspüren könne, für den sie bisher keine Erklärung geben konnte. Vielleicht ist es nur ein Gefühl des vermehrten Feuchtwerdens am Scheideneingang, welches den ersten Hinweis gibt.

Eine einfache Hilfe, die wenigen Tage mit dem typischen Zervixschleim zu entdecken und auch sein Aussehen besser beurteilen zu können, besteht in folgendem: Beim täglich ohnehin mehrmals notwendigen Aufsuchen der Toilette verwendet man zum abschließenden Abtupfen Toilettenpapier, das man aber nicht unbesehen wegwirft, sondern das man kurz ansieht. Bereits beim Blick auf das Papier wird man den am Papier haftenden Schleim entdecken, der meist glasig-durchscheinend aussieht. Indem man das Toilettenpapier durch Anfassen auf der reinen Seite zusammenlegt und wieder auseinanderfaltet,

kann man feststellen, daß dieser Schleim sich etwas elastisch auseinanderziehen läßt, bzw. zumindest klebrig ist. Sein Aussehen erinnert immer wieder an das Eiweiß des rohen Eies, das sich ja auch elastisch in Fäden ausziehen läßt. Der typische „Eiweiß-Schleim" wird zwar nicht von jeder Frau entdeckt werden können, aber eine klebrige Eigenschaft unterscheidet den Zervixschleim auf jeden Fall von jeder Art eines üblichen Ausflusses der übrigen Tage des Regelmonats.
Mit Hilfe der beiden Schlagworte „Feuchtwerden am Scheideneingang" und „Probe mit dem Toilettenpapier" können mehr als 90% der Frauen diese Selbstbeobachtung durchführen. Es erfolgt dann von selbst ein Lernvorgang, der es der Frau nach einiger Zeit ermöglicht, das Auftreten des ersten Feuchtwerdens früher wahrzunehmen und Unterscheidungen im Zervixschleim vorzunehmen. Am Anfang möge jede Frau versuchen, auf einem Blatt Papier mit eigenen Worten das Aussehen des vermehrten Ausflusses zu beschreiben. Für die weitere Unterrichtung sollte die Frau ein entsprechendes Buch zur Hand nehmen (Buchangabe am Ende des Artikels).
Erfahrungen haben gezeigt, daß für die Analphabeten der Entwicklungsländer allein mit dieser Selbstbeobachtung eine Empfängnisregelung möglich geworden ist. Die vorliegenden Berichte zeigen, daß derzeit die Frauen der Entwicklungsländer die notwendige Selbstbeobachtung besser durchführen können als die Frauen der westlichen Zivilisation. Den Frauen bei uns ist zunächst zu empfehlen, keine übertriebene Intimhygiene zu betreiben und vor allem jedes diesbezügliche Manipulieren in der Scheide zu unterlassen (keine Scheidenspülung, kein Spray, keine reizende Seife am Scheideneingang usw.) sowie womöglich auch keine Tampons zur Menstruationshygiene zu verwenden.

Beschränkte Empfängnisfähigkeit

Nur an den Tagen mit dem vermehrten Zervixschleimfluß können die Samenzellen im Körper der Frau etwa drei Tage befruchtungsfähig bleiben, ansonsten sterben sie in wenigen Stunden in der Scheide ab. Sobald ein Ei aus dem Eierstock freigegeben wird (Eisprung, Ovulation), muß es innerhalb längstens eines Tages befruchtet werden, sonst stirbt es ab. Damit sind die etwa vier fruchtbaren Tage umgrenzt. Etwa 12 bis 16 Tage nach dem Ende derselben kommt es zur nächsten Regelblutung.

So kann man im nachhinein kontrollieren, ob die Beobachtung der fruchtbaren Tage gestimmt haben kann. Zum Erlernen der Selbstbeobachtung muß entweder das unten angeführte Buch studiert oder ein Kurs besucht werden.

Wenn die Selbstbeobachtung des Zervixschleimes mit der Messung der Aufwachtemperatur kombiniert wird, ergibt sich eine Zuverlässigkeit zur Vermeidung einer Empfängnis, welche der Zuverlässigkeit der „Pille" gleichkommt. Dr. Christopher Tietze, New York, der unbestritten bedeutendste Statistiker der Welt für Fragen der Empfängnisverhütung, teilt in seinen jüngsten Arbeiten die Methoden nach ihrer Zuverlässigkeit in vier Gruppen ein, und zwar in die wirksamsten, die hochwirksamen, die weniger wirksamen und die am geringsten wirksamen Methoden. In der ersten Gruppe der höchsten Zuverlässigkeit scheint die „Pille" auf; abgesehen von der operativen Sterilisation wird in dieser Gruppe zugleich mit der „Pille" nur noch die Temperaturmethode angeführt.

Von der Unzuverlässigkeit der Methode Knaus-Ogino, welche eine *Kalendermethode* ist, wurde bereits gesprochen. Deshalb muß davon die *Temperaturmethode* (Messung der Aufwachtemperatur) streng unterschieden werden. Leider werfen die Massenmedien alles wahllos unter dem Namen „Methode Knaus-Ogino" zusammen und bringen damit indirekt zum Ausdruck, daß sie nicht wissen, welche Weiterentwicklungen inzwischen eingetreten sind. Außerdem werden dadurch zahllose interessierte Frauen um die Möglichkeit gebracht, besser informiert zu werden. Wenn neben der Messung der Aufwachtemperatur zusätzlich das Symptom des Zervixschleimes beobachtet wird, spricht man von der *sympto-thermalen Methode*. Manche Frauen können außerdem noch das Symptom des „Mittelschmerzes" als Zeichen der Ovulation beobachten; der „Mittelschmerz" liegt aber nicht immer in der Mitte des Zyklus, sondern er wird ebenfalls etwa zwei Wochen und etwas mehr von der nächsten Regelblutung zu beobachten sein. Die alleinige Beobachtung des Zervixschleimes wird als *Ovulations-Methode* bezeichnet und hat sich in Entwicklungsländern bereits bewährt. Zur Messung der *Aufwachtemperatur* genügt ein gewöhnliches Fieberthermometer (stets dasselbe Thermometer verwenden!). Die Messung muß unmittelbar nach dem Erwachen erfolgen, unabhängig von der Uhrzeit des Aufwachens (die Uhrzeit des Messens darf von einem Tag zum anderen ohne weiteres um etwa eine Stunde verschieden sein).

Eine wichtige Voraussetzung dazu ist, daß das Thermometer griffbereit auf dem Nachtkästchen liegt. Das Messen der Aufwachtemperatur stellt also die erste Handlung nach dem Aufwachen dar. Man darf unmittelbar vor dem Messen weder aufstehen noch z. B. im Bett frühstücken. Es stört jedoch nicht, wenn man in der Nacht aufstehen muß, um z. B. ein Kind zu versorgen. Immer wieder kann man derartige Einwände gegen die Temperaturmessung hören, obwohl sie bedeutungslos sind. Man sollte einmal versuchsweise messen, und man wird sehen, wie einfach das eigentlich geht, selbst bei der vielbeschäftigten Mutter mehrerer Kinder.

Eine Gruppe der Weltgesundheitsorganisation hat diese Frage in Genf bearbeitet und hierüber 1967 eine Broschüre herausgegeben, daß bei richtiger Meßtechnik 95% der Frauen verwertbare Temperaturkurven haben. Die genauesten Werte ergeben sich bei der rektalen Messung (im Mastdarm) oder bei der vaginalen Messung (in der Scheide), etwa drei bis fünf Minuten lang. Sehr gute Ergebnisse gibt auch die orale Messung (im Mund), wenn das Thermometer unter die Zunge zu liegen kommt, der Mund etwa fünf bis acht Minuten geschlossen bleibt und durch die Nase aus- und eingeatmet wird. Man muß sich für eine Art der Messung entscheiden und darf diese in einem Zyklus nicht wechseln. Messungen in der Achselhöhle sind unbrauchbar.

Die Aufwachtemperatur zeigt um die Zeit der Ovulation einen Anstieg um etwa 0,2 bis 0,4 Grad Celsius; wichtig ist nicht die absolute Höhe, sondern eben der bloße Unterschied vor und nach dem Anstieg. Die möglicherweise fruchtbaren Tage sind in den sechs oder sieben Tagen vor dem Temperaturanstieg bis hinein in den ersten Anstieg der Aufwachtemperatur zu suchen, andererseits fällt dies gleichzeitig mit dem vermehrten Zervixschleim zusammen. Sobald nach Aufhören des Zervixschleimes drei höhere Messungen vorliegen, die höher sind als die vorausgegangenen sechs niedrigeren Messungen, beginnt die sicher unfruchtbare Zeit nach erfolgtem Eisprung. Diese Grundregel gilt für alle Zyklen, wie unregelmäßig sie auch sein mögen. Deshalb soll auch bei unregelmäßigen Zyklen die Aufwachtemperatur gemessen werden, da manchmal allein durch das Messen der Zyklus regelmäßiger werden kann. Wie der Temperaturverlauf im einzelnen aussehen kann und wie die Beurteilung der drei höheren Messungen zu erfolgen hat, möge

unbedingt an Hand entsprechender Abbildungen angesehen werden (Buchhinweis am Ende dieses Artikels).
Im Anschluß an die Regelblutung lassen sich meist unfruchtbare Tage vor Auftreten des Zervixschleimes bestimmen. Fast immer kann vom 1. Tag einer echten Regelblutung bis einschließlich 6. Tag des Regelmonats eine Schwangerschaft nicht eintreten. Zu dieser Frage und wegen der weiteren unfruchtbaren Tage muß unbedingt das nachstehend angeführte Buch studiert werden.

Das Versagen der Empfängnisverhütung

Der vermehrte Zervixschleim erklärt auch das Versagen der Empfängnisverhütung an den fruchtbaren Tagen. Als Versagerzahl (Konzeptionsindex) wird die Zahl ungewollter Schwangerschaften angegeben, die in 100 Anwendungsjahren zu erwarten sind (= bei 100 Ehepaaren in einem Jahr). Der Konzeptionsindex beträgt bei: Gummischutzmittel des Mannes (Condom) um 4, Gummischutzmittel bei der Frau (Diaphragma) um 4, chemische Mittel in der Scheide (Salbe usw.) um 6, unterbrochener Verkehr um 20, Scheidenspülung nach dem Verkehr um 30. Ein in der Ehevorbereitung tätiger erfahrener Frauenfacharzt hat einmal den boshaften Ausspruch getan, daß die üblichen empfängnisverhütenden Maßnahmen nur an den unfruchtbaren Tagen zuverlässig sind . . .
Die „Pille" ist ein hochwirksames Medikament, das in die Hand des verantwortungsbewußten Arztes gehört, der gemeinsam mit der betreffenden Frau wichtige Vorfragen klären muß, bevor er die „Pille" verordnen darf. Es gibt mehrere schädliche Auswirkungen zu bedenken, es gibt eine erhöhte Neigung zu Blutgerinnseln mit tödlichem Ausgang, es gibt Risikofaktoren für einen Schlaganfall in jungen Jahren. Das mögliche Auftreten von Schädigungen oder Mißbildungen ab der zweiten Generation ist denkbar, da es unter der „Pille" zu einer sogenannten rezessiven Schädigung der Erbsubstanz kommen kann, was zum Auftreten von heterozygoten (mischerbigen) Genträgern führen würde. Bei der Kombinations- oder Einphasenpille liegt der Konzeptionsindex unter 1, bei der Sequenz- oder Zweiphasenpille kann er 1 überschreiten.
Die hauptsächlichste Wirkungsweise von Spiralen u. ä., die in die Gebärmutter eingelegt werden (Intrauterinpessare neuer Art), besteht

darin, daß die Einbettung (Nidation) des befruchteten Eies verhindert wird (Nidationshemmer); der Konzeptionsindex liegt um 1 bis 2. Da der Beginn des menschlichen Lebens mit der Befruchtung anzusetzen ist, handelt es sich um eine Abtreibung im frühesten Stadium. Die „Pille" für den Morgen danach soll ebenfalls die Einbettung des befruchteten Eies verhindern. Erst nach Ausbleiben der Menstruation einzunehmende „Superpillen" oder vorzunehmende Injektionen sollen das eingebettete Ei durch eine künstlich hervorgerufene Blutung ausschwemmen.

Der Umstand, daß es an den fruchtbaren Tagen keine zuverlässige Empfängnisverhütung gibt, müßte eigentlich zum Nachdenken anregen. Im Gegensatz zu den sonstigen Fortschritten des 20. Jahrhunderts sind diese Methoden reichlich primitiv und unbefriedigend. Im Versagen der zumeist angewandten Empfängnisverhütung ist auch die Hauptursache für die große Zahl der Abtreibungen zu suchen. Die Zahl der Abtreibungen nimmt zu, wenn in einem Land die Abtreibung strafrechtlich nicht mehr verfolgt wird. Offensichtlich wird die Empfängnisverhütung als lästige Maßnahme empfunden, so daß man lieber das Risiko einer ungewollten Schwangerschaft in Kauf nimmt, sobald der Weg der Abtreibung eröffnet ist. Es genügt offensichtlich nicht, wenn alle Methoden der Empfängnisverhütung einfach zur Verfügung gestellt werden, sondern das Ehepaar muß sich auch seiner sittlichen Verantwortung bewußt werden und die Schwierigkeiten der Empfängnisregelung als ein menschlich zu lösendes Problem ansehen. Ist es nicht eigenartig, daß angesichts der Mängel der künstlichen Empfängnisverhütung der Mensch in rein medizinischer und humaner Sicht auf die zeitweilige Enthaltsamkeit als zunächst und vor allem anzustrebenden Weg zur Empfängnisregelung hingewiesen wird, wenn er nach einer zugleich zuverlässigen und gesundheitsunschädlichen Empfängnisvermeidung sucht? Ein Ehemann hat vor kurzem gesagt, die Eheleute müßten viel mehr Anstrengungen machen, den Schatz der wenigen fruchtbaren Tage zu heben. Vor allem dann, wenn eine junge Frau bereits vor der Eheschließung die notwendigen Beobachtungen und Aufzeichnungen gemacht hat, oder wenn dies von Beginn der Ehe an geschieht, ist das junge Ehepaar zunächst in der Lage, das erste gewollte Kind zum günstigsten Zeitpunkt bewußt zu empfangen, und danach in großer innerer Sicherheit eine weitere Empfängnis so lange zu vermeiden, wie es eben verantwortbar ist.

Eine verantwortliche zeitweilige Enthaltsamkeit ist nur dann durchführbar, wenn Mann und Frau sich gemeinsam darum bemühen. Es soll kein unzumutbarer Spannungszustand entstehen, sondern diese Vorgangsweise verlangt einige Zeit der Einübung. Wer jedoch erlebt hat, wie man sich an den unfruchtbaren Tagen uneingeschränkt schenken kann, der wird die kleine Mühe der geschilderten Bestimmung auf sich nehmen. Die unfruchtbaren Tage sollen auch keine Tage ohne Liebe sein, sondern sollen eher zu vielfältigen Ausdrucksformen ehelicher Liebe führen, die sich nicht allein im Geschlechtsverkehr erschöpfen darf.

Josef Rötzer

Einige Buchangaben:

Die einzige ausreichende Information über die modernen Formen der natürlichen Empfängnisregelung – darunter auch über die einfache Selbstbeobachtung, wie sie selbst von Analphabeten in Entwicklungsländern durchgeführt werden kann – findet sich in deutscher Sprache nur in:
Dr. med. Josef Rötzer, Natürliche Geburtenregelung, Der partnerschaftliche Weg, 104 Seiten, 1. Auflage 1979, 10. verbesserte und erweiterte Auflage 1983, Verlag Herder, Wien-Freiburg-Basel.
Diese jeweils auf den neuesten Stand gebrachte Broschüre ersetzt nunmehr das Buch von Dr. Rötzer „Kinderzahl und Liebesehe", das nicht mehr gedruckt wird.

Eine grundsätzliche Behandlung der Probleme Liebe, Ehe und Sexualität findet sich in: Rudolf Affemann, Geschlechtlichkeit und Geschlechtserziehung in der modernen Welt. Gütersloher Verlagshaus Gerd Mohn, Gütersloh 1970.

Ein schmales, aber inhaltsschweres Bändchen, das jedem Brautpaar und allen jungen Menschen, die Liebe ernst nehmen wollen, unbedingt empfohlen werden muß, ist: Walter Trobisch, Liebe ist ein Gefühl, das man lernen muß. R. Brockhaus-Verlag, Wuppertal, Taschenbücher „Twen 2000", Band 2001, 1973.

WIR WERDEN FAMILIE

EIN KIND WIRD ERWARTET

Wir haben ein Geheimnis. Ein süßes Geheimnis nannten es unsere Großmütter, wenn sie es als junge Frau ihrem Gatten – natürlich hold errötend – ins Ohr flüsterten. Na, so süß kann ich es wirklich nicht finden –, oder finden Sie es „süß", wenn man mitten im Diktat beim Chef plötzlich rauslaufen muß, weil einem übel wird vom Rauch seiner schweren Zigarre? Hat mich ganz komisch angeguckt, als ich mich endlich wieder hineinwagte in seinen verqualmten Wigwam; aber die Fenster hatte er inzwischen geöffnet, das war nett. Die Kollegen werden auch schon stutzig wegen meiner dauernden Zwieback-Pfefferminztee-Diät. Ob sie etwas ahnen? Ich kann mich doch nicht hinstellen und sagen ...

Ach ja, von solchen Sorgen hatten unsere Großmütter natürlich keine Ahnung, und Mutter – was wird bloß Mutter sagen? Hoffentlich nicht: da hast du's; denn sie war für: erst alles zusammensparen und dann heiraten. Wir haben gemeint: man braucht nicht so viel Kram, um glücklich zu sein; jeder sein Bett und seinen Schrank, einen kleinen Tisch mit zwei Stühlen und das Allernötigste für die Kochnische. Hauptsache, wir sind beisammen, und Hugo weiß endlich, wo er hingehört. Aber daß nun so schnell ... – nein, damit hatten wir nicht gerechnet. Zwei Jahre, so hatten wir gedacht, wollten wir energisch sparen, dann wären wir mit der Einrichtung unserer beiden Zimmer, der Anschaffung von Wäsche, Geschirr, Bestecken und Kochtöpfen so weit gewesen, daß wir unseren Traum, ein Kleinauto zu besitzen, verwirklichen könnten.

Erstens kommt es anders, und zweitens als man denkt

Und nun? Ein paar Monate werde ich noch arbeiten können, dann muß Hugo allein verdienen; wir werden wesentlich weniger Geld haben und müssen die Ausstattung für das Kind anschaffen, und nachher muß es für drei reichen. Wenn Vater das hört, wird er jedesmal gereizt und behauptet, er und Mutter hätten sich ganz anders nach der Decke strekken müssen, und wir verstünden einfach nicht einzuteilen. Na ja, aber dafür hat Mutter eine Möbel- und Wäscheaussteuer mit in die Ehe gebracht, und ich ... Das Leben ist teuer heute, und schließlich muß ich in meiner Stellung gut gekleidet sein; man kann einfach nicht jeden Pfennig umdrehen. Wenn ich allerdings gewußt hätte ...

Sorgen, Sorgen! Ein Kind ist ja schließlich teurer als ein Kleinauto, das sagen alle; und vor lauter Rechnerei kommt man gar nicht dazu, sich zu freuen. Nur abends im Bett liege ich jetzt oft wach und denke: ein Kind! Und ich kann es gar nicht fassen. Mein Kind und sein Kind, unser Kind. Ein neuer Mensch aus uns beiden, der uns allein gehören wird und auch wieder nicht gehört, ein ganz eigener Mensch, der unserer Liebe geschenkt wird, daß wir ihn hüten und pflegen und Verantwortung um ihn tragen, bis er erwachsen ist und seinen Weg gehen muß. Ach verzeih, Kind, daß deine Mutter mehr erschrocken als beglückt war, als ihr klar wurde, von welcher Art die Übelkeit war, die sie in den letzten Wochen befallen hatte. Du mußt verstehen, daß es nicht so ganz leicht für uns ist. Ich freu' mich doch. Wirklich. Und ich schau' in jeden Kinderwagen und versuche mir vorzustellen, wie du wohl aussehen wirst: große, fragende Augen, die durch einen hindurchsehen, so daß man ganz stumm wird und den Atem anhalten muß vor Ahnung. Und ich stelle mir das Lächeln deines winzigen Mundes vor und rieche den süßen Geruch deiner Haut. Mein Kind, mein liebstes Kind, ich möchte dir so gern eine gute Mutter sein, eine, die dich versteht in deinem ganz eigenen Wesen. Ich bin so unvollkommen. Ich kann nur hoffen, daß ich es schaffe.

Wollen befreit
Nietzsche

Und dann kommen die Sorgen wieder. Was wird unsere Vermieterin dazu sagen? Ein Kind in ihrer spiegelblank polierten Wohnung? Und das Geschrei in den Nächten (hat Hugo nicht mal gesagt, daß er Kindergeschrei nicht vertragen kann?). Und die Windelwäsche im Zimmer? Und wo soll ich bloß den Kinderwagen hinstellen? Wenn das mal gut geht.

Aber vielleicht, man kann nicht wissen, schon manchmal hat so ein Baby Wunder gewirkt.

Anschaffungen sind ja eine Menge nötig. Hoffentlich gibt Mutter mir die Kommode; dann könnte ich eine mehrfach gefaltete Decke darauf festzwecken und hätte eine Wickelkommode, in der ich alles unterbringen kann. Gewiß hat sie auch mürbegewordene Bettlaken, aus denen sich Windeln nähen lassen. Und die Klinikkosten? Mutter hat immer gesagt, eine Hausentbindung sei, wenn alles glatt zu verlaufen verspreche, viel schöner, viel persönlicher. Aber in einer Wohnung, in der es außer der Vermieterin und uns noch zwei Untermieter gibt? Ob vielleicht Mutter mich bei sich aufnehmen könnte? Ich werde mal vorfühlen. Unsere gute Hebamme, die mich und die Geschwister zur Welt gebracht hat, ist noch sehr rüstig. Eigentlich wäre das doch das beste. Im anderen Falle müßte ich mir beizeiten mal die Klinik ansehen und vor allem mit der Hebamme bekannt werden. Es soll scheußlich sein, wenn man in seinen hilflosesten Stunden eine Frau um sich haben muß, die einem aus irgendeinem Grunde nicht sympathisch ist.

Ja, und dann habe ich gar keine Ahnung, wie man mit so einem winzigen Menschlein umgeht, wie man es badet und wickelt, wann und wieviel es zu trinken haben muß und wie das mit dem Gewicht ist. Ganz angst wird mir, wenn ich daran denke. Mutter wird sich vielleicht noch schwach erinnern. Aber dann kommt vielleicht Tante Annelies und sagt so, und Tante Grete sagt anders; und ich stehe da mit einem dummen Gesicht, und das arme Kind wird zum Versuchsobjekt gemacht. Nein, Kind, das darf nicht geschehen. Sobald ich bei meinem Chef gekündigt habe, werde ich mich in einem Säuglingspflegekurs anmelden, dann weiß ich selbst Bescheid und brauche mich nicht von hundert mehr oder weniger guten Ratschlägen durcheinanderbringen zu lassen.

Was Hugo gesagt hat? Ach, der ist mir beileibe nicht um den Hals gefallen vor Vaterfreude, hat sogar ein ziemlich verdattertes Gesicht gemacht; er hat doch bloß immer an das Auto gedacht und was wir damit alles unternehmen könnten. Daß nun statt dessen ein Kind . . . Und wie er mich so hilflos angesehen hat, habe ich plötzlich angefangen zu weinen, ich weiß selbst nicht warum. Und wir haben eine Weile so dagesessen, ich heulend und er stumm. Und plötzlich ist er dann aufgestanden und hat mir die Hände vom Gesicht genommen und in mein verheultes Gesicht hinein gesagt: „Wir sind zwei furchtbar dumme Menschen", und seine Augen haben dabei ganz merkwürdig geglitzert. Und dann hat er mir die Tränen abgewischt und mich gestreichelt und gesagt: „Was haben wir denn eigentlich gedacht, als wir geheiratet haben?" „An *uns* haben wir gedacht", sagte ich wahrheitsgemäß. „Ja", hat er gesagt, „an so einen schönen Zigeuneregoismus zu zweit. Und nun haben wir einen Nasenstüber bekommen vom lieben Gott höchst-

persönlich. Danke schön!" Das sagte er mit solchem Nachdruck, daß ich ihn ganz erstaunt ansah.
„Donnerwetter", rief er dann plötzlich, „Donnerwetter!" „Wie kannst du bloß so fluchen", sagte ich vorwurfsvoll. „Ach was", rief er und faßte mich bei den Händen: „Jetzt weiß ich doch endlich, wozu ich da bin, und werde dieses komisch schlappe Gefühl da drinnen los." Und dann hat er mir energisch verboten, mir Sorgen zu machen; denn das schade seinem Sohn – oder meiner Tochter, habe ich gesagt. Und er hat mir befohlen, nur gute Gedanken zu denken und Gutes zu tun, daß ich mich nicht vor unserem Kind zu schämen brauchte. Und er wolle mir dabei helfen und auch gewiß nicht mehr jähzornig und eigensinnig sein und gleich lospoltern wegen jeder Lappalie. Das Sorgen aber solle ich ihm überlassen, und wenn er nicht binnen einem halben Jahr Gehaltserhöhung hätte, und wenn die Sache mit der eigenen Wohnung nicht endlich in den richtigen Topf käme, dann . . . Na, und so weiter (Männer können es doch nicht lassen, anzugeben). Außerdem, er wurde ein bißchen rot und verlegen und sagte leise: „Außerdem wäre es endlich an der Zeit, ein bißchen Gottvertrauen aufzubringen, dann wird bestimmt alles gutgehen." In diesem Augenblick, glaube ich, ist aus Hugo ein *Vater* geworden.

Begeisterung, das ist, als ob man zwei rechte Hände hätte.

„Aber das Auto?" fragte ich. „Aus dem Auto wird vorerst einmal ein Kinderwagen", sagte er, „der hat schließlich auch vier Räder."

Dorothea Grunenberg

MUTTERSCHUTZ

Die Frau bedarf im Arbeitsleben einer besonderen Berücksichtigung. Ihrer biologischen Anlage nach hat sie das Kind zu empfangen, auszutragen und zu gebären. Gerade weil die Frau von Natur aus *anders* als der Mann und ihre *mütterliche Aufgabe* von so großer Bedeutung für die Menschheit ist, wird sie in einigen Punkten des Arbeitsrechts bessergestellt als der Mann. Diese grundsätzliche Anerkennung der *Ungleichheit* von Mann und Frau drückt sich aus in gewissen *Arbeitsschutzbestimmungen* zu ihren Gunsten, z. B. im Verbot bestimmter gefährlicher Arbeiten, die den weiblichen Organismus schädigen können, oder in dem Verbot zu schweren Arbeiten, die aber ein Mann noch leisten kann. Daneben gibt es Bestimmungen, welche die Frau unter einen besonderen Schutz stellen in Zeiten, wo sie wegen ihrer Mutterschaft schonungsbedürftiger als sonst ist.

Gesetz zum Schutz der erwerbstätigen Mutter.

Diese Sicherungen sind verankert im *Gesetz zum Schutze der erwerbstätigen Mutter vom 24. Januar 1952* (in der Fassung vom 18. April 1968) und der *Verordnung über den Mutterschutz für Beamtinnen vom 19. Juli 1954.* Darunter fallen alle Frauen, die in einem Arbeitsverhältnis stehen oder durch Heimarbeit verdienen. Die wichtigsten Bestimmungen sind folgende:

Beschäftigung für werdende Mütter

Die Arbeitnehmerinnen dürfen in den *letzten Wochen* der *Schwangerschaft* nicht mehr beschäftigt werden, falls sie es nicht ausdrücklich wünschen. Das Beschäftigungsverbot umfaßt in der Regel *6 Wochen vor der Entbindung,* bei *Hausgehilfinnen und Tagesmädchen 4 Wochen* davor. Besonders schwere Arbeiten oder solche Tätigkeiten, welche ein gesundheitliches Risiko mit sich bringen, dürfen während der Schwangerschaft nicht verrichtet werden. Ebenso muß die Arbeit auf Beförderungsmitteln nach Ablauf des *3. Monats* der Schwangerschaft unterbleiben. Um in den Genuß der Schutzbestimmungen zu kommen, ist es natürlich erforderlich, daß die werdende Mutter ihrem Arbeitgeber ihren *Zustand* und den mutmaßlichen *Termin* der Niederkunft mitteilt. Dafür legt sie ein Zeugnis der Hebamme oder eines Arztes vor.

Nach der Entbindung

Wöchnerinnen dürfen bis zum Ablauf von *8 Wochen nach der Entbindung* nicht beschäftigt werden. Bei einer Frühgeburt oder Mehrlingsgeburten verlängert sich die Schonzeit auf *12 Wochen.* Ist die Mutter auf Grund eines ärztlichen Zeugnisses auch nachher noch nicht voll leistungsfähig, so darf sie nicht zu einer ihre Leistungsfähigkeit übersteigenden Arbeit herangezogen werden. Da das Nähren eines Neugeborenen durch die Mutter selbst für Gesundheit und seelische Entwicklung des Kindes sehr bedeutsam ist, so wird auch auf Verlangen dieser Mutterpflicht Rechnung getragen. Eine *tägliche Stillzeit* (mindestens 1 Stunde) wird gewährleistet. Ein Verdienstausfall darf durch das Stillen nicht entstehen. Bei Heimarbeiterinnen, deren Arbeitszeit sich der Kontrolle entzieht, muß der Arbeitgeber während der Stillperiode pro Werktag ein Mindestentgelt von 75% des durchschnittlichen Stundenverdienstes zahlen.
Bei werdenden und stillenden Müttern muß ganz besonders darauf geachtet werden, daß die *45-Stunden-Woche* (in der Land- und Hauswirtschaft 102 Stunden höchstens in der Doppelwoche) eingehalten wird. Mehrarbeit, Nacht- und Sonntagsarbeit ist verboten. Vom Verbot der Sonntagsarbeit sind lediglich die hauswirtschaftlich Tätigen ausgenommen sowie solche Frauen, die im Verkehrswesen, im Gaststättengewerbe, in der Beherbergung, in der Krankenpflege, bei künstlerischen Darbietungen usw. beschäftigt werden. Sie müssen zum Ausgleich einmal in der Woche eine mindestens *24stündige Ruhepause* (im Anschluß an eine Nachtruhe) bekommen.

Kündigungsschutz

Eine Kündigung während oder gar wegen der Schwangerschaft und unmittelbar nach der Entbindung würde eine ungeheure Härte für die Frau bedeuten: Darum darf sie während dieser Zeit *nicht* ausgesprochen werden. Hausgehilfinnen und Tagesmädchen kann allerdings nach Ablauf des *fünften Monats* der Schwangerschaft noch gekündigt werden, um dem Arbeitgeber den Fortgang notwendiger Arbeitsverrich-

tungen zu sichern. Ausnahmsweise Kündigung bedarf der Zustimmung der obersten Landesbehörde. Wird die gesetzlich mögliche Kündigung ausgesprochen, so bleibt der Unterhalt der Gekündigten dennoch auf bestimmte Zeit gesichert. Alle bei der Krankenkasse Pflichtversicherten müssen ein *Wochen- und Stillgeld* in Höhe des Durchschnittsverdienstes der letzten 13 Wochen oder drei Monate bekommen. Um den Hauswirtschaftsgehilfinnen jene Zeit überbrücken zu helfen, die vom Eintritt der Kündigung bis zur gesetzlich festgelegten Schonfrist besteht, erhalten sie eine Sonderunterstützung in gleicher Höhe wie das Wochengeld (durch Krankenkasse).
Wer *nicht* krankenversicherungspflichtig ist, muß während dieser Zeit den regelmäßigen *Lohn* oder das *Gehalt* weiterbekommen. Wer Familienhilfe empfängt (also aus der gesetzlichen Krankenversicherung des Mannes oder Vaters Wochenhilfe bekommt), muß sich diesen Betrag abziehen lassen. *Kein Wochengeld* bekommen Frauen, die entweder *gegen Arbeitsentgelt* beschäftigt sind oder Entgelt weiterbeziehen, obwohl sie nicht beschäftigt sind. *Martha Krause-Lang*

Mutterschaftsurlaub

Das Mutterschutzgesetz ist durch die Einführung des Mutterschaftsurlaubs ab 1. 7. 79 erweitert worden. Es will allen Frauen, für die das Mutterschutzgesetz gilt (für Beamtinnen ist eine dem Mutterschaftsurlaub entsprechende Verordnung zum Beamtengesetz geplant), bis zu 6 Monaten nach der Entbindung mehr Erholung ermöglichen und sie von der Doppelbelastung als Arbeitnehmerin und Mutter befreien. Damit kann die Mutter in der sehr wichtigen ersten Lebensphase ausschließlich für ihr Kind dasein.
Es bleibt allerdings der freien Entscheidung der Mutter überlassen, ob sie über die bereits geltende achtwöchige Schutzfrist hinaus weitere vier Monate Mutterschaftsurlaub unter Fortzahlung des bisherigen Mutterschaftsgeldes in Anspruch nehmen will. Der Mutterschaftsurlaub muß spätestens 4 Wochen vor Ablauf der Schutzfrist nach der Entbindung vom Arbeitgeber verlangt und im Anschluß an die Schutzfrist angetreten werden. Er dauert längstens bis zu dem Tag, an dem das Kind 6 Monate alt wird. Voraussetzung ist, daß das Kind lebt. Bei Totgeburten besteht der Anspruch nicht. Stirbt das Kind während des Mutterschaftsurlaubs, endet er 3 Wochen nach dem Tod des Kindes, späte-

stens an dem Tag, an dem das Kind 6 Monate alt geworden wäre. Hat der Arbeitgeber eine Ersatzkraft für die Zeit des Mutterschaftsurlaubs eingestellt, endet dieses Arbeitsverhältnis erst mit dem Ende des Urlaubs. Der Mutterschaftsurlaub kann mit Zustimmung des Arbeitgebers auch vorzeitig beendet werden.

Das Mutterschaftsgeld wird grundsätzlich während des Mutterschaftsurlaubs oder für die Zeit, für die bei Bestehen eines Arbeitsverhältnisses dieser Urlaub hätte beansprucht werden können, weitergezahlt. Die Zahlung ist bei der Krankenkasse, bei der die Frau versichert ist, zu beantragen. Für nicht gesetzlich Krankenversicherte wird es künftig vom Bundesversicherungsamt in Berlin bezahlt.

Der Arbeitgeber kann das Arbeitsverhältnis der Mutter bis zu 2 Monaten nach Ablauf des Mutterschaftsurlaubs nicht kündigen. – Der Mutterschaftsurlaub kann nicht durch Vertrag ausgeschlossen oder beschränkt werden. – Die Mutter darf während des Mutterschaftsurlaubs keine Erwerbstätigkeit ausüben. – Für die Zeit des Mutterschaftsurlaubs braucht der Arbeitgeber kein Arbeitsentgelt und keinen Zuschuß zum Mutterschaftsgeld zu zahlen. – Die Mutter ist nicht verpflichtet, das Arbeitsverhältnis nach Beendigung des Mutterschaftsurlaubs fortzuführen. Sie kann es unter Einhaltung einer Frist von 1 Monat zum Ende dieses Urlaubs kündigen, soweit für sie nicht eine andere Regelung gilt. – Sie soll auf Verlangen des Arbeitgebers diesem spätestens 4 Wochen nach Beginn des Mutterschaftsurlaubs mitteilen, ob sie nach dem Ende dieses Urlaubs weiterarbeiten will oder nicht. – Das sind einige Regelungen zu dieser neuen Leistung.

Margret Huda

GEBURT UND PFLEGE DES SÄUGLINGS

Wenn auch die Geburt eines neuen Erdenbürgers die natürlichste Sache von der Welt ist, so sollte man diesem Ereignis doch nicht unvorbereitet gegenüberstehen. Es gibt zumeist eine ganze Reihe gutgemeinter Ratschläge von allen Seiten, wenn sich ein solch freudiges Ereignis anbahnt. Dabei gilt es aber, die Spreu vom Weizen abzusondern; deshalb ist unbedingt fachkundiger Rat einzuholen. Die zuständigen Personen zu diesem Zeitpunkt sind vor allem der Arzt, der die Schwangerschaft überwacht, die Hebamme, der Geburtshelfer und später der Kinderarzt.

Die Schwangerschaftsvorsorge

ist inzwischen ärztlicherseits sehr intensiv ausgebaut worden. Bei Patienten der Pflichtkrankenkassen geschieht sie kostenlos gegen Vorlage eines besonderen „Berechtigungsscheines", den die Krankenkassen ausgeben. Man braucht sich hierzu nur bei seinem Hausarzt anzumelden. Führt dieser selbst die nötigen Untersuchungen nicht durch, wende man sich an einen Frauenarzt. Er besorgt regelmäßig die erforderlichen Untersuchungen und Kontrollen. Die Schwangere erhält einen Mutterpaß, in den alle wichtigen Daten eingetragen werden wie etwa der voraussichtliche Entbindungstermin und die Blutgruppe mit Rhesusfaktor; auch besondere Beobachtungen während der Schwangerschaft und schließlich der Verlauf der Geburt und des Wochenbetts. Für das Neugeborene selbst wird ein Impfbuch angelegt, in dem dann seine eigenen Daten, insbesondere die Blutgruppe und Impfungen, eingetragen werden.

Neue Umstände

Die Vorgänge während der Schwangerschaft bringen natürlich auch für die werdende Mutter einige zu beachtende neue „Umstände“ mit sich. Sie sollte besonders extreme körperliche Anstrengungen vermeiden, damit es nicht zur Frühgeburt kommt. Grundsätzlich abzuraten ist von ausgedehnteren Reisen, Reiten, Springen, Schilaufen, Motorradfahren, Bergsteigen und Tennis. Dagegen sind, nach einer gewissen Zurückhaltung in den ersten drei Monaten, Schwimmen, Gymnastik und Wandern – auch größere Spaziergänge in sauberer Luft – besonders zu empfehlen. Freilich darf auch hier nicht übertrieben werden. Recht günstig ist die Teilnahme an einer speziellen Schwangerengymnastik. Sie ist bei vielen geburtshilflich tätigen Krankenhausabteilungen eingerichtet. Fragen Sie deshalb Ihren Arzt oder die Hebamme!

In der Körperpflege

ist besondere Reinlichkeit sehr wichtig. Insbesondere ist die während der Schwangerschaft sich vergrößernde Brustdrüse einer erhöhten Gefahr von Eiterungen ausgesetzt. Geschlechtsteile und After sind mindestens zweimal täglich gründlich zu waschen, Scheidenspülungen aber auf jeden Fall verboten!

Die äußerliche *Schönheit* muß unter der Schwangerschaft keineswegs leiden. Gelegentlich auftretende braune Hautflecken im Gesicht verschwinden meistens rasch nach der Entbindung. Die natürliche Pflege der Haare, des Gesichts und der Körperhaut, die Anwendung eines hautmilden Desodorans und Intimsprays braucht nicht eingeschränkt zu werden. Vor allem sollte jede Frau wissen, daß die Schwangerschaft sie eher schöner als unansehnlich macht, wenn sie sich *nur in aller Natürlichkeit gibt.*

Die *Kleidung* kann etwa bis zum 5. Monat wie gewohnt bleiben, man sollte lediglich vermeiden, sich zu erkälten. Für die späteren Monate empfiehlt sich eine entsprechend angepaßte bequeme und lockere Kleidung. Stützmieder und Schnürungen sind eher schädlich. Vergessen Sie auch nicht eine regelmäßige Zahnpflege!

Für die Ernährung

ist eine ausreichende Zufuhr von Eiweiß, Fett und Kohlenhydraten, daneben reichlich Vitamine und Mineralsalze wichtig. Den Vorzug haben Fleisch, Milch, Geflügel, Fisch, Eier und reichlich Obst, Salat und Gemüse. Vor allem Milch ist reich an wichtigen Vitaminen und Salzen, insbesondere an Kalk. Vermehrt benötigtes Eisen ist besonders enthalten in grünen Gemüsen, Eiern, Leber, Nieren und in Hefe. Etwas sparen sollte man mit Salz. Es hält Wasser im Körper fest und führt dadurch zu unnötiger Gewichtssteigerung mit vermehrter Belastung von Herz und Kreislauf. Sonst kann die Nahrung durchaus schmackhaft gewürzt werden. Aber: Keinesfalls sollte eine werdende Mutter „für zwei“ essen! Nicht nur Fett, sondern auch Kartoffeln, Zucker, Mehl, Nudeln und Brot werden im Körper bevorzugt in Fett umgewandelt und führen zu unnötiger vermehrter Belastung durch Fettpolster. Die kleinen „Gelustigkeiten“ zwischendurch sind besonders kritisch zu beobachten. Oft erhält der Körper in Form süßer Näschereien mehr Kalorien als bei den übrigen Mahlzeiten. Für den zwischendurch auftretenden Hunger empfehlen sich Äpfel, Orangen oder getrocknetes Obst. Wasser macht nicht dick, es sei denn, es würde durch zu reichlichen Salzgenuß im Körper festgehalten. Ein Liter Flüssigkeit täglich ist wohl die richtige Menge.
Alkohol, Nikotin oder gar Rauschgifte müssen in der Schwangerschaft tabu sein! Fehlgeburten, Blutungsgefahr oder auch Schädigung des Kindes sind wissenschaftlich nachgewiesene Folgen solcher „ Genüsse *mit* Reue“.
Tiere können Infektionen der Mutter verursachen, die auf das Kind übertragen werden. Besonders Toxoplasmose und Listeriose sind solche Krankheiten, die oft bei der Mutter kaum Krankheitserscheinungen hervorrufen, das Kind aber schwer schädigen. Deshalb ist insbesondere Kontakt mit Katzen zu vermeiden.

Mit der Hebamme

sollte man sich, falls möglich, frühzeitig bekannt machen. In vielen Krankenhäusern wird allerdings der Hebammendienst rund um die Uhr schichtmäßig abgewickelt, so daß nicht vorauszusehen ist, welche

Hebamme einem in der Entbindungsstunde beisteht. Wenn Sie jedoch die Hebamme frei wählen können, so sollten Sie mit ihr fortlaufend die auftauchenden Fragen ganz offen besprechen. Auch Ihrem Arzt müssen Sie alles, was Sie beschäftigt, erzählen. Eine dem Laien unwichtig erscheinende Sache kann trotzdem von Bedeutung sein.

Auch der Vater

gehört zu einer guten Schwangerschaft, auch er hat seine „Schwangerschaftsbeschwerden". Sie sind bedingt durch die Sorge um einen guten Ausgang von Schwangerschaftszeit und Geburt. Er selbst kann hierzu tatkräftig mithelfen, indem er der werdenden Mutter alle Arbeiten abnimmt, die mit mehr als leichter körperlicher Belastung oder auch mit Aufregungen verbunden sind. Darüber hinaus bedarf eine schwangere Frau der ganz besonderen Fürsorge ihres Mannes. Er sollte zu ihr mindestens so nett sein wie während der Flitterwochen. Nicht nur der eheliche Verkehr ist durchaus erlaubt. Der Mann muß aber in dieser Zeit besondere Rücksicht nehmen auf das Empfinden seiner Frau. In den letzten Wochen vor der voraussichtlichen Entbindung und für etwa 6–8 Wochen danach darf kein Verkehr stattfinden, damit nicht Krankheitserreger an die inneren Geschlechtsorgane der Frau gelangen und hier – oft chronische – Entzündungen hervorrufen können.
Die Frage, ob der Mann bei der Entbindung anwesend sein soll, ist von Fall zu Fall zu entscheiden. Eine Entbindung erfordert von der Frau stärkste Konzentration und höchstmögliche innere Ausgeglichenheit. Nur wenn der Mann selbst genügend Ruhe besitzt, um auf seine Frau in diesem Sinne unterstützend einwirken zu können, kann er ein echter Beistand sein. Sonst ist es besser, wenn er sich zurückzieht und auf Abruf bereithält.

Im Verlauf der Schwangerschaft

kann es zu unterschiedlichen Beschwerden und Störungen kommen. Wenden Sie sich stets an den Arzt! Übelkeit, besonders am Morgen, auch gelegentliches Erbrechen und Darmträgheit sind harmlose Erscheinungen. Dagegen sind Nieren- oder Blasenschmerzen, geschwollene Beine, Schwindel oder Sehstörungen, auch Blutungen sofort zu melden. Infektionen, insbesondere Röteln, können, wenn sie zu Beginn der Schwangerschaft auftreten, Mißbildungen des Kindes verursachen. Es ist deshalb gut, wenn die Mutter bereits als Kind Röteln durchgemacht hat oder dagegen vorher geimpft wurde, weil dann ein lebenslanger Schutz gegen Röteln besteht. Medikamente sollten möglichst nicht, auf jeden Fall aber nur nach Rücksprache mit dem Arzt genommen werden. Das gilt auch für sogenannte Hausmittel.

Der Tag der Entbindung

läßt sich ungefähr wie folgt errechnen: Zum ersten Tag der letzten Regelblutung werden sieben Tage hinzugezählt, dann drei Monate abgezogen („+ 7–3"). Von diesem errechneten Tag ergibt sich aber immer eine voraussichtliche Abweichung von je 10 Tagen vorher oder nachher. Innerhalb dieser Zeitspanne kommen etwa 80 von 100 Kindern zur Welt. Es sind auch durchaus größere Abweichungen vom vorausberechneten Geburtstermin möglich.

Die ersten Zeichen der beginnenden Geburt sind das Einsetzen von Wehen, die zuerst in größeren Abständen, dann immer häufiger aufeinanderfolgen. Gleichzeitig kann auch Schleim oder etwas wäßriger Ausfluß abgehen. Oft kommt es schon Tage oder Wochen vor der Entbindung zu ziehenden Schmerzen im Kreuz, sogenannten „Vorwehen". Sie dauern aber nur kurze Zeit an, treten in unregelmäßigen Abständen auf und klingen meist rasch wieder ab. Wenn plötzlich sehr viel Wasser aus der Scheide abströmt, ist die Fruchtblase vorzeitig gesprungen. In einem solchen Fall ist Eile geboten. Sie sollten sich dann unbedingt sofort hinlegen, die Hebamme rufen oder sich in die vorgesehene Klinik bringen lassen.

Damit das Kind die Gebärmutter verlassen kann, eröffnet sich zunächst der untere Abschnitt der Gebärmutter, der sogenannte Muttermund. Dabei springt schließlich die Fruchtblase, so daß reichlich Fruchtwasser aus der Scheide ausströmt. Anschließend wird das Kind durch die Muskeln der Gebärmutter ausgetrieben. Diese Zusammenziehungen der Gebärmutter sind die sogenannten Preßwehen. Es ist sehr wichtig, daß die Mutter diesen Vorgang noch aktiv unterstützt, indem sie während dieser starken Wehen selbst mitpreßt, entsprechend den Anleitungen der Hebamme oder des Arztes. Zwischendurch kommt es immer wieder zu kurzen Pausen, die zur Erholung ausgenutzt werden müssen. Die sogenannte schmerzarme natürliche *Entbin-*

dung nach Read besteht im wesentlichen darin, daß die Frau schon während der Schwangerschaft gelernt hat, sich auf diese Preßwehensituation einzustellen. Dadurch werden unnötige Verkrampfungen vermieden, die weitgehend durch die Angst vor den erwarteten Schmerzen und die Unsicherheit bei der Geburt bedingt sind. Wo es möglich ist, sollte man unbedingt an einem solchen Kurs teilnehmen. Auch ohne diese vorbereitende Schulung können jedoch übermäßige Schmerzen dadurch vermieden werden, daß die Gebärende die Ruhe nicht verliert, sich in den Erholungsphasen weitgehend entspannt und sich vernünftig vom Geburtshelfer leiten läßt.

Das Kind gelangt durch die Scheide nach außen. Gewöhnlich kommt zuerst der Kopf zum Vorschein. Von jetzt ab muß die Gebärende besonders sorgfältig auf die Anweisungen der Hebamme hören, damit der Kopf mit der notwendigen Sorgfalt aus der Scheide heraus „entwikkelt" werden kann und es nicht zu einem Einreißen der Muskulatur, einem Dammriß, kommt. Die meisten Kinder werden mit dem Kopf voraus geboren. Nur in drei vom Hundert der Entbindungen bestehen Fehllagen. Hier kann der Geburtshelfer für eine fachgerechte Steuerung sorgen.

Bei der Nachgeburt, etwa 30 Minuten nach der Entbindung, lösen sich Mutterkuchen und Eihäute von der Gebärmutter und werden ausgestoßen. Hierbei können nochmals leichte, aber kaum schmerzhafte Wehen auftreten. Auch in den ersten Tagen nach der Entbindung sind noch kleinere „Nachwehen" möglich. Die Gebärmutter bildet sich wieder auf ihre frühere Größe zurück. Die Wunde, die durch das Ablösen des Mutterkuchens entstanden ist, muß ausheilen. In dieser Zeit besteht blutiger und schleimiger Ausfluß, der „Wochenfluß". Während dieser Ausheilungszeit ist peinliche Sauberkeit geboten. Früher kam es in dieser Zeit zu dem gefürchteten Kindbettfieber. Durch die moderne Hygiene, sorgfältige Pflege und entsprechende Medikamente ist die Gefahr weitgehend beseitigt. Die Hygienevorschriften sind aber weiter peinlich genau zu beachten, damit die junge Mutter rasch wieder genesen kann. Scheidenspülungen und Sitzbäder sind verboten.

Auch nach der Entbindung sollte durch gymnastische Übungen vor allem die Bauchmuskulatur gekräftigt werden.

Alles für den Säugling

Durch umfangreiche Fortschritte auf dem Gebiete der Psychologie wissen wir, daß die ersten Lebensjahre eines Menschen am entscheidendsten sind für sein späteres Verhalten und seine geistig-seelische Entwicklung. *Elterliche Liebe und Fürsorge* sind daher das wertvollste Geschenk für das Neugeborene. Auch der Vater wird schon sehr schnell mit seinem Sprößling etwas anfangen können, wenn er sich nur ein wenig Zeit und Mühe nimmt.

Ein Neugeborenes

wiegt zwischen 5 und 8 Pfund und ist etwa 50–52 Zentimeter lang. Durch die Preßvorgänge bei der Geburt bedingt, besteht anfangs eine leichte Vorwölbung am Kopf. Sie verschwindet aber in etwa 14 Tagen. Die Entwicklung des Kindes schreitet rasch voran. Fast täglich gibt es neue Entdeckungen. Schon in den ersten Tagen kann das Kind Hell und Dunkel unterscheiden, deshalb bitte keine Blitzlichtaufnahmen! Bald werden rote Farben wahrgenommen, das Hörvermögen stellt sich ein (Lärm vermeiden!), und es entwickelt sich ein ganz bestimmter Tagesrhythmus mit Schlafen, Trinken und Schreien. Bei der Rückkehr aus der Klinik schreien Kinder oft mitten in der Nacht, weil es auf vielen Säuglingsabteilungen üblich ist, nachts eine kleine Teemahlzeit zu geben, um die Nachtruhe der übrigen Säuglinge nicht zu stören. Bei Einhaltung der regelmäßigen Fütterungszeiten am Tage kann auf diese nächtliche Teegabe aber vollständig verzichtet werden. Wenn das Kind in den ersten Tagen zu Hause merkt, daß das nächtliche Schreien nicht zur gewünschten, überflüssigen Verabreichung von Tee führt, so werden die Eltern schon bald in den Genuß einer ungestörten, wenn auch nicht allzu langen Nachtruhe kommen. Ausgeruhte Eltern können ihre Pflichten besser erfüllen als übermüdete.

Die beste Ernährung

ist die Muttermilch. Es stimmt nicht, daß das Stillen sich ungünstig auf die Figur der Mutter auswirkt. Hierfür sind meistens Ernährungsfehler die Ursache. Die Gabe, sein Kind selbst stillen zu können, ist für die Mutter ein wichtiges und schönes körperliches und seelisches Erlebnis, das vor allem das Verhältnis zum Kind sehr fördert. Nur wenn die Muttermilch nicht reicht oder aus anderen Gründen nicht gestillt werden darf, ist auf künstliche Ernährung unter entsprechender Anleitung der Säuglingsschwester, der Hebamme oder des Arztes umzustellen. Während der Stillzeit brauchen die normalen *Ernährungsgewohnheiten* der Mutter nicht geändert zu werden. Sie bevorzuge eine leichte Kost mit reichlich Gemüse, Salat und Obst, Quark und Milch. Nährbier und Suppen schaden mehr der Figur, als sie die Milchproduktion fördern. Auch Alkohol geht in die Milch über, das gleiche gilt für Koffein beim Kaffeetrinken und Nikotin beim Rauchen. Den Zeitpunkt der Abstillung sollte die Mutter mit dem Arzt, der Hebamme oder dem Kinderarzt besprechen. Manche Kinder können bis zu sechs Monaten gestillt werden. Vom 2. Monat an sollte man allerdings auch regelmäßig Obstsäfte zufüttern, vom 5. Monat an Obstbrei oder Zwieback. Das Kind muß sich dann langsam an den Löffel gewöhnen. Vom 8. Monat an bekommt es auch Fleisch und Fisch, zerdrückte Kartoffeln, Quark, Karotten, Ei, Spinat und Kompotte. Vom 6. Monat an soll sich das Kind ans Kauen gewöhnen, am besten mit kleingeschnittenen Butterbrotstückchen oder Butterkeksen.

Unmittelbar nach der Geburt

wird das *Neugeborene* durch einen Arzt untersucht, damit eventuelle Schäden möglichst frühzeitig erkannt werden können. Eine leichte Gelbfärbung der Haut klingt rasch wieder ab. Das Kind sollte weiterhin immer wieder zu *regelmäßigen Untersuchungen* vorgestellt werden. Auch hier besteht ein gut organisierter ärztlicher Vorsorgedienst, der entweder vom Hausarzt, den Kinderärzten und auch durch den Mütterberatungsdienst der Gesundheitsämter wahrgenommen wird. Hierfür stellen die Pflichtkrankenkassen wiederum unentgeltlich einen „Vorsorgeschein für Kinder“ aus. Die Untersuchungstermine fallen in die 3.–6. Woche, in den 4.–6. Monat, 9.–12. Monat, 21.–24. Monat und in das 4. Lebensjahr. Die Eltern sollten diese Möglichkeit der regelmäßigen Überwachung des Kindes unbedingt wahrnehmen!

Die Pflege des Kindes

ist nicht schwer. Einige Grundregeln sollte man möglichst schon während der Schwangerschaft in einem entsprechenden Kurs lernen. Das Rote Kreuz oder andere gesundheitspflegende Organisationen und Mütterschulen halten an vielen Orten solche Kurse „Für Mutter und Kind" ab. Vielleicht nimmt auch gleich der werdende Vater daran teil. Größte Sauberkeit und ein regelmäßiger Tagesablauf sind die Grundregeln für die Säuglingspflege. Händewaschen vor jeder Tätigkeit am Kind mit Reinigung der Fingernägel, auch unter Verwendung eines hautschonenden Desinfektionsmittels, ist eine sehr wichtige Maßnahme. Kranke haben in einem Kinderzimmer nichts verloren. Bei Erkältungen der Pflegeperson empfiehlt es sich, ein Mulltuch vor Nase und Mund zu binden. Umgekehrt gehören kleine Kinder nicht als Besucher in ein Krankenhaus, damit sie nicht dort Krankheiten aufschnappen. Auch alle Gegenstände, mit denen das Kind in Berührung kommt, sollten stets saubergehalten werden: Brust der Mutter, Flasche mit Sauger, Behälter zum Aufbewahren der Nahrung, Spielzeug!

Die Mahlzeiten müssen in möglichst regelmäßigen Abständen und stets zur gleichen Zeit gegeben werden. Dadurch regelt sich auch die Verdauung, und die Hautpflege wird erleichtert. Die Nabelwunde ist täglich mit einem frischen sterilen Mulltupfer zu verbinden! Entzündungen am Nabel sind sofort dem Arzt mitzuteilen. Geschlechtsteile und After werden zweckmäßig mit Kinderöl gereinigt. Es ist nicht notwendig, die Vorhaut vor Ablauf des 1. Lebensjahres zu lösen. Bei Mädchen soll die Schamspalte vorsichtig mit feuchter Watte von vorn nach hinten gereinigt werden, damit nicht vom After her Darmbakterien nach vorn gelangen.

Die Technik des Trockenlegens zeigt Ihnen die Säuglingsschwester oder die Hebamme. Nase, Ohren, Finger- und Zehennägel bedürfen gelegentlicher Aufmerksamkeit.

Schon vom 1. Tag an darf das Kind ein Bad nehmen, dies sollte jedoch nicht länger als zehn Minuten dauern bei einer Temperatur von 35–36 Grad. Benutzen Sie hierzu unbedingt ein Badethermometer. Nach dem Bad soll sich das Kind nicht erkälten. Spätestens ab der 4. Woche gehört das Kind gelegentlich ins Freie, zunächst beginnend mit einer halben Stunde täglich, später zunehmend länger. Balkon, Garten oder eine

Spazierfahrt ins Grüne bei sauberer Luft bieten sich hierfür an. Frische Luft fördert die Durchblutung der Haut und regt den Appetit an. Starke Sonnenstrahlen sind gefährlich. Achten Sie auf Schatten!

Aber – Papa!? . . .

Der Tagesplan des Säuglings

1. Monat:	6 Uhr	Trockenlegen, Stillen oder Füttern, Wickeln
	9 Uhr	Baden, Versorgung der Nabelwunde, Füttern, Wickeln
	15 Uhr	Füttern, Wickeln
	ab 16 Uhr,	wenn das Baby ausgeschlafen hat, darf die Mutter mit ihm spielen
	18 Uhr	Trockenlegen, Füttern, Wickeln
	23 Uhr	Trockenlegen, Füttern, Zimmertemperatur für die Nacht am besten 18–19 Grad. Ruhe bis 6 Uhr
5.–6. Monat:	7.30 Uhr erste Mahlzeit	
6.–9. Monat:	Eine Mahlzeit wird eingespart durch Auseinanderziehen der Zeiten, Beginn der Nachtruhe gegen 19–20 Uhr	

Was bei einem Kind im 1. Lebensjahr zu beobachten ist

4. Woche:	Leichtes Heben des Kopfes in Rückenlage, seitliches Kopfdrehen in Bauchlage, erste Kriechbewegung in Bauchlage, hört auf Geräusche, schaut nach Spielzeug.
3.–4. Monat:	Erstes Lächeln, erkennt Hände und Spielzeug, erste Greifversuche. Stützt sich in Bauchlage auf die Unterarme, hebt den Kopf. Erstes Lallen und Gurren.
6.–7. Monat:	Steckt die Füßchen in den Mund, spielt mit den Händen, wechselt Spielzeug von einer Hand in die andere. Kann kurze Zeit sitzen, führt Selbstgespräche, lallt verschiedene Silben.
10. Monat:	Sitzt ohne Hilfe, krabbelt vor- und rückwärts, rollt sich vom Rücken auf den Bauch, greift mit den Händen nach Gegenständen, macht Bittebitte, Winkewinke, sagt Mama und Papa.
1. Lebensjahr:	Läuft am Stallgitter entlang. Geht an der Hand. Kann für kurze Zeit frei stehen. Erkennt sich im Spiegel, spricht mehrere Wörter, hört auf seinen Namen, kann allein einen Zwieback essen.

Diese Entwicklungsphasen verlaufen allerdings bei den einzelnen Kindern durchaus unterschiedlich rasch. Tritt jedoch eine längere Verzögerung ein, so sollte man dies dem Kinderarzt mitteilen.

Erkrankungen

Ein gesundes Kind schreit mit kräftiger Stimme, es hat einen guten Schlaf zwischen den Mahlzeiten und trinkt kräftig. Die Hautfarbe ist rosig, die Atmung gleichmäßig.
Hinweise für eine Erkrankung ergeben sich bei jammervollem Wimmern, Appetitlosigkeit, fehlender Gewichtszunahme und natürlich auch Husten, Schnupfen, Durchfall, Erbrechen, Krämpfen und Fieber. Geben Sie keinesfalls Medikamente, auch keine „Fiebermittel“, ohne ärztliche Verordnung. Hören Sie nicht leichtgläubig auf die Ratschläge „erfahrener Nachbarinnen“. Allenfalls können Sie sich selbst in einem

guten Buch informieren, es ersetzt aber niemals den Rat des Arztes. Auch bei Unfällen, insbesondere Verbrühungen oder Verätzungen und bei Vergiftungen sollten Sie schnell den Arzt verständigen oder ein Kinderkrankenhaus aufsuchen. Eine kurze Minute der Besinnung nutzt in einem solchen Fall mehr als unüberlegtes Losfahren mit ungewissem Ziel. Wenn irgend möglich, setzen Sie sich vorher telefonisch mit der Stelle in Verbindung, die Sie aufsuchen wollen, damit Sie nicht durch nutzlose Wege wertvolle Zeit vertun oder zu Hause erste Hilfsmaßnahmen versäumen.

Impfungen

sind im allgemeinen ungefährlich und können das Kind vor vielen Krankheiten schützen. Besprechen Sie mit Ihrem Arzt, wie die Impftermine am zweckmäßigsten hintereinander ablaufen. Während der heißen Sommermonate und bei Krankheiten darf nicht geimpft werden. Impfungen werden heute empfohlen gegen Tuberkulose (nur in bestimmten Fällen), Kinderlähmung, Diphtherie, Keuchhusten, Wundstarrkrampf, Masern und (gesetzlich vorgeschrieben) Pocken. Regelmäßige Auffrischungsimpftermine sind unbedingt zu beachten, damit ein wirksamer Impfschutz erreicht wird.

Richtiges Spielzeug

ist für die Entwicklung des Kindes sehr wichtig. In den ersten Wochen genügen Hände und Füße, Deckchen und Bettzipfel. Etwa vom 4. Monat an freut sich das Kind über Beißringe, Kugelketten, Klappern und alles, was sich bewegt, anzufassen ist und ein Geräusch macht. Das Spielzeug muß so beschaffen sein, daß sich das Kind nicht damit verletzt, es sollte auch nicht zu klein sein, damit es nicht verschluckt werden kann. Am besten beraten wird man in einem Fachgeschäft für Kinderspielsachen. Spielzeug muß ebenfalls sauberzuhalten sein, da es von den Kleinkindern besonders gern in den Mund gesteckt wird. Geben Sie nicht zuviel Gegenstände auf einmal! Je einfacher das Spielzeug ist, um so mehr kann ein Kind damit anfangen. Ein paar einfache bunte Bausteine bereiten mehr Freude als ein Aufziehspielzeug, das immer die gleichen Bewegungen macht. Das beste „Spielzeug" freilich sind Vater, Mutter und die Geschwister.

Für die Ausstattung des Kindes

genügt ein einfacher Korb, aber auch eine Wiege, ein Stubenwagen oder ein Kinderbettchen. Die Matratze soll hart, am besten aus Roßhaar, sein. Ein Kopfkissen ist entbehrlich. Nehmen Sie wegen der Erstikkungsgefahr keinesfalls ein Federkissen.
Im übrigen sollten Sie für das Baby eine gewisse Grundausstattung besorgen. Bedenken Sie aber, daß das Kind rasch aus den Sachen herauswächst.

Man rechnet etwa:

6 Hemdchen in zwei verschiedenen Größen
6 Baumwolljäckchen in zwei Größen
6 Nabelbinden
24 Mullwindeln
12 Flanellwindeln
2–3 kleine Plastikunterlagen für den Wickel
2 Pakete Zellstoffwindeln
2 Windelhöschen
6 kleine Frottier-Höschen Größe 1 und 2
Windeleinlagen
Jäckchen und Mützchen aus Wolle
3 Bettlaken
3 Bettbezüge
1 Gummiunterlage für die Matratze
Badethermometer
2 Badehandtücher
je 2 Waschlappen für Gesicht und Körper
1 Windeleimer mit Deckel
1 Säuglingswaage (auch in der Drogerie auszuleihen)
2 Sauger
1 Milchtopf
2 Babyflaschen

Machen Sie sich auch rechtzeitig Gedanken darüber, wo Sie das Kind wickeln wollen. Am zweckmäßigsten ist natürlich eine Wickelkommode, in der gleich die notwendigen Utensilien untergebracht werden können. Zur Not tut es aber auch ein sauberer Tisch.

In diesem Beitrag kann natürlich nur ein kurzer Überblick gegeben werden über das, was im Zusammenhang mit dem Thema zu sagen ist. Eigentlich sollten junge Eltern noch mehr wissen. Neben zahlreichen Büchern gibt es die empfehlenswerte Broschüre „Ärztlicher Ratgeber für werdende und junge Mütter", die vom Bundesgesundheitsministerium zusammen mit dem Bundesarbeitsministerium, der Bundesärztekammer, der Kassenärztlichen Bundesvereinigung und dem Verband der Ärzte Deutschlands herausgegeben wurde. Sie können diese Broschüre kostenlos von Ihrem Arzt bekommen oder anfordern bei: Ärztlicher Ratgeber, Verlag Wort und Bild, 8021 Baierbrunn-München. Sehr informativ ist auch von A. Gesell: „Säugling und Kleinkind in der Kultur der Gegenwart", Christian-Verlag, Bad Nauheim.
Gute Orientierung und Vorbereitung vermitteln in jedem Fall die vorgenannten Kurse. Vor allem aber kann nicht nachdrücklich genug auf die Vorsorgeuntersuchungen für Schwangere und für Kinder hingewiesen werden. Sie schützen vor unnötigen Ängsten und Schäden!

Johanna Heidemann

WIR FEIERN KINDERTAUFE

Denken Sie vor der Geburt Ihres Kindes nochmals an Ihre eigene Trauung in der Kirche zurück? War die Feier vielleicht schöner und besser zu verstehen als jene „Generalproben", an denen Sie vor Jahren als Trauzeugen etwa teilgenommen haben? Jedenfalls bemüht sich die Kirche seit dem II. Vatikanischen Konzil bis zur Synode der deutschen Bistümer darum, den Gläubigen eine sinnvolle und aktive Beteiligung bei der Feier der Sakramente zu ermöglichen. Nach langjährigen Diskussionen über das geeignete Alter und die richtige Reihenfolge für den Empfang der Sakramente haben wir in den katholischen Bistümern des deutschen Sprachgebietes einheitliche Regelungen, von denen die Bischofskonferenzen zunächst 1971 *„Die Feier der Kindertaufe"* veröffentlichten.
Wenn die Eltern sich nach der Geburt ihres Kindes auf ihre Aufgaben bei der Tauffeier vorbereiten wollen, wäre es sehr sinnvoll, die 25 Seiten „Vorbemerkungen" zu diesem erneuerten Taufritus einmal durchzulesen (den der Pfarrer schon beim ersten Taufgespräch, lange vor der Geburt, gerne einmal ausleihen wird). Da steht gleich zu Anfang, was wir von den drei Sakramenten der Eingliederung glauben und was sie uns bedeuten sollen:

„1. Taufe, Firmung und Eucharistie sind die Sakramente, die den Menschen in die Kirche eingliedern und von der Herrschaft des Bösen befreien. Wer sie empfängt, erhält nach den Worten der Schrift Anteil am Tod Christi, er wird mit Christus begraben und auferweckt; er wird mit dem Geist der Kindschaft beschenkt, und mit dem ganzen Volke Gottes feiert er das Gedächtnis des Todes und der Auferstehung des Herrn.

2. Durch die Taufe werden die Menschen nämlich zu Gliedern Christi und damit zu Gottes Volk; sie empfangen Nachlaß aller Schuld und werden aus dem Stand, in den sie hineingeboren sind, hinübergeführt in den Stand der Gotteskindschaft. Sie werden neu geschaffen aus dem Wasser und dem Heiligen Geist und so zu Kindern Gottes berufen.

3. In der Firmung werden sie durch die Gabe des gleichen Geistes, der sie dem Herrn noch ähnlicher macht, besiegelt und mit Heiligem Geist erfüllt, damit sie vor der Welt von Christus Zeugnis ablegen und so dazu beitragen, daß der Leib Christi zu seiner Vollgestalt gelange.

Schließlich nehmen sie am Eucharistischen Mahl teil, essen das Fleisch und trinken das Blut des Menschensohnes, um das ewige Leben zu erlangen und die Einheit des Volkes Gottes sichtbar werden zu lassen. Sie bringen sich selber mit Christus zum Opfer dar und gehen so ein in das allumfassende Opfer, „indem die ganze erlöste Gemeinde durch den ewigen Hohenpriester Gott dargebracht wird“ (Augustinus). Sie erflehen die vollere Ausgießung des Heiligen Geistes, damit das ganze Menschengeschlecht zur Einheit der Familie Gottes zusammenwachse.
Die Sakramente der Taufe, der Firmung und der Eucharistie gliedern also in die Kirche ein und führen miteinander die Gläubigen, die in Kirche und Welt die Sendung des Volkes Gottes ausüben, zum Vollalter der Erlösten“ (9).

Die Feier der Kindertaufe

Wenn die Eltern sich zu diesem Glauben an die Bedeutung dieser Eingliederungssakramente bekennen und durch ihr eigenes Wort und Leben ihr Kind dazu hinführen wollen, dürfen sie es auch stellvertretend schon in den ersten Wochen zur Kindertaufe bringen. Denn: „Das Herrenwort: Wer nicht wiedergeboren ist aus dem Wasser und dem Heiligen Geist, kann nicht in das Himmelreich eingehen (Joh 3, 5), hat sie immer in dem Sinne verstanden, daß man den Kindern die Taufe nicht vorenthalten, sondern daß man sie auf den Glauben der Kirche taufen darf, den die Eltern und Paten sowie die übrigen Teilnehmer der Tauffeier bekennen. In ihnen ist ja sowohl die Ortskirche wie die gesamte Gemeinschaft der Heiligen und Gläubigen, die mütterliche Kirche, gegenwärtig, die allen und jedem einzelnen das Leben schenkt" (11).

Vorherige Taufgespräche

Um die Eltern auf diese bewußte Mitverantwortung vorzubereiten, soll ihnen, am besten mit mehreren Elternpaaren gleichzeitig, schon vor der Geburt ihres Kindes Gelegenheit zu einem oder mehreren Taufgesprächen gegeben werden, wobei die gläubigen Elternpaare die weniger aktiven günstig beeinflussen können.

„Als Ergebnis des Taufgesprächs sollten die Eltern die Taufe ihres Kindes aus einer vertieften Erkenntnis des hier geschehenden Geheimnisses und der ihnen dabei zukommenden Rolle definitiv von der Kirche erbitten und mit dem Seelsorger die Tauffeier festlegen" (18). Nun kann es vorkommen, daß der Seelsorger einen Aufschub der Taufe vorschlagen muß, „wenn bekannt ist, daß beide Eltern nicht nur die religiöse Praxis aufgegeben haben, sondern als ungläubig anzusehen sind".

„Wird die Teilnahme am Taufgespräch in einem solchen Falle abgelehnt, oder verläuft es ergebnislos, so darf die Taufe – auch wenn die Eltern bei ihrer Bitte bleiben – vorerst nicht gespendet werden, es sei denn, eine fest im Familienverband lebende Person verpflichtet sich unter Zustimmung der Eltern vor dem Seelsorger, für eine religiöse Erziehung des Kindes Sorge zu tragen. Sinngemäß fällt dieser Person dann auch das Patenamt zu" (18).

Aus all dem ergibt sich, „daß Dienst und Auftrag der Eltern bei der Kindertaufe vor dem Auftrag der Paten den Vorrang haben" (16).

Vater und Mutter sind bei der Feier der Taufe ihres Kindes aktiv beteiligt und haben folgende Aufgaben:

Beteiligung der Eltern bei der Taufe ihres Kindes

„Sie erbitten öffentlich die Taufe ihres Kindes;

sie bezeichnen die Stirn ihres Kindes mit dem Kreuzzeichen, nachdem der Taufspender das gleiche getan hat;

sie geben die Antworten bei Absage und Glaubensbekenntnis;

sie tragen das Kind zum Taufbrunnen (im allgemeinen wird das die Mutter tun);

einer von ihnen entzündet und trägt die brennende Kerze;

sie empfangen einen Segen, der in besonderer Weise als Mutter- und Vatersegen formuliert ist."

„Es ist Sache der Eltern, in den nun folgenden Jahren in Dankbarkeit und getreu ihrem Versprechen das Kind zur Erkenntnis Gottes zu führen, dem es durch die Taufe angehört; sie sollen es zum Empfang der Firmung und zur Teilnahme an der Eucharistie vorbereiten. Dabei wird ihnen wiederum der Pfarrer in geeigneter Weise helfen" (17).

Dem entsprechen die Aufgaben der Paten:

Aufgaben der Paten

„Auch bei der Kindertaufe soll wenigstens ein Pate dabeisein, gleichsam zur geistlichen Ausweitung der Familie des Täuflings und als Darstellung der Mutter Kirche. Auf seine Weise soll er den Eltern beistehen, damit das Kind seinen Glauben bekennen und im Leben verwirklichen kann. Auch im Hinblick auf den gesellschaftlichen Wandel kommt dem Patenamt eine hohe Bedeutung zu: Der Kontakt mit den Paten, die auch aus dem Freundeskreis gewählt sein können, trägt dazu bei, das Leben der heutigen Familie vor Isolierung zu bewahren" (19).

„Bei der Tauffeier selbst wirkt der Pate mit; zusammen mit den Eltern bekennt er den Glauben der Kirche, auf den das Kind getauft wird" (19). Die Namen der Paten werden mit denen der Eltern und des Taufspenders in Taufbuch und Taufurkunde eingetragen.

„Deshalb soll der Pate, den die Eltern sich wählen, um seine Aufgaben erfüllen zu können, nach dem Urteil des Seelsorgers folgende Eigenschaften haben:

Er muß die Reife des Glaubens und des Lebens haben, die für das Patenamt erforderlich ist, und sollte in einem Alter stehen, das ihm nach menschlichem Ermessen ermöglicht, das Patenamt eine längere Zeit hindurch auszuüben;

er muß die Sakramente der Taufe, der Firmung und der Eucharistie bereits empfangen haben;

er muß der katholischen Kirche angehören und darf durch kein Rechtshindernis vom Patenamt ausgeschlossen sein" (19).

Taufkerze Taufkleid

Vielleicht freut sich der Pate, die Taufkerze, und die Patin, das Taufkleid schenken zu dürfen, wenn sich beides Vater und Mutter nicht bereits vorbehalten haben. Das Taufkleid soll dem Kind nicht etwa schon vor dem Gang zur Taufe angelegt, sondern erst nach dem eigentlichen Taufakt mit Wasser und der Salbung mit Chrisam vom Taufspender überreicht werden; er spricht dabei: „Dieses weiße Kleid soll dir ein Zeichen dafür sein, daß du in der Taufe neu geschaffen worden bist und – wie die Schrift sagt – Christus angezogen hast. Bewahre diese Würde für das ewige Leben" (68). Anschließend übernimmt er die vom Vater oder Paten entzündete Taufkerze und spricht: „Empfange das Licht Christi."
Dann zu den Eltern und Paten: „Ihnen wird dieses Licht anvertraut; Christus, das Licht der Welt, hat Ihr Kind erleuchtet. Es soll als Kind des Lichtes leben, sich im Glauben bewähren und dem Herrn und allen Heiligen entgegengehen, wenn er kommt in Herrlichkeit" (69).
Über den Termin der Tauffeier sollen sich die Elternpaare rechtzeitig mit ihrem Pfarrer verständigen.
„In größeren Pfarrgemeinden soll nach Möglichkeit für alle Kinder, die innerhalb einer bestimmten Zeit geboren sind, eine gemeinsame Tauffeier gehalten werden . . . Im allgemeinen sollten nicht mehr als vier bis fünf Kinder gemeinsam getauft werden.
Eine begründete Bitte der Eltern um Einzeltaufe ihres Kindes soll erfüllt werden, es sei denn, sie wird gestellt, um den gesellschaftlichen Status der Familie zur Geltung zu bringen" (23).
Wer in der Kirche Kindertaufe, später Erstkommunion und Firmung gläubig mitgefeiert hat, wird ihren Sinn und ihre Würde in der anschließenden häuslichen Familienfeier nicht vergessen.

Literatur siehe nächste Seite

Heinz Loduchowski

Literatur

Die Liturgischen Institute Salzburg, Trier, Zürich geben folgende Bücher heraus:
1. Die Feier der Kindertaufe in den katholischen Bistümern Deutschlands, 1972.
2. Die Feier der Firmung, Handreichung für Firmlinge und Gemeinde, 1972.

Von Günther Weber:
1. Das Zeichen für eine bessere Welt. Ein Bußbuch. Freiburg [7]1973.
2. Miteinander eins werden. Ein Eucharistiebuch. Freiburg [5]1973.
3. Gottes Geist in dieser Welt. Ein Firmbuch. Freiburg [8]1974.

DIE MUTTER

Geliebt zu sein vom Ehegefährten ist ein Geschenk, das immer neu und beseligend glücklich macht. Der Mann taucht in die ganze Zuwendung seiner Frau ein, sie umsorgt und versteht ihn, schenkt ihm ein Heim und neues Erfahren seines Wertes. Und so liebt er sie werbend, dankbar und bereit, in der Hingabe an seine Frau das gemeinsame Leben zu gestalten. Viele junge Eheleute suchen eine solche liebende Begegnung in der Ehe, sie möchten zusammenwachsen, füreinander dasein und für sich sein. Und dann mag es vielleicht mancher Frau so gehen wie einer werdenden Mutter, die sagte: „Ich habe Angst, wie es zwischen uns sein wird, wenn unser Kind geboren ist, wir wollten eigentlich noch länger warten, wir wollten noch nicht Eltern werden."

Würde diese junge Frau einer Mutter glauben, die ihr antwortet, unsere Kinder bereicherten unsere Liebe und mich selbst so sehr, daß es nun zwischen uns noch viel schöner ist als zu der Zeit, in der wir nur zu zweit waren? Vielleicht würde die junge Frau es zunächst noch nicht glauben – aber wenn sie ihr Kind nach der Geburt in ihren Armen hält, dann wird sie erfahren, wie sehr ihr Herz zur Freude bewegt wird von diesem kleinen Menschen, dann wird sie ja sagen zu ihrem Muttersein.

Denn Mütterlichkeit ist so tief in ihrem Frausein verwurzelt, daß eine Ablehnung dieser Gabe sich auch immer gegen die eigene Erfüllung und gegen den Wunsch nach persönlichem Glück richtet.

Wir wollen hier kurz innehalten und bedenken, daß uns zwei Worte begegnen: „Mütterlichkeit und Mutterschaft".

Beide sind für die Mutter von entscheidender Bedeutung.

Mütterlichkeit gehört zum Wesen der Frau, ob sie Gattin und Mutter ist oder ob sie unverheiratet eine Aufgabe erfüllt.

Sie ist einfach die Seinsweise, in der die Frau lebt, aus der heraus sie ihr Verhalten zum Menschen gestaltet – zum Berufskollegen, zum Gesprächspartner und letztlich zu dem, den sie liebt.

Mütterlichkeit ist eingebettet in weibliches Menschsein, in frauliches Lieben. Und es ist nicht so, daß die Gattin und Gefährtin des Ehemannes durch die Entfaltung dieser Gabe ärmer wird in ihrer ehelichen Liebe. Zur Verarmung der Gattenliebe führt wohl aber ein sentimentales Mutterbild, das nur aus der triebhaften Sorge für das Kind lebt. Diese zu Unrecht genannte „ideale Mutter“ gibt sich so an ihre Kinder aus, daß sie abhängig wird von ihrem Betreuen. Die Kinder spüren den Egoismus hinter ihrem Sorgen und danken der Mutter nicht. Und diese Frau erfährt dann wohl auch im Leben mit ihrem Mann das Unvermögen, sich noch viel zu bedeuten – obwohl beide sich einmal so gern hatten.

Mit Recht wehrt sich diejenige Frau, die aus dem Beruf kommt, gegen diese mißverstandene Mütterlichkeit, nur weiß sie oft nicht, daß wahre Mütterlichkeit sie die Erfüllung ihres Wesens finden läßt. Denn die liebende und sich geliebt wissende Frau erfährt sich als innerlich reich und beschenkt, wenn sie versteht, umsorgt, sich hingibt und auch opfert. Mit diesen Gedanken wollen wir nun versuchen, das Muttersein tiefer zu ergründen.

Eine Mutter, die ihr Kind empfängt, empfängt mit ihm zugleich die Unruhe, für es zu sorgen, und das Erlebnis, mit ihm eins zu sein. Das befähigt sie, täglich immer wieder für das Kind dazusein, es zu nähren, seinen Schlaf und sein Wachsein mitzuempfinden und gern bei ihm zu verweilen. All das ist ein schönes Geschenk für Mutter und Kind, aber es ist noch nicht die volle Entfaltung des Mutterseins.

Das Kind gedeiht ja nicht nur bei äußerer und sei es auch noch so sorgsamer Pflege. Es braucht hinzu noch die Hilfe der Eltern zu einer zweiten Geburt: Es muß erwachen in seiner Geistigkeit, in seinem Gewissen, um wirklich Mensch und Mitmensch sein zu können. Kätzchen finden sich schon nach wenigen Erdentagen auf der Welt zurecht, und sie werden von ihrem Instinkt sicher in ihr Katzendasein geleitet. Der kleine Mensch braucht mehr. Er ist darauf angewiesen, daß seine nächsten Mitmenschen sich ihm öffnen und ihn teilnehmen lassen an ihrem Leben. Durch Mitleben und Vorleben seiner Eltern wächst er in erstrebte Werte und Wünsche, in Freude und Traurigkeit, lernt miteinander zu sein und für sich zu sein, erfährt Wesen und Sinn seiner Welt, unterscheidet, was gut und böse und fromm ist. Hier wird deutlich, daß Mutterschaft ohne Vaterschaft für das Kind einer unvollkommenen

Einführung in die Welt gleichkommt. Und nicht für das Kind ist der ferne und vom Beruf überanstrengte Vater ein Mangel, sondern auch das Ehepaar leidet unter dem einseitigen Muttervorrecht im Umgang mit den Kindern. Es erlebt sich nicht in seinem Elternsein. So wird das Kind Last und bedeutet vor allem Mühe, denn gerade für die Begegnung mit dem Kind sucht die Frau Hilfe in der Liebe des Gatten. Wenn sie dort enttäuscht wird, beginnt sie ungeduldig und unzufrieden zu werden. Und nicht selten lehnt sie dann weitere Kinder ab, denn sie fürchtet, zu sehr von ihren Kindern engagiert zu werden. Die Bereitschaft des Mannes zum Vatersein hilft der Frau zur Leichtigkeit des Liebens und zum schöpferischen Erfinden von Freuden innerhalb der Familie.

Und wie wesentlich ist das Glück der Eltern, wenn sie sich durch die Kinder in dieser Begegnung neu entdecken und finden.

Doch wenden wir uns wieder mehr der Mutter zu.

Die unbewußte mütterliche Fürsorge muß bereichert werden durch die freie Entscheidung zum Muttersein.

Diese freie Entscheidung macht auch erst ihren Blick und ihr Herz frei, zu entdecken, welcher Wert, welch kostbares Geschenk Kinder sind. Dann kann sie in innerer Freiheit verschenken, kann Zeit, Mühe, Wünsche – ohne sich zu bedauern – opfern, kann sich einfühlen und verantwortlich fühlen. „Dann gestaltet sie ein Heim, in dem die Familie wirklich wohnt." Wohnen kann man nicht dort, wo kostbar eingerichtete Räume geschont werden müssen. Wohnen kann man nur in einem Heim, in dem alle sein können, wie sie sind. In solch einem Heim sind Gespräch und Fröhlichkeit selbstverständlich, haben Kinder und Eltern am gemeinsamen Leben teil. Dort gibt es so viel zu erleben, daß auch die Heranwachsenden und der Vater nicht nur aus dem Zuhause herausdrängen. Und dieses Heim ist offen für andere Menschen und die Welt.

Mutter sein ist eine so große Entfaltungsmöglichkeit der Frau. Es ist zwar heute nicht leicht, das zu bejahen, denn viele Ansprüche unserer Lebensform stehen gegen die Freude des Mutterseins. Mühe und Sorge um die Kinder werden der Mutter zur Qual und wecken Unzufriedenheit und Nervosität. Doch die Frau unserer Zeit kann aus einer größeren Freiheit und Mündigkeit ihr Leben gestalten als etwa die vergangene Generation. Das ist ein großes Geschenk. Mann und Frau müssen es nur bejahen. Aber hinzu kommen muß auch die Nähe zu Gott: die

Frömmigkeit und der Glaube. Und aus der Frömmigkeit wächst die Kraft ihres Herzens, um ihre natürliche Liebe zu den Kindern zu erhellen und zu stärken.

Mechtild Höflich

Die Freiheit zu einem „Viertelstündchen" sollte eine Mutter sich regelmäßig nehmen

Vater werden ist nicht schwer . . .

. . . VATER SEIN DAGEGEN SEHR!

Wilhelm Busch hat nicht ganz unrecht gehabt mit seinem Wort: „Vater werden ist nicht schwer." Auch wenn die letzten Stunden vor diesem Ereignis an die Nerven gehen: plötzlich ist man Vater. Man wird beglückwünscht, ist auch stolz darauf, aber was das bedeutet, „Vater sein", das wird einem erst allmählich klar. Und dazu bekommt der junge Vater nicht viel Hilfe von seiner Umwelt oder gar von der Gesellschaft. Die weiß gar nichts Rechtes mit ihm anzufangen. Rund 150 Jahre hat sie – wenigstens bei uns in Europa – versucht, die „Herrschaft der Väter" zu brechen. Das Werk unserer großen deutschen Dichter ist gar nicht denkbar ohne diese Auflehnung gegen die Väter und ihre damalige Rolle. Sie waren unbeschränkte Herren ihrer Familie, sie bestimmten Lebensweg, Beruf und Lebensgefährten der Kinder. Sie waren im kleinen das, was der „Landesvater", der „Heilige Vater" im großen waren: unbefragte Autorität.

Diese Stellung haben eineinhalb Jahrhunderte grundlegend geändert. Die am Vater orientierte „patriarchalische" Gesellschaft wurde demokratisiert, die Frau wurde dem Manne gleichberechtigt, der Vater verschwand durch die Industrialisierung aus dem täglichen Gesichtskreis der Familie. Er wurde in seiner Rolle „verunsichert". Die Folge war weitum Resignation. In einem Elternkreis drückte das ein Vater so aus: „Wißt ihr, was wir für unsere Kinder sind: der Esel-streck-Dich, der möglichst viel Geld abliefert, und sonst sind wir nichts." Man möchte ihm fast rechtgeben, wenn man in einer Untersuchung die Meinung eines 18jährigen Gymnasiasten liest: „Unser Vater ist nicht mehr der

Mensch, dem man Liebe, Gehorsam und Dankbarkeit schuldet. Er ist unser Ernährer und pflichtgemäßer Geldgeber."

Resignation ist aber ein schlechter Ratgeber. Zudem scheint sich eine Änderung der Rollenunsicherheit abzuzeichnen. Im Gefolge neuester pädagogischer Überlegungen zur Rolle der Familie insgesamt, einer partnerschaftlichen Familie, wird auch wieder sachlicher über den Vater und seinen Beitrag diskutiert.

Erstaunlich war schon vor einigen Jahren der Erfolg des DGB-Plakates zum 1. Mai „Am Samstag gehört Vati mir". Es hat für die Durchsetzung des freien Wochenendes mehr geleistet als viele Reden.

Warum? Weil damit eine der Grundfunktionen des Vaters in der Familie angesprochen wurde: für das Kind dazusein. Es wäre geradezu lächerlich, die Eigenschaften oder gar den „Wert" von Mutter und Vater gegeneinander aufzurechnen. Entscheidend ist, daß von beiden der Beitrag geleistet wird, der für das Ganze, das Wohl der Familie, notwendig ist.

Psychologen sagen, daß sich das Leben eines Kindes nicht anders entfalten kann als im Zusammensein. „Sozialisation", der lebendige Bezug des einzelnen zu seiner Umwelt, ist ein Reifungsprozeß, in dem die Eltern eine entscheidende Rolle spielen. Das Kind, kaum geboren, hält sich an den, von dem Sicherheit und Geborgenheit ausgehen. Und gerade darin zeigt sich auch die Aufgabe des Vaters. In seiner Person erlebt und erfährt das Kind Schutz, Geborgenheit, Ordnung. Man hat so lange den Vätern – oder diese sich selbst – vorgeredet, daß Kindererziehung „Frauensache" sei, bis sie es geglaubt haben. Heute wissen wir, daß im Zusammenspiel beider Faktoren, des Mütterlichen und des Väterlichen, das Geheimnis des Erziehungserfolges liegt. Ein Kind fühlt sich dann wohl, wenn es sich angenommen weiß. Und dazu gehört neben der Mutterliebe die Erfahrung, einen Vater zu haben. Seine männliche Art der Liebkosungen, die Andersartigkeit seiner Stimme, die Sicherheit, die von ihm ausgeht, all das gibt eine entscheidende Grunderfahrung im Leben.

Wir sind inzwischen – Gott sei Dank – weit entfernt von der Haltung, das Baby als zerbrechliche Kostbarkeit vor den „tollpatschigen" Männerhänden bewahren zu wollen. Vom ersten Tag an gehört der Vater in das Leben des Säuglings. Es kann ihm nur nützen, wenn er durch einen Säuglingspflegekurs Grundkenntnisse für sein neues „Amt" mitbringt. Er ist dann nicht gar so hilflos, wenn er einmal allein für das

Baby sorgen muß. Johannes XXIII., der in sympathischer Weise das „Vaterbild“ verwirklichte, sagte einmal: „Es ist für einen Vater einfacher, Kinder zu haben, als für Kinder, einen richtigen Vater zu haben.“

Dabei wird es den Vätern von den Kindern so leicht gemacht: das Kleine bringt dem Großen, Kräftigen sein felsenfestes Vertrauen entgegen. Der Vati, der weiß alles, der kann reparieren, was kaputt ist. Auf Vaters Schultern kann man so herrlich reiten. Wo der Vater ist, da kann einem eigentlich nichts passieren. Mich hat es einmal richtig nachdenklich gemacht, als ich ein Gespräch zwischen unserem vierjährigen Sohn und meiner Frau zufällig mit anhörte. In einer stürmischen Nacht war ich spät heimgekommen. Das Heulen und Klappern ums Haus hatte den Kleinen wach gemacht, und er konnte vor Angst nicht mehr einschlafen. Als die Mutti aber sagen konnte: „Schlaf jetzt schön, jetzt ist der Vati auch daheim“, da seufzte der kleine Mann ganz tief und sagte: „Wenn der Vati da ist, da brauchen wir zwei keine Angst mehr haben, gell, Mutti.“

Natürlich wissen wir selbst genau, daß es mit dieser „Sicherheit“ in uns nicht so weit her ist. Für das Kind aber ist es ein Halt im Leben. Nichts bindet mehr als Vertrauen. Und dieses wird grundgelegt zu einer Zeit, in der das Kind sich dessen noch nicht bewußt ist. Es erlebt, erfühlt, spürt einfach, daß da einer ist, auf den es sich verlassen kann. Es fühlt sich geborgen in der Liebe der Eltern. Man kann für sein Kind nichts Besseres tun, als seine Mutter zu lieben. Mangelnde Liebe, fehlendes Vertrauen schadet jedem Menschen. Ganz besonders aber dem Kleinkind. Eintracht von Mutter und Vater, Verständnis der beiden füreinander sind für das Kind von großer Wichtigkeit. Einheit ist nicht die Frucht strenger Gesetze, wie man lange glaubte. Einheit muß gelebt werden im Alltag, vom Vater als Person.

Vertrauen hat den Begriff der „Autorität“ abgelöst. Im Wort „Vertrauen" steckt das Wort „Treue". Zum Urvertrauen des Kleinkindes in den starken Vater tritt mit der Zeit die Erfahrung, daß da einer ist, der es gut meint. Auch wenn er Forderungen stellt, wenn er Ordnung verlangt, wenn er Grenzen zieht. Und das gehört zu seinen Aufgaben in der Funktionsteilung zwischen Mann und Frau. Daß Ordnung etwas Gutes ist – und nicht als „law and order", als Vergewaltigung empfunden wird –, das kann das Kind vom und am Vater erleben. Das bedeutet nicht, daß er im Rollengefüge der Familie den „Schutzmann" zu spielen hätte. Aber im Erziehungsalltag einer Industriegesellschaft lebt das Kind den ganzen Tag mit der nichtberufstätigen Mutter zusammen, während der Vater nur am Abend und am Wochenende in diese Beziehung eintritt. Das ständige Zusammensein mit dem Kind birgt für die Mutter die Gefahr, sich zu sehr mit ihm einzulassen. Der Vater kommt von außen, er hat jeden Tag die Möglichkeit, auf Distanz zu gehen. Das gibt ihm die Chance, das Kind objektiver zu beurteilen und objektiver über sein Verhalten zu urteilen. Er kann – und das ist mit dem Begriff „Ordnung" gemeint – in den Intimkreis der Familie Sachlichkeit und Beständigkeit einbringen. Das ist aber unmöglich, wenn er daheim den Besucher spielt. Er muß sich viel Zeit nehmen für das Kind. In der Entwicklungsphase bis zum Schulalter muß das vertrauensvolle Verhältnis zwischen Kind und Vater geschaffen werden, das dann in den kritischen Jahren der Pubertät noch durchträgt. In dieser Zeit wird das Bild vom „Mann", vom „Vater", vom „Gatten" im Kind geprägt. Im Spiel, im Wandern, im ernsthaften Gespräch mit dem Vater erfährt es von der „Welt", der Welt außerhalb der Familie. Denn es gehört zur Aufgabe des Vaters, erste soziale Grunderfahrungen zu vermitteln.

Und am Erlebnis des eigenen Vaters wächst die religiöse Vorstellung vom „Vater im Himmel". Wenn das Kind hört, daß Gott wie ein Vater sei, so bedeutet das: Gott ist wie mein Vater. Sein Verhalten im Alltag, seine Reaktion auf Fehler, seine Geduld oder seine Nervosität, seine Wertmaßstäbe sind der Hintergrund für das Gottesbild des Kindes. Wenn ein zwölfjähriger Junge den Satz schreiben konnte: „Familie ist, wo, wenn man etwas ausgefressen hat, man nicht hinausgeworfen wird", dann hat er einen Vater erlebt, der den Zugang zum barmherzigen Gott ermöglicht.

Hermann J. Kreitmeir

DER BERUF DES MANNES

Wer hat denn eigentlich die Meinung angebracht, es sei der Mann, der mit seiner Hände Arbeit die Familie ernähren müsse?

In Afrika habe ich es oft anders gesehen.
Da steht die Frau auf dem kargen Acker, das Kind auf dem Rücken und die Hacke in der Hand. Da hockt sie am Straßenrand und bietet Zwiebeln, Erdnüsse, Apfelsinen und andere Produkte ihres Ackers an. Da ist sie Händlerin und Geschäftsfrau. Da gehören ihr die buntbemalten Mamy-Lorries, die mit Menschen und Waren vollgepfropft über die staubigen Straßen Ghanas rappeln. Und der Fahrer im verschwitzten Hemd am Steuer, das ist vielleicht ihr Mann und Angestellter zugleich.

Der Mann: Beschützer oder Ernährer

Vielleicht stammt das alles noch aus der Zeit, wo der Mann mehr Beschützer als Ernährer sein mußte, wo er die arbeitenden Frauen mit Speer und Keule gegen wilde Tiere und feindliche Stämme zu verteidigen hatte. Diese Zeit liegt in Afrika kaum hundert Jahre zurück, bei uns aber schon Jahrhunderte. So hat der Mann die Hände frei, um seiner Familie nicht durch Waffen, sondern durch Arbeit zu dienen.
Aber der Kampf hört damit nicht auf. Nur wird er nicht mehr mit dem Schwert, sondern mit Ellenbogen und Intrigen geführt. Und die Wunden, die er dabei davonträgt, verletzen anfangs nur die Seele. Aber da sie mit dem Körper unauflöslich verheiratet ist, wirken sich ihre Wunden auch auf ihn aus. Ärger über ungerechte Behandlung durch einen

Vorgesetzten erzeugt ein Magengeschwür, und der Streß eines pausenlosen Konkurrenzkampfes kann zum Herzinfarkt führen.
Wenn der Mann dann abends nach Hause kommt, ist er oft mehr müder Krieger als strahlender Held. Dann braucht er eine Frau, die seine unsichtbaren Wunden pflegt. Die ihn nicht gleich an der Tür mit der Klage empfängt: „Der Peter hat in Mathe eine Fünf." Oder: „Die Waschmaschine ist kaputt. Die mußt du gleich mal nachsehen."
Eine kluge Ehefrau sieht dem Mann schon gleich an der Nase an, ob er Ärger hatte im Betrieb oder einen besonders anstrengenden Tag. Sie überschüttet ihn dann nicht mit einem Wortschwall und belastet ihn nicht mit neuen Problemen. Sie empfängt ihn mit einem freundlichen Wort, einer aufgeräumten Wohnung und einer Tasse Kaffee. Dann kann er erst einmal abschalten, zu sich selbst kommen, Atem schöpfen. Dann empfindet er sein Heim wie eine Fluchtburg, in die er sich nach hartem Kampf zurückziehen kann und wo er vor seinen Feinden sicher ist. Wo er neue Kraft schöpft, ehe er sich wieder ins Getümmel stürzt. Die Frau darf sich nicht wundern, wenn er erst wortkarg und schweigsam ist, wenn er gedankenlos in der Zeitung blättert oder sich einfach vor den Fernseher hockt. Schließlich hat er manchmal den ganzen Tag reden müssen. Gönnt sie ihm ein wenig Ruhe, wird er meist schon selbst auftauen, sich nach dem Verlauf ihres Tages erkundigen, nach den Kindern fragen und sich für die häuslichen Probleme interessieren. Denn er ist nur zu gern der starke Mann, zu dem die Kinder aufschauen, an dessen Schulter die Frau sich ausweinen kann und der die häuslichen Probleme souverän löst. Die kluge Ehefrau tut gut daran, ihm dies Gefühl der Stärke zu geben, seine beruflichen Leistungen zu bewundern und die Autorität des Vaters auch bei den Kindern zu stärken.
Für die Kinder darf er nicht der Mann sein, der selten zu Hause ist und nur abgekämpft nach Hause kommt. Der daheim nichts zu sagen hat, weil die stets gegenwärtige Mutter alles, was den Kindern wichtig erscheint, allein regelt. Dessen Ernährerrolle nie sichtbar wird, weil sich die Übergabe des sauer verdienten Geldes an die Mutter unsichtbar vollzieht. Weil sie es ist, die alles einkauft, Geschenke besorgt und Geschenke verteilt.
Die kluge Ehefrau wird immer wieder vor den Kindern betonen, daß alles Geld vom Vater kommt, daß er dafür hart arbeiten muß, daß sie ohne ihn weder eine nette Wohnung noch einen Wagen hätten. Ihre

eigene Rolle ist den Kindern augenscheinlich genug, und ihre eigene Position wird durch solche Hinweise nicht geschwächt.
Im Gegenteil! Nur der Mann, der in der Familie Liebe und Anerkennung spürt, wird den harten Berufskampf durchstehen und noch Kraft übrig haben, seiner Frau in ihren häuslichen Problemen zur Seite zu stehen: beim Papierkrieg mit Versicherungen und Behörden, beim Besenstiel, der abgegangen ist, bei einem Zank mit der Nachbarin, über den sie sich erregt hat, oder auch einfach bei jenem diffusen Gefühl des Weltschmerzes, der jede Frau zuweilen überkommt. Dann braucht sie jemanden, der da ist, der ihr zuhört, der sie einmal schützend in den Arm nimmt und mit ein wenig Humor alles wieder zurechtrückt.
Die Ehe ist eben ein ständiges Geben und Nehmen. Mal braucht der eine Aufmunterung, mal hat der andere Trost nötig. Je mehr man dem andern gibt, desto mehr kann er zurückgeben.

Beruf: Ausflucht oder Überforderung?

Es gibt aber auch Frauen, die machen das Heim für den Mann nicht zur Fluchtburg, in die er sich nach dem Berufskampf zurückziehen kann, sondern zum Alptraum, den er flieht. Das sind die Putzteufel, denen penible Ordnung über Gemütlichkeit geht, die Langweiligen, die den Mann anöden, oder die ewig Nörgelnden, die mit Gott und der Welt unzufrieden sind und den Mann bei der Heimkehr mit Klagen überschütten. Solche Frauen treiben ihn ins Wirtshaus oder in den Beruf. Wen daheim keine Gemütlichkeit erwartet, der findet immer einen Grund, um Überstunden zu machen. Manche Karriere ist weniger dem Ehrgeiz des Mannes als der Ungemütlichkeit seiner Frau zu verdanken. Der Mann stürzt sich dann mit wahrer Wut in seine Arbeit, macht Überstunden und Fortbildungskurse, Dienstreisen oder Konferenzen. Was als Fleiß erscheint, ist nichts anderes als Beschäftigungstherapie, die von privaten Problemen ablenken will. Er sucht jetzt im Beruf, was er daheim nicht findet: Erfolg, Anerkennung und die Zufriedenheit, die aus dem Bewußtsein erbrachter Leistung erwächst. Nur zu schnell ist dann auch eine Mitarbeiterin bereit, den Unverstandenen zu verstehen, den Einsamen zu trösten und den Erfolgreichen zu bewundern. Sie umsorgt ihn im Büro, serviert ihm liebenswürdig Kaffee, räumt seinen Schreibtisch auf und verschafft ihm mitten im Trubel der Arbeit ein wenig von jener Ordnung und Gemütlichkeit, die er daheim vermißt.

Daß es ihn dann noch weniger nach Hause zieht, versteht sich ganz von selbst.
Es können aber auch die Ansprüche der Frau sein, die den Mann zu beruflichen Höchstleistungen und entsprechendem Geldverdienen antreiben. Wenn sie ihm pausenlos in den Ohren liegt:

„Frau Schmitz hat schon wieder einen neuen Pelzmantel", oder: „Müllers haben schon wieder einen neuen Wagen", oder „Herr Meier ist schon wieder befördert worden. Warum schaffst du das denn nicht?", dann ist sie wie ein Reiter, der dem Pferd dauernd die Sporen gibt. Und mancher Reiter dieser Art hat schon sein Pferd zu Tode gehetzt.
Wenn die Frau dann endlich Pelzmäntel im Schrank, einen schicken Wagen in der Garage und ein Eigenheim im Grünen hat, ist der Mann oft gesundheitlich ein Wrack und die Ehe ruiniert. Denn berufliche Höchstleistungen erfordern Zeit und Kraft, die der Ehe dann fehlen. Berufliche Überforderung aber verschleißt den Mann genauso schnell wie ständiges Vollgasfahren den Wagen.

Beruf: Fronarbeit oder bezahltes Hobby!

Nur im Idealfall ist der Beruf weder reiner Broterwerb, noch Beschäftigungstherapie, noch Fronarbeit, sondern so etwas wie ein bezahltes Hobby. Das kommt noch am ehesten bei sozial engagierten oder kreativen Menschen vor: bei Fotografen und Ärzten, Journalisten und Lehrern, Schauspielern und Graphikern. Bei Leuten, die auch unbezahlt gern täten, was sie beruflich gegen Entlohnung tun. Aber selbst bei diesen hört man oft die Klage: „Wenn ich doch so viel Geld hätte, daß ich nicht immer unter Termin- und Auftragsdruck stände! Daß ich einmal in Ruhe an einem Buch, einem Film, einem Entwurf arbeiten könnte! Daß ich mich so lange damit beschäftigen könnte, bis die Sache richtig ausgereift ist!"

Aber dieselben Leute geben oft auch zu, daß sie nur unter Druck die höchsten Leistungen erbringen und ohne Terminzwang in Lethargie verfallen. Zur Arbeit braucht der Mensch eben stets Impulse, mögen es nun Sonnenglut oder Regenflut sein, die ihn den Hüttenbau lehrten, der Hunger, der ihn zum Ackerbau zwang, die Notwendigkeit, am Ersten die Miete zu zahlen, oder einfach das gegebene Versprechen, bis Donnerstag ein Manuskript abzuliefern.

Im Grunde genommen hat jeder Beruf von allem ein wenig, wenn auch die Dosierung unterschiedlich ist. Er ist existenznotwendiger Broterwerb und zur Selbstbestätigung notwendiges Erfolgserlebnis. Er ist Einerlei und Abwechslung, Ärger und Anregung, Last und Funktionslust. Etwas, über das man stöhnt, und etwas, das einem fehlt, wenn man krank oder pensioniert ist.

Die Frau beneidet den Mann um die Abwechslung des Berufes, und der Mann beneidet die Frau um die Freiheit des Hausfrauendaseins: daß sie einen Mittagsschlaf und einen Plausch mit der Nachbarin machen kann, daß sie das Haus jederzeit verlassen und sich ihren Tag selbst einteilen darf. In einer guten Ehe wird man für einen Ausgleich sorgen. Die Frau verschafft dem Mann abends die ersehnte Ruhe, und der Mann wird der Frau wenigstens am Wochenende die vermißte Abwechslung bieten.

Hansjosef Theyßen

– UND IHR BERUF?

Auch ein Mädchen braucht eine ordentliche Ausbildung. Wie sollte sie sonst ein erträgliches Leben führen, wenn sie nicht heiratet? Wie könnte sie ihre Kinder ernähren, wenn der Mann erwerbsunfähig wird oder stirbt? Verkehrsunfälle und Krebstod stehen nicht nur in der Zeitung. Sie greifen täglich in viele Familien ein, und sie ereignen sich häufig, bevor der Mann eine leidliche Altersversorgung für seine Hinterbliebenen erarbeitet hat. Und schließlich, auch wenn man zu Beginn des gemeinsamen Lebensweges daran nicht denken mag: wo ist die Garantie für dauerndes Eheglück und dadurch gesicherte Versorgung? Wohl der Frau, die, unversehens auf sich selbst gestellt, in einen Beruf einsteigen kann.
In einem Familienbetrieb oder in einem landwirtschaftlichen Unternehmen würde man es einer Frau eher übelnehmen, wollte sie sich den gemeinsamen Aufgaben entziehen.
Aber: soll, darf, kann eine verheiratete Frau berufstätig sein, wenn sie die Wahl hat, es auch bleibenzulassen? Bei diesem Thema erhitzen sich die Gemüter, und die Fronten sind unversöhnlich. Ist die Frau „daheim“ die Leibeigene der Familie? Ist die Berufstätige eine Rabenmutter, Egoistin, die sich zu gut vorkommt für den häuslichen Kleinkram?
Versuchen wir eine Antwort, und zwar – trotz der Gefahr, als unrettbar konservativ zu gelten – nicht von der ideologischen, sondern von der praktischen Seite.

Zu zweit kann man's lernen

Vor einigen Jahrzehnten schickte es sich, daß die Frau bei der Hochzeit den Beruf aufgab, sofern sie überhaupt einen Beruf hatte und sofern beide zu jenen Schichten gehörten, die von einem einzigen Einkommen leben konnten. Der Mann, der etwas auf sich hielt, zeigte, daß er sich Frau und Kinder leisten konnte. Heute fragt man sich, was eine Frau den ganzen Tag in einer kleinen Wohnung tun soll. Die alltägliche Hausarbeit allein, so raffiniert man sie betreiben mag, ist für einen erwachsenen Menschen keine ausfüllende Beschäftigung – auch wenn dieser Mensch weiblichen Geschlechts ist. Und ein finanzieller Beitrag zum Lebensunterhalt ist ohnehin willkommen.

So scheint vielen Paaren noch bei der Hochzeit die Berufstätigkeit beider Partner selbstverständlich. Daß sie es nicht ist, merken sie später. Mancher junge Mann stellt nach einiger Zeit der „Ehe mit berufstätiger Frau“ Regungen des Grolls in seinem Inneren fest, die er nicht erwartete. Ist er denn nicht modern? Ist er nicht für die Gleichberechtigung der Frau? Profitiert er nicht vom doppelten Einkommen? O doch. Aber er erwartet schließlich ein gemütliches Heim, eine heitere Gefährtin, die ihn ausgeruht und aufgeschlossen empfängt. Nun hat seine Liebste anderes im Kopf, und nicht immer Erfreuliches.

„Du bist nicht recht verfügbar!“ sagte ein Bekannter zu seiner Frau. Ein Schlüsselwort! Denn wenn sich auch die Ansichten über Fähigkeiten und Rechte des weiblichen Teils der Menschheit geändert haben mögen, wenn auch kein junger Mann mehr lauthals die patriarchalische Besitzehe zu verfechten wagt: dank alter Tradition lebt noch immer das Gefühl, mit der Eheschließung erwerbe der Mann das Anrecht auf eine Person, die in jeder Beziehung für ihn dazusein hat. Im Vergleich zu dieser Haltung wird vom Mann heute ein Verzicht verlangt und darüber hinaus sogar häufig noch persönlicher Einsatz, weil zwei Berufstätige einen gemeinsamen Haushalt nur gemeinsam bewältigen können.

Zum Glück sind viele Männer in diesem Punkt heute ganz gut auf den Stand der Ehe vorbereitet. Die Künste des Einkaufens, des Kochens, des Aufräumens, der Bedienung von Waschmaschine und Staubsauger werden auch von Vertretern des männlichen Geschlechtes beherrscht. Schwer tut sich, wer's zu Hause nicht durfte, weil er Sohn und nicht Tochter war. Aber die Liebe erleichtert das Lernen. Auch nicht jede junge Ehefrau ist firm in Sachen des Haushalts. Man kann gemeinsam Fortschritte machen, und wenn die Vorkenntnisse nicht ausreichen, helfen Kurse oder Lehrbücher. Nur der gut organisierte Haushalt wird nicht lästig; die männliche Mitwirkung könnte zu neuen Erfolgen in diesem Betriebszweig führen.

Partnerschaftliche Ehe: das ist noch keine übernehmbare Tradition, eher ein Ideal, das zu verwirklichen wir erst lernen müssen. Noch gilt zum Beispiel, daß der im Haushalt tätige Mann der Frau freundlicherweise einen Teil *ihrer* Arbeit abnimmt. Sie dankt ihm so herzlich, wie ihr gerade zumute ist. Partnerschaft heißt aber: beide gehen gemeinsam ans Werk, das beide gleich angeht, sie teilen die Arbeit (sie halbiert sich); sie teilen die Freude (sie wird doppelt). Eine alte Weisheit; neu ist nur ihre Anwendung in vielen Bereichen des Ehealltags.
Berufstätigkeit beider Eheleute setzt echte Partnerschaft voraus. Wenn beide bereit sind, diese Partnerschaft zu erlernen, kann die Tätigkeit der Frau eine Bereicherung für die Ehe sein. Die selbständige Frau ist nicht nur naives Echo ihres Mannes, sondern auch Anregerin. Und wenn seine Laufbahn stärkeres Engagement verlangt, braucht er nicht um die gelangweilte Frau daheim zu bangen.

Aber die Kinder . . .

Wie aber, wenn sich ein Kind anmeldet? Schwangerschaft und Wochenbett, vom Mann bei aller Partnerschaft nicht übernehmbar, setzen einen eindeutigen Einschnitt in die Berufstätigkeit der Frau. Und danach? Tatsache ist: es gibt heute bei uns keinen vollwertigen Ersatz für die Versorgung des Kindes durch die Mutter.
Das kleine Kind braucht vom ersten Tag an eine bestimmte Person, in deren Liebe es wachsen kann; es braucht zuverlässige Pflege, Echo, Anregungen, Trost und Schutz. Die leibliche Mutterschaft ist für diese lebenswichtige Beziehung zwar nicht Voraussetzung, wohl nicht einmal das weibliche Geschlecht. Aber da die Frau das Kind gebiert und stillt, da die Großmütter nicht immer in der Lage oder willens sind, noch einmal Mutter zu spielen, da eine Pflegerin so viel kostet, wie die Frau im Beruf kaum verdient, da schließlich nach allem, was wir über die frühkindliche Entwicklung wissen, die Erziehung in einem Heim, die Aufbewahrung in einem Pflegenest nur im äußersten Notfall zu verantworten ist, weil sie immer einen Schaden bedeutet – aus all diesen Gründen wird es eben doch meist die leibliche Mutter sein, die mehrere Lebensjahre den Kindern widmet.
Das Wachsen eines Kindes mitzuerleben ist auch heute noch ein großes Glück, sicher nicht zu überbieten von der Mitwirkung in irgendeinem Produktionsprozeß. Man sollte nicht so tun, als müsse jede Frau, die

ihre außerhäusliche Arbeitsstelle verläßt, um Mutter zu sein, die Existenz der Ballkönigin mit dem Aschenputteldasein vertauschen. Doch auch das fröhlichste Kinderlachen täuscht nicht darüber hinweg, daß einer Mutter, die den ganzen Tag mit keinem erwachsenen Menschen redet, gelegentlich die Decke über dem Kopf zusammenfällt.

Sicher, auch im Beruf gibt es trübe Stunden. Aber wenn einem Chef, Kollege, Arbeitsplatz zuwider sind, bleibt als Trost der Gedanke an einen Stellenwechsel. Dieses Trostpflaster hat die Ehefrau und Mutter nicht.

Sie kann und muß andere Heilmittel gegen die Einsamkeit mit dem Kind suchen. Am Spielplatz ergeben sich Bekanntschaften. Gleichgesinnte Mütter können sich gegenseitig die Kinder zeitweise abnehmen. Gelegentlich zwei Babies zu versorgen und dafür zu anderer Zeit frei zu sein ist besser, als sich unrettbar angehängt zu fühlen. Zeitschriften, die Babysitterringe anregten, hatten große Erfolge. Wenn mehrere sich zusammentun wollen, bewähren sich Marken als „Zahlungsmittel“ für geleistete Stunden; sie sorgen dafür, daß niemand ausgenutzt wird. Da läßt sich manches durchführen, wozu früher keine Gelegenheit war.

Und der Beruf? Der vielleicht sogar geliebte Beruf?

Bei nur zwei Kindern im Durchschnittsabstand von zwei Jahren dauert es schon fünf Jahre, bis das jüngere (wenn man Glück hat) in den Kindergarten kommt und die Mutter wenigstens teilweise wieder freigibt. Aber nicht nur das Kleinkind braucht die Mutter. Mehr und mehr Kindergärten verlangen die Mitarbeit der Familie; die Kirche legt die religiöse Erziehung vertrauensvoll in die Hand der Eltern, die Schulen erwarten aktive Unterstützung zu Hause. Das kostet Zeit zum Einarbeiten in die verschiedensten Fragenkreise, Kraft zum Lernen.

Und wenn die Mutter sich Jahre und Jahre all diesen Aufgaben unterzogen hat, verantwortungsbewußt, selbstlos und eben doch ausgefüllt, dann kann sie mit zwei Vorwürfen rechnen: erstens, es falle ihr schwer, die Kinder freizugeben, sie wolle sie in mütterlichem Egoismus festbinden als ihren einzigen Lebensinhalt; und zweitens: sie habe nichts anderes im Kopf und im Herzen als Kinder und Küche, und wenn die Kinder hinausziehen, bleibe eben nur noch – nun ja, nicht besonders viel.

Das gilt gewiß nicht mehr. Die Frau, die einmal gelernt hat, Beruf und

Haushalt miteinander zu verbinden; die später die Kindererziehung nicht ihren zufälligen Eingebungen überließ, sondern sich intensiv damit befaßte; die sich im Kindergarten und in der Schule einsetzte, verlernt während der Zeit „daheim" weder das Denken noch den Umgang mit Menschen. In den Jahren „nach" der Kindererziehung findet sie Aufgaben genug: in sozialer Tätigkeit, vielleicht ehrenamtlich, falls kein weiteres Einkommen nötig ist; oder im erlernten oder in einem neuen Beruf.

Trotzdem ist der Übergang zur dritten Lebensphase und auch der plötzliche Einsatz als Ernährerin der Familie leichter, wenn der Beruf nicht über Jahre völlig vernachlässigt wurde. Teilzeitarbeit ist kein Zauberwort, aber für viele Frauen der einzige Schleichweg, der die zwei Ziele „Kinder" und „Beruf" miteinander verbindet. Polemiken nützen nichts. Wer lauthals nach Emanzipation schreit und damit ausschließlich das Recht der Frau auf volle Berufstätigkeit meint, will ein Joch erkämpfen, das härter drückt als der Hausfrauenalltag und der „Emanzipation" höchstens kürzere Lebenserwartung einbringt. Er arbeitet jenen Industriezweigen in die Tasche, die auf weibliche Hände angewiesen, aber nicht am erfüllten Frauenleben, sondern an gefüllten Kassen interessiert sind. Beide Eltern gleichzeitig können nicht Karriere machen, und die Fälle, in denen Männer sich dem Haushalt widmen, während die Frau den Duft der großen weiten Berufswelt genießt, sind vorerst noch Sensationsstoff der Illustrierten.

Ganztagsarbeit beider Eltern bedeutet den Rückzug aus der Familie. Wer hat dann noch Freude daran, ein Fest vorzubereiten! Wer hat Kraftreserven, um Mißgeschick und Unglück zu bestehen? Wer hat Ruhe dazu, Erlebtes zu vertiefen, erfreuliche Atmosphäre zu schaffen, Humor zu bewahren, damit zu Hause nicht nur Essen und Schlafstätten zu finden sind, sondern Erholung, Heiterkeit, Entspannung?

Teilzeitarbeit läßt Kraft dazu übrig; eine Frau müßte schon eine außergewöhnliche Stellung haben, wenn der Gewinn aus dem Einsatz für die Familie nicht den Verzicht auf volle außerhäusliche Arbeit aufwiegen sollte. Für einzelne Stunden oder bestimmte Tage läßt sich auch die Versorgung der Kinder eher organisieren. Wer eine qualifizierte Ausbildung hat, findet oft gute Arbeitsmöglichkeiten (und erhält eher ein Honorar, das die Entlastung der Mutter von manchen häuslichen Pflichten gestattet): da ist die Zahnärztin, die jede Woche einen Tag lang einen Kollegen in der Praxis vertritt; da ist die Architektin, die von

„ihrer“ Firma einzelne Projekte übertragen bekommt; die Übersetzerin, die zu Hause Aufträge ausführt, die Sekretärin, die in ihrem Betrieb als Urlaubshilfe geschätzt ist, die Graphikerin, die zu Hause Bücher illustriert oder Designs für Stoffe und Papier entwirft, die Lehrerin, die ein Teildeputat bekommt, die Buchhalterin, die stundenweise arbeitet, die Verkäuferin, die in Stoßzeiten eingesetzt wird.
Das alles sind Lösungen, die vielen ideal erscheinen. Leicht haben es auch diese Frauen nicht. Im Beruf gelten sie oft nicht als vollwertig; zu Hause, wo man erst auf dem Weg zur Partnerschaft ist, hören sie bei jeder Schwierigkeit: „Warum mußt du auch arbeiten?“, und da sie gern beweisen möchten, daß sie ebenso gute Mütter sind wie die Nichtberufstätigen, laufen sie ständig Gefahr, sich zu überfordern.

*

Zwang zur Arbeit? Sehnsucht nach dem Beruf? Möglichkeit zu außerhäuslichem Einsatz? Jede Frau, jede Familie hat heute damit zu tun. Weder die Berufstätigkeit der Frau, noch ihr Verzicht darauf, noch die Teilzeitarbeit garantieren ständige Zufriedenheit aller Betroffenen. Es ist schon viel, wenn Mann und Frau und später die heranwachsenden Kinder zu offenem Gespräch über dieses Thema finden, ohne Verbitterung und in der Bereitschaft, sich einer für jeden einzelnen und für die Familiengemeinschaft glücklichen Lösung immer mehr zu nähern.

Gerda Röder

UNSERE FAMILIE WÄCHST

Lieber Klaus,
mach Dir das
Essen im Ofen
warm – es kann
spät werden
spiel schön
Du bist ein Schatz!
Mutti

WAS KINDER BRAUCHEN

Der Säugling:

Geregelte Pflege durch die Mutter, eine heitere, lärmfreie Umwelt, liebevolles Angesprochenwerden.

Das Kleinkind:

Gleichmäßig heitere Stimmung in der Umwelt als günstiges Wachstumsklima, Konsequenz in der Erziehung, äußere schrittweise Ertüchtigung, Ermutigung, Lob, Erziehung zur Selbständigkeit (Waschen, Anziehen, Helfen beim Hausputz), Wecken bestimmter Anlagen (Wecken des Gewissens, Erziehung zur Selbstbeherrschung, zur Liebesfähigkeit, zur Verantwortlichkeit, zur Rücksichtnahme), Bildung der Phantasie durch ungestörtes Spielen mit einfachsten Spielsachen (Klötzen, Schachteln usw.), religiöse Erlebnisse, erste, dem Alter entsprechende Einführung in die hauptsächlichsten Glaubenswahrheiten – Kirchgang, Orgelspiel, andächtige Beter, Vorbereitung auf Frühkommunion, Übung in der Gewissenserforschung, gute Vorbilder in Vater und Mutter, denen die kleinen Kinder ähnlich werden wollen. Zu achten ist auf Auffälligkeiten wie Nägelbeißen, Bettnässen, Einschlafrhythmen. Diese „Körpersprache" der Kinder ist meist Antwort auf falsche Erziehungsmaßnahmen. Das Wesentliche ist: Gute Gewohnheiten mit Ausdauer und Nachdruck und Geduld bilden.

Das Schulkind:

Geborgenheit in der Familie, Vertrauen bei allen Dingen zu Vater und Mutter, Freisein von Angst, eine verständige Stütze an den Eltern in allen Schulangelegenheiten, Ernstnehmen der Schulpflichten des Kindes seitens der Eltern, Ermutigung, Pflege all der Anlagen, die beim Kleinkind geweckt worden sind, wenn notwendig sinnvolle Strafe

(Wiedergutmachen des Schadens durch eigene Anstrengung, kleines Taschengeld, zeitweiliger Ausschluß aus der Gemeinschaft). Keine Prügelstrafe!! Auf Auffälligkeiten achten. Streunen, Lügen, Stehlen, übermäßige Naschhaftigkeit, sexuelle Nöte sind meist Folgen eines Liebesmangels. Gewissenserforschung der Eltern ist stets notwendig. Besondere Beachtung verlangen die geschlechtliche und die religiöse Erziehung.

Der Jugendliche im Reifealter:

Das rechte Maß an Freiheit und Zucht, die volle Aufklärung über Zeugung und Geburt durch die Eltern. Eltern, die hier versagen, berauben sich des Vertrauens ihrer Kinder. Möglichkeit zu vielseitiger Betätigung, Freundschaft und Kameradschaft mit Gleichgeschlechtlichen, Bindung an eine gute Jugendgruppe, Geselligkeit in der Familie, Möglichkeit, Freunde und Freundinnen mit in die Familie zu bringen. Wichtig ist die Geborgenheit in einer harmonischen Familie, Rücksicht auf den krisenhaften Zustand der Jugendlichen, Weiterführung und Anpassung der religiösen Erziehung an das Reifealter. Pflege des sakramentalen Lebens. Alles in allem: sein Kind beobachten, seine Anlagen und Entwicklungsmöglichkeiten erkennen und mit dem Herzen erspüren. Schlechten Anlagen durch die Bildung guter Gewohnheiten entgegenwirken – die Kinder *lieben* und noch einmal *lieben,* dann wird es mit Gottes Hilfe gutgehen.

Gusti Gebhardt

KINDER CHRISTLICH ERZIEHEN?

In der Diskussion mit Schülern und Studenten kann man heute häufig die Meinung hören, es sei ein Unrecht, Kinder religiös zu beeinflussen, denn damit mache man dem Kind die freie Glaubensentscheidung unmöglich. Es sei besser, die Kinder nicht auf einen bestimmten Glauben festzulegen, ihnen zu einem bestimmten Zeitpunkt – etwa mit vierzehn Jahren – die verschiedenen Konfessionen und Religionen vorzustellen und die Möglichkeit zu geben, sich die ihnen passende auszusuchen.
Dagegen hörte ich vor einiger Zeit einen guten Einwand. Ein Vater erklärte:
„Ich würde sofort einverstanden sein, wenn Sie mir erklären könnten, wie ich es anfangen soll, meine Kinder nicht religiös zu beeinflussen, wenn ich selbst ein religiöses Leben führe. Das Recht, selbst nach meinen religiösen Grundsätzen zu leben, gestehen Sie mir ja ausdrücklich zu!“
Tatsächlich gibt es keine Möglichkeit, die religiöse Beeinflussung eines Kindes auszuschließen, wenn die Eltern selbst religiös sind, ihr Leben nach den Prinzipien ihres Glaubens auszurichten sich bemühen, wenn sie versuchen, Christen zu sein. Denn das Kind, das sozusagen als Rohentwurf in die Familie hineingeboren wird, braucht ja, um es selbst zu werden, die Menschen, die es lieben. Der Mensch wird am Menschen zum Menschen. Und weil das Kind sich auf uns angewiesen weiß, bemüht es sich, uns zu entsprechen, deswegen ahmt es nach, was es uns tun sieht, und verhält sich nach unseren Wünschen. Das zu verhindern wäre nur möglich, wenn wir dem Kinde den Kontakt zum

Erwachsenen vorenthielten. Und das wäre unmenschlich, weil wir dem Kind damit die Möglichkeit nähmen, sich lebenskräftig zu entwickeln. Aber von der faktischen Unmöglichkeit einmal abgesehen: Wenn ich etwas besitze, das ich für wertvoll halte, so ist es der natürliche Wunsch, meine Kinder an diesem Besitz teilnehmen zu lassen. Wenn ich meinen Glauben als wertvolles Gut ansehe, so ist es im höchsten Maße legitim, ihn meinen Kindern mitzuteilen.

Eine der von Eltern besonders häufig gestellten Fragen ist jedoch, wie man denn seine Kinder religiös erziehen kann, wenn man selbst im Glauben zuweilen unsicher, wenn man nicht ohne Zweifel ist.

Diese Glaubensunsicherheit vieler Menschen hat mancherlei Gründe, auf die wir hier nicht näher eingehen können. Aber wir müssen fragen, was es eigentlich bedeutet, zu glauben. Heißt glauben wirklich, ein mehr oder weniger großes Paket vorgeformter Glaubenssätze einfach anzunehmen? Oder heißt glauben eigentlich, darauf zu vertrauen, daß das, was mir gesagt wird, die Wahrheit ist, und daß der, der es mir sagt, es gut mit mir meint? Dann käme es entscheidend darauf an, bei aller Anfechtung, bei aller Skepsis und bei manchen Schwierigkeiten im einzelnen dieses Vertrauen zu behalten: Die Botschaft Christi ist wahr, und Christus meint es gut mit mir.

So hieße Erziehen zum Glauben zunächst, dem Kind Vertrauen zu ermöglichen, indem es lernt, daß es auch Menschen vertrauen darf. Und wenn wir die Forderung nach der Gottes- und der Nächstenliebe als Kern der christlichen Botschaft verstehen, dann ist christliche Erziehung Erziehung zur Haltung der Liebe.

Wie aber geschieht dies? Jede religiöse Erziehung vollzieht sich in zwei Stufen: als Werterziehung und als Glaubenserziehung. Die Werterziehung beginnt früh, längst ehe ich dem Kind von Christus erzählen kann. Schon im Umgang mit Eltern und Geschwistern erkennt das Kind, was diese als gut und als böse, als wertvoll oder nicht wertvoll ansehen. Es macht sich die Wertvorstellungen, die es so erfährt, zu eigen. Aber es übernimmt leicht auch die Vorurteile, denen es in seiner Umwelt begegnet.

Für das kleine Kind sind zunächst die Eltern das Maß aller Dinge. Als „gut“ empfindet das Kind alles, was die Harmonie mit den Eltern fördert, als „böse“ alles, was diese Harmonie stört.

Auch die Beziehung des Kindes zu Gott geht über die Eltern. Der Glaube des kleinen Kindes ist ein Glaube an die Eltern, die an Gott

glauben. Lernt das Kind beim gemeinsamen Beten in der Familie, daß Gott als „Vater unser“ angesprochen wird, so liegt der Schluß nicht weit, daß Gott wie ein Vater ist. So orientiert sich die Gottesvorstellung des Kindes an seinem Vatererlebnis.
Das ist eine Chance für den Vater, aber auch ein Risiko:
Könnte es nicht sein, daß das Kind negative Eigenschaften des Vaters, die ihm nicht verborgen bleiben, ebenso auf Gott überträgt wie positive Eigenschaften, die es entdeckt? Könnte der Vater nicht auch dazu beitragen, das Bild Gottes für das Kind zu verdunkeln?
Daher muß das Kind erfahren, daß Gott weit mehr, weit größer ist als wir Menschen – und daß auch die Eltern Fehler und Schwächen haben und der Verzeihung bedürfen: der gegenseitigen Verzeihung, der Verzeihung der Kinder und der Verzeihung Gottes, der immer dann mit verletzt wird, wenn Bosheit oder Ungerechtigkeit einen Menschen verletzt.
Die Erfahrung des gegenseitigen Verzeihens ist für das Kind aber auch deswegen wichtig, weil es nur auf diesem Wege lernen kann, was es heißt: es ist mir verziehen, der Streit ist vorbei, das Mißverständnis wurde beseitigt, wir können wieder fröhlich miteinander sein. Die Erfahrung des Verzeihens der Menschen ist Voraussetzung dafür, das unendliche Verzeihen Gottes zu begreifen.
Wo das Kind erlebt, daß die Menschen seiner nächsten Umgebung, die Menschen, die es liebt, eine Beziehung zu Gott pflegen, da will es in diese Beziehung einbezogen werden, da will es dabeisein. Und weil Kinder in allem zunächst eine Ordnung brauchen, werden sie die Eltern vielleicht sogar zur Ordnung mahnen. Wenn etwa die Eltern, weil es vielleicht spät geworden ist, das Abendgebet ausnahmsweise durch ein einfaches Kreuzzeichen ersetzen möchten, dann heißt es: Wir haben noch nicht gebetet. Das Kind betet mit, ohne zunächst zu wissen, was es tut. Es singt ja auch mit, ohne zu wissen, was der Text bedeutet. Für das Kind ist es wichtig, dabeizusein. Und deswegen ist es wichtig und richtig, auch kleinere Kinder, wo eben möglich, bereits zum Gottesdienst mitzunehmen, obwohl sie von den Vorgängen am Altar noch nichts verstehen. Aber sie sind dabei.
Ob man freilich Kindern von Christus erzählen und ab welchem Alter dies geschehen soll, das ist eine Frage, über die zur Zeit manchmal diskutiert wird. Soll man biblische Geschichten vorlesen?
Nun, Kinder begegnen Christus in unseren Familien. Sie sehen das

Kreuz, sie freuen sich auf Weihnachten, bestaunen den Lichterglanz am Baum, bewundern und bedauern zugleich das Christkind in der Krippe. Von daher ergibt sich unausweichlich die Notwendigkeit, mit Kindern über die Heilsgeschichte zu sprechen. Und kluge Eltern wissen, daß sie das Interesse des Kindes vor allem dadurch wecken, daß sie ihm die Möglichkeit schaffen, zu fragen. Der Wert religiöser Sitten und Bräuche liegt ja vor allem in den Anlässen zu Fragen wie: Warum hängen wir den Adventskranz auf? Warum brennt erst eine Kerze?
Das Problem in vielen Familien ist freilich, daß frühere Sitten und Bräuche untergegangen sind, daß der Mensch von heute – geprägt durch das industrielle Zeitalter – zu Symbolen aus einer bäuerlichen Kultur (von daher kamen die meisten religiösen Bräuche und Symbole) keinen Zugang mehr hat. Es wäre der Mühe wert, den Versuch zu unternehmen, für unsere Familie eigene Symbole zu finden, die unserem Erlebnis- und Erfahrensbereich entnommen sind.
Aber kann ein Kind denn die Geschichten der Bibel unterscheiden von den Märchen und Geschichten, die es sonst irgendwo kennenlernt? Was tun, wenn vielleicht der Gestiefelte Kater bei der Krippe auftaucht?
Zunächst einmal muß man wissen, daß es nicht ungewöhnlich ist, wenn ein Kind Phantasiewelt und Wirklichkeit einfach durcheinanderbringt. Nicht, daß der Gestiefelte Kater vom Kind an die Krippe gestellt wird, ist also das Problem, sondern die Aufmerksamkeit des Erwachsenen, dem Kind zu helfen, Traumwelt und Wirklichkeit nach und nach zu unterscheiden, die Bedeutung der biblischen Erzählungen zu erkennen und sie gegen Märchen und andere „erfundene“ Geschichten abzugrenzen. Wenn ich dem Kind die Bedeutung Christi für sein, mein und unser aller Leben verdeutlichen und erklären will, dann muß ich ihm wenigstens die Grundlagen der Heilsgeschichte vermitteln, die Gott mit den Menschen verbindet. Hier kann eine gut gestaltete Kinderbibel sehr hilfreich sein.
Je selbstverständlicher das Kind den Glauben als Zentrum unseres Lebens und Handelns erfährt, desto selbstverständlicher wird es ihn zunächst einmal akzeptieren. Es kommt also wesentlich auf unser Vorbild an.
Daß später, wenn das Kind sich von uns absetzt, unsere Wertvorstellungen und unser Glaube genauso kritisch gesehen werden wie wir selbst, das ist eine Erfahrung, die alle Eltern machen müssen. Daß Kin-

Holzschnitt von Jupp von Ooyen †

der dabei in die Irre gehen können, ist ein Risiko, gegen das es keine Versicherung gibt. Eine Erfolgsregel, die mit Sicherheit verbürgt, daß Kinder in unsere Fußstapfen treten, gibt es nicht. Das haben inzwischen viele Eltern erfahren müssen, die vielleicht von ihren heranwachsenden Kindern sogar zu hören bekamen, sie seien ungläubig geworden.

Trotzdem: Die fehlende schriftliche Erfolgsgarantie rechtfertigt nicht die Mutlosigkeit, die alles gleich verloren gibt. Es geht darum, das zu tun, was uns möglich ist! Übrigens: Auch der Sämann der Bibel hatte keine schriftliche Erfolgsgarantie . . . *Barthold Strätling*

hit-house

GESCHWISTER

Freunde, bei denen das vierte Kind unterwegs ist, erwiderten auf unseren Glückwunsch: „Nicht wahr, wir trauen uns was!"
Mut muß man heute schon aufbringen, wenn man eine kinderreiche Familie bilden will. Das erste Kind ist nahezu selbstverständlich, das zweite gehört dazu, damit das erste nicht allein ist – aber wenn sich der Bauch einer Frau zum drittenmal zu runden beginnt, zweifeln die Mitmenschen deutlich, ob sie nun kondolieren oder gratulieren sollen. Und wenn es sich irgendwie machen läßt, erkundigen sie sich vorsichtig, ob der erneute Kindersegen ein „Verkehrsunfall" oder etwa gar Absicht sei. Heutzutage ist nach allgemeiner Überzeugung ja nicht mehr der Storch daran schuld, daß eines Tages wieder ein Baby im Körbchen kräht. So daß manche zum drittenmal werdende Mutter sich am liebsten ein Schild umhängen möchte: „Es ist ein Wunschkind" – obgleich das eigentlich niemand etwas angeht.
„Die Kinder in meiner Klasse, die mehrere Geschwister haben, sind so unkompliziert. Eigentlich möchte ich auch noch ein Kind", sagte mir eine Lehrerin. Sie hat bisher drei. Die Psychologen sind sich weitgehend darüber einig, daß Einzelkinder es im Leben schwerer haben als Kinder aus größeren Familien.
Nicht einigen können sie sich darüber, wer es am leichtesten hat: das Erstgeborene, das zweite, das dritte . . . Denn jede Stellung in der Geschwisterreihe bringt, so wissen sie, ihre besonderen Schwierigkeiten: das erste Kind wird zu viel von zu besorgten Eltern erzogen, wird zu früh mit Verantwortung beladen, wird vom nächsten aus seiner Kronprinzenrolle verdrängt. Das jüngere Kind wird leicht verwöhnt, hat nachlässigere Eltern, weil sie ihre Aufmerksamkeit nun teilen müs-

sen. Ein mittleres Kind weiß nicht, wohin es gehört, es ist nicht mehr das umhegte Kleinste und kann noch nicht mit den Größeren konkurrieren. Und so weiter.

Wer mehrere Kinder hat, kann es ihnen nicht ersparen, in einer bestimmten Reihenfolge zur Welt zu kommen. Einer muß der erste sein. Mehrlinge gibt es nicht auf Wunsch (und auch die haben ihre Spezialprobleme). Der Verdacht ist begründet, daß, wer sich vor Konflikten der Kinder untereinander zu sehr fürchtet, diese Konflikte hervorruft oder sie zumindest verstärkt. Natürlich sollte man beherzigen: ein Kind, das die Eltern plötzlich mit einem zweiten Sprößling teilen soll, muß davon nicht entzückt sein. Es begreift nicht, weshalb alle Verwandten und Bekannten von dem schrumpeligen Nichtsnutz so begeistert sind, der schreit, schläft, ißt, trinkt und in die Windeln macht. Und alles, was er, der Große, mit Mühe zustande bringt, ist nur noch geringer Aufmerksamkeit wert. Noch dazu bekommt das Neugeborene ohne jedes Verdienst ein Päckchen ums andere.

Dieser Schmerz ist nicht ganz zu heilen, aber doch zu mildern. Wenigstens die besseren Freunde – sofern sie nicht selbst darauf kommen – lassen sich anregen, auch dem Älteren etwas zu schenken, und sei es ein Luftballon für zwanzig Pfennige. Auch die babyfreundlichsten Tanten kann man dazu bringen, nach gebührender Bewunderungszeit sich dem Bruder oder der Schwester zuzuwenden. Wenn das Große erst den Babypo pudern oder die Füßchen im Bad waschen darf (da kann auch ein Kleinkind nichts kaputtmachen), ist der Säugling nicht länger nur ein Störenfried und Nebenbuhler. Und schließlich: die elterliche Überzeugung, daß das Kind sich eines Tages freuen werde, Geschwister zu haben, überträgt sich auch auf den Erstgeborenen.

Bis ein Baby ein brauchbarer Spielgefährte wird, vergeht natürlich einige Zeit. Wenn man Platz genug hat, die Kinder manchmal auseinanderzuhalten, vergeht diese Zeit leichter. Die Eltern sind ständig aufgefordert, jedem einzelnen sein Recht zu verschaffen. Und das bleibt so, solange die Kinder Kinder sind.

Patentrezepte gibt es nicht, nur einige Spielregeln. Zum Beispiel: gleiches Recht für alle heißt nicht unbedingt Gleiches für alle. Die Geschwister sind verschieden voneinander; die Zuwendung zu ihnen drückt sich auch verschieden aus. Wer allen Kindern die gleichen Spielsachen schenkt, in der Hoffnung, sie würden sich dann nicht darum streiten, bewirkt mancherlei: die Kinder rechnen ständig, daß keines zu

kurz kommt; sie versäumen die Gelegenheit, ihre unterschiedlichen Neigungen zu entwickeln, und sie kommen um so abwechslungsreiche Spielchen wie „tauschen“ und „leihen“. Eine andere Spielregel: Kinder nicht vergleichen. Man gerät da immer in den Verdacht, ein anderes mehr liebzuhaben. Und das wäre schmerzlich. Jedes ist, wie es ist, kann, was es kann, lernt, wozu es fähig ist. Und mit all diesem wird es von Vater und Mutter geliebt. Elternliebe, das sollten die Kinder spüren, wird nicht geringer, sie wächst, wenn sie mehreren Kindern gilt.
Was ist leichter: ein Kind zu haben oder mehrere?
Wer wollte diese Frage beantworten! Geschwister erziehen sich nicht selbst, wie oft behauptet wird – o nein. Sie geben allerdings den Eltern verstärkt Gelegenheit zur Selbsterziehung.
Wo ein einzelnes nachgibt, aus Einsicht oder aus Opportunismus, da sind zwei schon viel stärker – und sich ihrer Stärke bewußt.
„Wollen wir das machen?“ fragen sie einander, wenn sie einen Auftrag erhalten, und Mutter und Vater haben Glück, wenn die Beratung zu ihren Gunsten ausgeht. Ein Einzelkind lernt früh, sich „vernünftig“ zu betragen; es läßt sich im Hotel vorzeigen, weil es unter Erwachsenen zu leben gewohnt ist. Das älteste mehrerer Geschwister hingegen genießt es, von den jüngeren wieder zu kleinkindlichen Ungezogenheiten verführt zu werden; es stachelt an und beteiligt sich mit Wonne an Streichen, denen es schon entwachsen scheint.
Andererseits: wer selbst nicht allein aufwuchs, weiß, welcher Halt gegen die nicht immer verständnisvollen Erwachsenen Brüder und Schwestern sein können. Oft ziehen Geschwister vor, sich miteinander zu beschäftigen, anstatt sich von den Eltern unterhalten zu lassen. Und wer schließlich könnte Kinder so herzlich zum Lachen bringen wie andere Kinder!
Wo mehrere Kinder sind, ist immer Leben im Haus. Auch allerhand Freunde stellen sich ein. In einem kinderreichen Haushalt kommt es auf eins nicht an – meinen putz- und räumtüchtige Einzelkindmütter. Dieses „Leben“ ist allerdings nicht immer lustig.
Denn wir lernen zwar, den Begriff „Partnerschaft“ im Zusammenleben von Mann und Frau zu verwirklichen. Wir versuchen, „Teamwork“ im Beruf zu üben. Doch den Kindern bringen wir bei: wenn einer dich haut, wehr dich. Laß dir nichts gefallen. Sieh zu, daß du zu deinem Recht kommst. Da ist der Ansatz für ein Erziehungsprogramm: miteinander leben zu lernen, nicht gegeneinander.

Kinder merken selbst, daß dicke Luft ein ungesundes Klima und ständiger Streit eine unerfreuliche Beschäftigung ist. Sie brauchen manchmal nur einen Fingerzeig, um eine erträgliche Lösung zu finden. Man kann mit einem Donnerwetter dazwischenfahren, wenn es laut zugeht. Wer selber brüllt, verspielt aber schnell das Recht, anderen – auch den eigenen Kindern – das Schreien zu untersagen. Besser als Dreinschlagen ist: Sich-Heraushalten. Und noch besser als Sich-Heraushalten ist: gangbare Wege zum freundlichen Zusammenleben zeigen.

Häufig helfen Fragen: „Wir haben nur eine Schaukel, und ihr seid drei – vier – fünf Kinder. Soll ich die Schaukel abnehmen, oder könnt ihr euch vorstellen, wie ihr zusammen damit auskommt?“ Meistens können sie es sich vorstellen.

Nicht immer kann man alle Kinder unter einen Hut zwingen. Es ist schon viel gewonnen, wenn man den in Ruhe etwas anderes tun läßt, der sich am gemeinsamen Unternehmen nicht beteiligen will. Auch das bringen Kinder nicht immer allein fertig (Erwachsene ja ebenfalls nicht). Daß weniger Streit mehr Möglichkeiten zu erfreulicher Unterhaltung bedeutet, merken sie aber, und sie sind oft willig, Tips in dieser Richtung zu beherzigen. Solche Tips fallen einem leichter ein, wenn man den festen Entschluß gefaßt hat: wir wollen uns gemeinsam bemühen, daß sich jeder bei uns so wohl wie möglich fühlt.

Man sagt, es liege an den Eltern, wenn Geschwister einander nicht mögen und diese Abneigung in die Jahre des Erwachsenseins mitnehmen. Parteiisch sein, einseitig bevorzugen, ungerecht verurteilen: das fügt einem Kind Schmerzen zu, die es dem anderen übelnimmt, um dessentwillen es sie erfährt. Im Gespräch miteinander sollten Mutter und Vater immer wieder prüfen, ob sie ihren Vorsatz verwirklichen, alle ihre Kinder mit allen ihren Kombinationen von Fehlern und Vorzügen gleich liebzuhaben und sie das auch spüren zu lassen.

Im Gespräch mit anderen Eltern (das ist eine der besten Erziehungshilfen) können sie feststellen, daß die eigenen Kinder im allgemeinen nicht schlimmer sind als andere. Daß manche Probleme einfach mit der Zeit vergehen, wenn man nicht zuviel daran herumdoktert. Daß viele Konflikte sich lösen lassen, wenn man Überlegenheit und Humor bewahrt.

Man kann den Kindern Probleme nicht ersparen. Man kann ihnen aber helfen, sie zu lösen – die beste Schule fürs spätere Leben. Ob sich die Geschwister einst an Konkurrenzkämpfe, Neid, Streit erinnern oder an eine frohe, gesellige, geborgene Zeit ihrer Kindheit: das entscheiden die Eltern. Und sie haben schließlich auch selbst eine ganze Menge davon, wenn es ihnen gelingt, ein fröhliches Heim zu schaffen.

Gerda Röder

DER KINDERGARTEN

Ob junge Eltern ihr Kind in einen Kindergarten schicken wollen oder nicht, ist wahrscheinlich keine Frage mehr. Lange bevor das Kind drei Jahre alt wird, werden sich seine Eltern bemühen, einen Platz in einem Kindergarten zu bekommen.
Die Vorstellung von der Aufgabe eines Kindergartens hat sich gewandelt. Er wird heute nicht mehr in erster Linie als soziale Einrichtung gesehen, die etwa vor allem Kindern berufstätiger Mütter offenstehen muß, sondern als Bildungseinrichtung, in der jedes Kind einen Platz haben sollte.

Ein neuer Erfahrungsbereich des Kindes

Viele Kinder wachsen heute in kleinen Familien auf, sie haben wenige oder keine Geschwister. Im Kindergarten lernt das Kind im Umgang mit anderen Kindern, sich durchzusetzen und auch nachzugeben, es lernt Konflikte zu bewältigen und Lösungen bei Schwierigkeiten zu suchen, es übernimmt Anregungen von älteren Kindern und lernt, jüngeren Kindern zu helfen. Der Kindergarten bietet den Kindern vielerlei Möglichkeiten zum Spiel, allein oder mit anderen. Es gibt Kinder, die sich sofort und intensiv mit einer Sache im Spiel beschäftigen können, aber auch solche, die im Kindergarten das Spielen erst lernen müssen. Durch die Beschäftigung mit vielerlei Material werden die kreativen Kräfte der Kinder geweckt. Das Kind sammelt Erfahrungen beispielsweise im Umgang mit Farben und Stiften, mit Ton, Sand und Bauklötzen. Dabei entdeckt es zahlreiche neue Möglichkeiten der Gestaltung.

Durch gezielte Angebote werden den Kindern Erlebnisse vermittelt, Zusammenhänge deutlich gemacht und Gelegenheiten gegeben, neue Erfahrungen zu sammeln.
Auch dem Bewegungsdrang der Kinder wird Rechnung getragen. Eingeengt durch zu kleine Wohnungen und die Beschränkungen des Straßenverkehrs haben Kinder sonst kaum noch Gelegenheit, sich ungehindert zu bewegen, zu laufen und zu springen. Deshalb gehören Turnen, Gymnastik, Rhythmik und vielerlei Bewegungsspiele in das Angebot eines guten Kindergartens.
Die Chance des Kindergartens besteht darin, daß er den Kindern freie Angebote machen kann, die im Gegensatz zur Methode der Schule nicht an eine bestimmte Zeit und an einen bestimmten Lehrplan gebunden sind. Die Kunst der Erzieherin im Kindergarten muß darin bestehen, das Interesse der Kinder zu wecken und den rechten Augenblick für ein Angebot wahrzunehmen. Ein Kind lernt immer dann, wenn es an einer Sache interessiert ist. Die Kinder können solche Angebote annehmen, aber sie auch ablehnen. Das hat nichts mit antiautoritärer Erziehung zu tun, wohl aber mit der Erziehung zur Selbständigkeit. Wer Kinder zur Selbständigkeit führen möchte, muß ihnen einen Freiheitsraum lassen, in dem sie die Möglichkeit zur eigenen Entscheidung haben.
Selbstverständlich ist eine gute Arbeit nur in einem Kindergarten möglich, der räumlich und personell die notwendigen Voraussetzungen bietet. Es ist einfach falsch, anzunehmen, ein Platz in einem überfüllten Kindergarten sei immer noch besser als gar keiner. Wenn 30 und mehr Kinder in einem einzigen Raum sein müssen, kann von einer Förderung des einzelnen Kindes nicht mehr die Rede sein. Hier sollten die Eltern klare Forderungen stellen und an konstruktiven Lösungen mitarbeiten.

Die wichtige Zusammenarbeit zwischen Elternhaus und Kindergarten

Wenn die Erziehungsvorstellungen von Elternhaus und Kindergarten nicht übereinstimmen, wenn beide verschiedene Wertmaßstäbe haben, wenn hier erlaubt, was dort verboten ist, gerät das Kind in Konflikte. Eltern und Erzieherinnen müssen sich absprechen. Sie müssen versuchen, in grundsätzlichen Fragen zu annehmbaren Lösungen zu kom-

men. Der Kindergarten soll die elterliche Erziehung ergänzen. Er kann sie nicht ersetzen.
Vorschulpflichtige Kinder erzählen unbefangen, was sie erlebt haben. So erfahren die Eltern, was im Kindergarten geschieht, und die Erzieherin im Kindergarten ist über das Elternhaus informiert. Das Bedürfnis nach gegenseitigem Kontakt ergibt sich so fast von selbst. Um der Kinder willen muß dieser Kontakt gepflegt werden. Es wird zum Beispiel immer mehr üblich, daß Eltern auch aktiv im Kindergarten mitarbeiten. Sie helfen bei besonderen Unternehmungen: bei Besichtigungen, Ausflügen, Festen, bei der Vorbereitung und Durchführung. Junge Eltern bekommen auf diese Weise auch Kontakt untereinander, und für die Kinder ist es sehr schön zu erleben, daß der Kindergarten auch für die Eltern wichtig ist.
Es ist gut, daß es in den Kindergärten auch Elternbeiräte gibt, in denen sich die Mitverantwortung der Eltern an der Arbeit des Kindergartens zeigt.

Vorschule oder Kindergarten?

Die Erzieherin im Kindergarten erlebt täglich, daß Eltern fragen: „Machen Sie auch Vorschulerziehung?"
Hinter dieser Frage steht oft die Vorstellung, daß der Kindergarten nachweisbare Leistungen erbringen müsse. Es gibt inzwischen eine Menge Material, das solche Leistungen verspricht. Und viele Eltern sind bereit, erhebliche finanzielle Mittel dafür aufzubringen, weil sie sich davon eine besondere Förderung ihres Kindes erhoffen. Andere Eltern kommen mit dem Vorwurf in den Kindergarten, ihr Kind habe den ganzen Tag „nur gespielt", und fragen, wann endlich „etwas Richtiges" mit den Kindern getan würde.
Die Methode des Kindergartens unterscheidet sich grundlegend von der Methode der Schule. In einem gut geführten Kindergarten hat ein Kind die Möglichkeit, gerade im Spiel vielerlei Erfahrungen zu sammeln. Dabei ist die Freiwilligkeit sehr wichtig. Das Kind darf sich frei entscheiden, womit, mit wem, wielange und wo es spielen möchte. Dieses freie Angebot kann die Schule nicht mehr machen. Dort wird dem Kind ein bestimmter Stoff in einer bestimmten Zeit nach einem vorgegebenen Lehrplan angeboten, und die Leistungen des Kindes werden bewertet.

Eltern, die ihren Kindern die Zeit des freien Spiels verkürzen wollen, um möglichst früh meßbare Leistungen zu erzielen, sind schlecht beraten. Die allgemeine Diskussion um die Vorschulerziehung beschäftigt sich mit der Frage, ob die fünf-, sechsjährigen Kinder in Vorklassen der Schule erfaßt werden oder ob sie im Kindergarten bleiben sollen.
Wir möchten den Fünf-, Sechsjährigen die Freiheit des Kindergartens wünschen. Ein Kindergarten, der die richtigen Voraussetzungen hat, ist sehr wohl in der Lage, die Aufgaben der Vorschulerziehung zu übernehmen. Ein allseitig gefördertes Kind wird den Anforderungen der Schule viel eher gewachsen sein als ein zu früh mit Leistungsdruck belastetes Kind. Wenn Vorschulerziehung als vorgelegte Einschulung verstanden wird, besteht die Gefahr, daß genau das Gegenteil von dem erreicht wird, was eigentlich beabsichtigt ist. Das Kind wird nicht besser und früher gefördert, sondern es wird früher schulmüde. Die Erfahrungen aus den Ländern mit früherem Einschulungstermin beweisen es. Leider ist diese Tatsache zuwenig bekannt.

Und wenn das Kind keinen Platz in einem Kindergarten bekommt?

Es wird noch Jahre dauern, bis es in der Bundesrepublik Deutschland für jedes Kind einen Kindergartenplatz gibt. Bis zu diesem Ziel werden viele Eltern trotz aller Mühe den begehrten Platz im Kindergarten für ihr Kind nicht finden können. Was sollen diese Eltern tun?
Das Wichtigste, was ein Kind braucht, sind Eltern, die sich wirklich für ihr Kind interessieren, die ihm Erfahrungen vermitteln, ihm Antwort geben auf seine vielen Fragen. Das ist anstrengend, jedoch sehr viel besser, als für teures Geld Material zu kaufen, das irgendwelche Förderungen verspricht, mit dem sie aber dann ihr Kind sich selbst überlassen. Kinder interessieren sich normalerweise für alles, was ihnen begegnet. Wenn ein Kind keine Frage mehr stellt, dann liegt es daran, daß es keine Erwachsenen gefunden hat, die seine Fragen beantworten. Die Eltern sollen viel mit dem Kind sprechen und nicht nur seine Fragen beantworten, sondern auch Gegenfragen stellen. Die Lösung, die das Kind selbst findet, macht ihm mehr Spaß. Sie sollen dem Kind erzählen und das Kind erzählen lassen.
Jedes Kind braucht Umgang mit anderen Kindern. Hier können junge Familien gemeinsam Lösungen finden. Einzelne Familien etwa stellen wechselweise ihre Wohnungen zur Verfügung, sie organisieren

gemeinsame Wanderungen, Spielnachmittage, Feste und vieles mehr. Junge Eltern sollen auch Initiative ergreifen, wo ein Kindergarten fehlt. Es sind in den vergangenen Jahren durch Elterninitiativen viele gute Einrichtungen zustande gekommen. Wenn die Eltern ihren Wunsch nach einem Kindergarten deutlich zum Ausdruck bringen und sich gleichzeitig bereit erklären, die Verantwortung für den geplanten Kindergarten mitzutragen, wird sich eher ein Träger finden, der den Bau und die Einrichtung eines Kindergartens übernimmt.

Marta Högemann

UNSERE SCHULPFLICHTIGEN KINDER

Auch wenn man mit der Einschulung ins 1. Schuljahr nicht mehr jenen „Ernst des Lebens" beginnen läßt, der in früheren Zeiten Kinder und Mütter zum Weinen brachte, auch wenn man heute viel von vertrauensvoller Partnerschaft zwischen Familie und Schule spricht: die Schule ist eine „harte Sache" und für die ganze Familie oft eine Belastung. „Schulpflichtig": das klingt für die älteren Kinder fast wie „wehrpflichtig" und erzeugt mehr Abneigung als Zustimmung. Es ist zwar nicht mehr üblich, daß Eltern in Situationen, in denen sie ihren Kleinkindern nicht den nötigen Gehorsam abfordern können, mit der Schule drohen: „Warte nur! Wenn du erst einmal in die Schule kommst, wird der Lehrer schon mit dir fertig werden!" Heute weiß jedes Kind schon im Kindergartenalter, daß in der modernen Erziehung nicht mehr geprügelt und „körperlich gestraft" werden darf; aber die Schmerzen, die die Schule heute manchmal verursacht, wirken tiefer: Manches Grundschulkind kommt sich in der Klasse furchtbar vereinsamt vor und empfindet das Lerntempo zu schnell, die Art des Sozialkontakts zu anonym. Schule ist nicht reiner Anlaß zur Freude. Wie hieß es vor dreihundert Jahren doch bei Comenius? „Schulen sollen Lustgärten und Freudenanstalten sein." Nicht einmal in Summerhill, dem Mekka der antiautoritären Schulerziehung, kann dieses Soll hundertprozentig eingelöst werden.

Entfremdung zwischen Schule und Eltern?

Das moderne Schulwesen ist so kompliziert wie eine computergesteuerte Fabrik: Schon nach wenigen Monaten des ersten Schuljahres sind

viele Eltern (zumal diejenigen, die selbst nicht ein Gymnasium oder eine Realschule besuchen konnten) nicht mehr in der Lage, die neuen Methoden zu verstehen. Von „Neuer Mathematik", von Mengenlehre, von Sachkunde, von wissenschaftsorientiertem Lernen ist die Rede.
Gewiß, wie eh und je wird heute Eltern gesagt: Überlaßt die Sorge um die schulischen Hausaufgaben der Schule! Ihr braucht nicht mitzuhelfen; das Kind muß die Aufgaben selbständig lösen können. – Aber die Wirklichkeit sieht doch so aus, daß ein Kind, das nicht ständig durch Mithilfe der Eltern bei den Hausaufgaben gefördert wird und von den Eltern Anregungen zur häuslichen Selbstbildung erhält, gegenüber anderen Kindern ins Hintertreffen gerät. Dieses Problem verschärft sich noch nach dem Übergang in die Sekundarstufe I, deren Eingangsteil die Orientierungsstufe ist: Die schwersten Klippen sind hier die Anfangsgründe in den Fremdsprachen, die Bewährung in exakter Rechtschreibung, die Wachheit im logischen Denken. Eltern, die nicht selbst weiterführende Schulen besuchen konnten, werden von der schulischen Entwicklung ihrer Kinder weitgehend „abgehängt". Das ist ungerecht. Was ist da zu tun?
Da die Schule heute wegen ihrer Kompliziertheit für viele Eltern fremder geworden ist als je zuvor, wünschen sich nicht wenige Eltern eine völlige Entlastung von der Mitsorge in Schulfragen ihrer Kinder. Die Ganztagsschule – im Ausland überall die Regel – bekommt unter diesem Aspekt eine ganz neue Aktualität, und das um so mehr, als mit ihrer Einführung die Hoffnung verbunden wird, die Sorge um die Hausaufgaben entfalle für die Eltern völlig. Viele Mütter würden jubeln, wenn sie nicht jeden Nachmittag längere Zeit die Hausaufgaben zu kontrollieren und voranzutreiben hätten.
Vermutlich wird sich der Fünf-Tage-Rhythmus des Berufslebens auf die Dauer auch auf die Schule übertragen, und das hieße Einführung der Ganztagsschule. Aber selbst dann würden besonders verantwortungsbewußte Eltern zu Hause ihre Kinder durch Anregung zur Selbstbildung fördern. Solange wir die Halbtagsschule haben, könnten Schularbeitskreise (Silentien) eine Hilfe für viele Kinder und Eltern sein. Nur: Es gibt diese Einrichtungen noch zuwenig.
Übrigens gehört zur Entfremdung der Familie gegenüber der Schule die Tendenz nach einer völlig neuen Arbeitsweise: derjenigen der Gesamtschule, in der das Kind von Stunde zu Stunde die Arbeitsgruppe, den Arbeitsraum, das Unterrichtsfach und den Lehrer wechselt. Und das in

einem Riesensystem mit mehreren tausend Schülern! Kein Wunder, daß unsere schulpflichtigen Kinder dann das Schülersein als einen harten Job erfahren.

„Auslese": schon in der Grundschule

Für die Grundschule ist heute charakteristisch, daß hier alle Kinder gleichen Alters zusammen sind, so daß eine starke Streuung der Begabung und Intelligenz gegeben ist. Aber schon jetzt ist die Schule auf „Auslese" programmiert: Spätestens im zweiten Schuljahr werden diejenigen Schüler ausgesondert, die Lernschwierigkeiten besonderer Art haben, denen nur in der Sonderschule abgeholfen werden kann. Bis zum Ende des vierten Schuljahres gibt es zahlreiche Klassenarbeiten mit Testcharakter, die eine gewisse Konkurrenzstimmung aufkommen lassen. Es zeigt sich bald, daß manche Kinder von ihren Eltern für den Übergang zum Gymnasium „getrimmt" werden.
Das Lerntempo empfinden nicht wenige (auch hochbegabte) Kinder als so schnell, daß sie oft den „roten Faden" verlieren, nervös und apathisch werden. Die große „Schulkrankheit" bei Grundschulkindern ist die Konzentrationsschwäche. Sie kommt heimlich – wie eine anstekkende Seuche. Der Kern dieser Schwäche liegt darin, daß das von ihr betroffene Kind anscheinend nicht genug Gelegenheit hat, sich auszuspielen und ganz Kind zu sein; interessiert und konzentriert ist es durchaus, nur auf Gegenstände, die nicht zum Stoffplan der Klasse gehören. Die Folge sind „schlechte" Noten, die wiederum Entmutigung nach sich ziehen. Kinder mit robustem Naturell, die kleinen „sozialen Betriebsnudeln", die sich leicht in eine oft übervolle Klasse einfügen, haben mit Konzentrationsschwierigkeiten kaum zu tun, wohl aber die sensiblen (oft viel intelligenteren) Kinder.
Am Rande sei erwähnt: Besonders unangenehm wird diese „Schulkrankheit" in der Form der heute stark verbreiteten Legasthenie (Schreib-Lese-Schwäche), von der manche Fachleute sagen, sie werde durch bestimmte Methoden des Erstlese- und Erstschreibunterrichts mitbedingt. Für die Eltern legasthenischer Kinder ist es ein Kreuz, daß immer wieder die Buchstaben in den Wörtern verwechselt werden, obgleich das Kind genau weiß, wie man „richtig" schreiben muß. – Eigentlich müßten Methoden, die für bestimmte Kinder schädliche Nachwirkungen haben können, verboten werden.

Heute wird zwar viel betont, die Schule solle nicht auslesen, sondern fördern; tatsächlich aber empfindet manches Kind die Schule wie eine Sortiermaschine, die unerbittlich nach Noten die Gütegruppen der Schüler trennt. Dadurch wird natürlich die Gemeinschaft in der Klasse gestört. Jedes Kind hat ein Anrecht darauf, entsprechend seinen Fähigkeiten gefördert zu werden. Aber zumal die weniger begabten Kinder kommen oft zu kurz. Wir sind noch weit entfernt von einem Schulsystem, das jedem Kinde nicht nur die individuelle Art der Förderung bietet, sondern es auch glücklich und zufrieden macht. Es ist im Grunde unerträglich, daß die Schule heute oft eine Quelle des Leides, der Frustration und der Entmutigung wird. Die kindliche Sensibilität reagiert mit Unkonzentriertheit, die nichts anders ist als eine innere Schulflucht. Das Kind ist körperlich anwesend, gezwungen von der Schulpflicht, aber seelisch ist es abwesend.

Schule: nicht nur für Kinder, auch für Eltern!

Der Wettlauf um den erwünschten Platz auf der Rangleiter der Gesellschaft verschärft sich beim Eintritt in die Sekundarstufe I, und wenn die Schüler 14 oder 15 Jahre geworden sind, ist er auf dem Höhepunkt angekommen. Das gilt zumindest für Gymnasium und Realschule: Täglich wird zu Hause nach dem „Notenpegel“ gefragt, und Klassenarbeiten sind nicht nur ein Streß für Schüler, sondern auch für Eltern. Das Leistungsklima der Schule überträgt sich auf die Familie, auch wenn diese sich dagegen wehrt.

Es ist, als gingen nicht nur die Kinder, sondern auch die Eltern in die Schule. Die Hochs und Tiefs der Stimmung in der Familie werden stärker von Erfolg und Mißerfolg in der Schule bestimmt, als es sich viele Familien zugestehen.

Heute spüren wir deutlicher als früher, daß der Schulerfolg der Kinder weitgehend von der Schichtzugehörigkeit abhängig ist. Kinder aus Unterschichten haben es in der Schule schwerer als Kinder aus Mittel- und Oberschichten. Manche Unterschichten-Eltern lehnen den Besuch einer „höheren“ Schule ab, weil sie wünschen, daß sich ihr Kind nicht von ihnen entfremden soll; sie lassen es dann lieber in der Hauptschule, die mit der Schwierigkeit zu kämpfen hat, daß manche Schüler in ihr an solidem Lernen nicht mehr interessiert sind. Sie wollen möglichst früh in den Beruf, um Geld zu „machen“. Lernen wird dann zu sehr

unter dem Aspekt der Pflichterziehung betrachtet – und nicht als eine Chance, sich für das ganze Leben mit geistigen Reichtümern auszustatten, Fähigkeiten zu trainieren oder sogar durch Bildung sozialen Aufstieg zu erreichen.
Daß die Schulpflicht heute bis weit in die Pubertät hineinreicht, wird manchmal übersehen. Deshalb kommen die Schwierigkeiten der Pubertät mit den Schwierigkeiten des staatlich angeordneten Lernzwanges zusammen.
Es hängt zum großen Teil von der sozialen Einstellung und dem Bildungswillen der Eltern ab, ob ein junger Mensch die Schule als günstige Gelegenheit zum „Lernen des Lernens" begreift oder aber als lästiges Übel. Eigentlich müßte der Schulbildung der Kinder ein Weiterlernen der Eltern parallelgeschaltet sein. Dann nämlich würden die Eltern ihre Kinder richtig verstehen, Lernen als harte Arbeit, aber auch als Bereicherung erleben und ihren Kindern zu Hause ein wirklich erfreuliches Lernklima bereiten. Von der Frage, ob geistiges Leben und sozialer Aufstiegswille in der Familie vorhanden sind, hängt es auch ab, ob die Eltern ihr Recht betätigen, in der Schule ihrer Kinder durch Information, Beratung und Mitverantwortung aktiv zu werden. Je unsicherer die Eltern in der geistigen Arbeit sind, um so unsicherer treten sie gegenüber den Lehrern auf.
Leicht sagt man die Formel nach, Eltern, Lehrer und Schüler müßten sich als Partner in der gemeinsamen Aufgabe betrachten. Aber immer noch halten sich viele Schüler und Eltern für die Abhängigen der Lehrer: Auf sie, so scheint es, ist man ja doch angewiesen – sie geben die Noten und verteilen die mit den Zeugnissen verbundenen sozialen Berechtigungen. Für viele Schüler *und* Eltern spielen die Lehrer Schicksal. Kritik an einem Lehrer, an seinen Methoden, seinen Urteilen und seinem Verhältnis zu Schülern und Lehrern wirkt sich nicht selten für die, welche sie riskieren, negativ aus. Deswegen lehnen es manche besonders qualifizierte Eltern ab, Aufgaben in der amtlichen Elternvertretung zu übernehmen. Sie durchschauen die Infrastruktur einer bestimmten Schule so genau, daß sie eigentlich Kritik üben müßten, aber da das Kindern schaden könnte, wird die Kritik nicht geäußert. Ein unguter Zustand!
Gottlob gibt es viele Lehrer, die ernsthaft um Vertrauen von Schülern und Eltern bemüht sind, beiden helfen und mit ihnen gut kooperieren möchten. Der Schulerfolg der Kinder und deren menschliches Wohler-

gehen: dies sollte das A und O bei allen Bemühungen um Reform der Schule sein. Aber heute wirken sich Reformen leider zu oft als Komplikation, als Erschwerung, als neue Belastung, als neue Ungewißheit auf Schüler und Eltern aus. Schon zwölfjährige Schüler wissen, daß Schule weithin ein Streitobjekt rivalisierender politischer Machtgruppen ist. Und man fragt sich, wozu es die vom Staat verordnete Schulpflicht überhaupt gibt. Sicherlich nicht dafür, aus der Schule einen Unruheherd für die Familie zu machen, auch nicht ein Instrument des Klassenkampfes, durch das der ganze Staat nach dem politischen Geschmack einer bestimmten Radikalgruppe, umfunktioniert" werden soll!

Wer die Schule kennen und mitbestimmen will, muß nicht nur pädagogisch, sondern auch rechtlich und politisch orientiert sein. Viele Eltern kennen noch nicht genug die Chancen des Elternrechts, mit dem die Eltern ja stellvertretend das Recht der Jugend auf angemessene Erziehung und Bildung wahrnehmen sollen.

Ein demokratischer Staat muß bestrebt sein, alle beteiligten Gruppen verantwortlich mitwirken zu lassen, weil sie Staatsbürger sind. Doch an manchen Stellen unseres Schulwesens muß man den Eindruck gewinnen, daß etwa die aktive Mitarbeit der Eltern nicht erwünscht ist. Die Schule ist aber keine rein fachpädagogische, sondern eine gesamtgesellschaftliche Einrichtung. Wenn heute von einer „elternlosen Schule" gesprochen wird, so liegt das weniger am Desinteresse der Eltern als vielmehr daran, daß sich das Schulsystem zunehmend mit einem Hochnebel von unnötigen Fremdwörtern umgibt und nicht genug tut, um Eltern und Schülern, die ja beide pädagogische Laien sind, die pädagogischen Neuerungen in einfacher Sprache zu erklären. Das geht durchaus, und Elternrecht heißt auch Anrecht der Eltern auf volle Information über alle Veränderungen an Haupt und Gliedern des Schulwesens. Je unwissender Eltern und Schüler sind, um so leichter können sie beherrscht und daran gehindert werden, Mitverantwortung für die Schule zu tragen.

Hinter dem Übermaß an Organisation, das heute mit dem Schulwesen verbunden ist, muß immer wieder der Mensch sichtbar werden, ganz gleich in welcher Rolle: ob als Lehrer, als Schüler oder als Eltern. – Zur Vermenschlichung der Schule gehört allerdings auch das nötige Verständnis für das Menschlich-Allzumenschliche, für menschliche Fehler und Schwächen – auch bei Lehrern. Freilich: Eltern und Schüler

haben Grund genug, für gute Lehrer regelrecht zu beten. Mit Spannung rätselt man am Anfang einer Schulstufe oder eines Schuljahres darüber, welche Lehrer die Kinder bekommen werden. Auch Lehrer sind Menschen, und unter ihnen gibt es, wie in jedem Beruf, „solche" und „solche". Aus früheren Zeiten sind manche Eltern gewöhnt, jeden Lehrer als Ideallehrer anzufordern; aber heute kann man Lehrer nicht mehr idealistisch überfordern. Und angesichts der gezeigten Schwierigkeiten wissen selbst Schulkinder, daß es keine reine Freude ist, Lehrer zu sein.

Mehr Kontakt mit der Schule

Je mehr Eltern und Lehrer miteinander sprechen und je mehr Lehrer Zeit zur persönlichen Aussprache mit ratsuchenden Schülern finden, um so besser ist das Schulklima. Aus obrigkeitsstaatlichen Zeiten ist die Ansicht zu erklären, die man gelegentlich noch unter Eltern hört: Nur dann Kontakt zur Schule aufzunehmen, um mit den Lehrern zu sprechen, wenn Schulschwierigkeiten der eigenen Kinder entstanden, wenn die „blauen Briefe" gekommen sind. Dann fühlen sich Eltern als Bittsteller, als die von vornherein Unterlegenen. Es müßte zur guten Gewohnheit werden, daß Eltern wenigstens einmal im Jahr mit dem Klassenlehrer ausführlich sprechen und daß etwa in jedem Vierteljahr für die Eltern einer Klasse ein Informationsabend durchgeführt wird, bei dem über neue Methoden und Reformen, Erlasse und Richtlinien gesprochen wird. Wir kennen Fälle, in denen die Eltern einer Klasse monatlich einmal auch gesellig zusammenkommen. Schließlich sitzen sie „im gleichen Boot", und wer die Schüler kennenlernen will, die zu den eigenen Kindern zu Besuch kommen, muß die Eltern kennengelernt haben.

In vielen Schulen fehlt noch ein angemessenes Elternsprechzimmer, man wird „zwischen Tür und Angel" empfangen oder kurz abgefertigt – wie bei der Polizei. Jeder Lehrer muß wen gstens eine Stunde in der Woche während der Schulzeit für Eltern zu sprechen sein.

Die Entwicklung tendiert dahin, daß die Mitverantwortung der Eltern und Schüler im Schulwesen größer wird. Das setzt jedoch genaue Information derer voraus, die mehr mitbestimmen sollen. Die nötige Information kann am besten durch eine stark ausgedehnte, realistische Elternbildung erreicht werden. Elternbildung ist schon deshalb nötig, damit Eltern lernen, die heutige Schulwirklichkeit exakt zu sehen, und nicht nach den meist mehrere Jahrzehnte zurückliegenden Schulerfahrungen der eigenen Kindheit und Jugend urteilen. Wo Elternbildung noch nicht genug als Daueraufgabe erkannt worden ist, besteht die Gefahr, mehr oder weniger naiv Schulmaßstäbe von Anno dazumal auf die Gegenwart und Zukunft zu verpflanzen, so, als habe sich im Schulwesen nichts verändert. Und wie groß sind die Veränderungen!

Doch nicht nur das Schulwesen ist anders als früher, auch die Schüler, unsere Kinder. Die Elternbildung hat die neuesten Erkenntnisse der Kinder- und Jugendpsychologie zu vermitteln und die Eltern davon zu überzeugen, daß fast jede neue Generation ihr neues Leitbild entwikkelt. Man hat es nicht immer mit den gleichen Zielen, Haltungen und Erscheinungsformen des Schülerseins zu tun. Erstaunlich viel an Wissen und Können wird heute von den Schülern verlangt. Sobald Eltern das begriffen haben, gewinnen sie hohen Respekt vor dem, was ihre Kinder in den Schulen leisten.

Wir sagen heute, Schülersein sei ein harter Job. Elternsein ist es auch!!

Franz Pöggeler

WAS KINDER WISSEN WOLLEN

Anregungen zur Sexualerziehung in der Familie

I.

Junge Eltern von heute hätten keinerlei Schwierigkeiten mehr, mit ihren Kindern über jene Fragen zu sprechen, die man in der Vergangenheit als „gefürchtet“ oder „heikel“ bezeichnete. Sie würden offen reden und hätten keine Scheu mehr. So behauptete kürzlich jemand in einer Diskussion.

So schön es wäre, so ganz sicher, daß dieser Jemand recht hat, bin ich mir nicht. Meine Erfahrung, daß Veranstaltungen zum Thema Sexualerziehung fast überall sehr stark besucht werden, spricht dagegen.

Aber ob nun „gefürchtet“ oder nicht, irgendwann kommen diese Fragen – etwa woher das neue Baby der Nachbarin kam –, und dann muß geantwortet werden. Und auch der, der des Themas wegen nicht gehemmt ist, steht dann vor der Überlegung: Was sage ich, wie weit sage ich es? Womit könnte ich mein Kind überfordern?

Weil das so ist, seien an den Anfang dieses Beitrags ein paar Gedanken zum Thema „Aufklärung“ des Kindes gestellt, obwohl es in der Sexualerziehung weit Wichtigeres gibt als die berühmte Frage, wie man es dem Kinde sagt. Wer einem Kind helfen will, Spaß am Lernen zu haben, muß seine Neugier reizen, muß ihm Gelegenheit und Anlässe zum Fragen geben. Denn wenn das Kind von sich aus fragt, dann ist sein Interesse an der Sache da, und dann ist auch der richtige Zeitpunkt für die Antwort gegeben. Damit ist eigentlich entschieden, wann man was sagt: Wenn das Kind einen Anlaß hat und danach fragt. Dann besteht die Kunst nur noch darin, genau hinzuhören, was das Kind eigentlich wissen will, damit man nicht mehr antwortet, als gefragt ist. Wenn das Kind also fragt, wo denn das Baby der Nachbarin bisher war, dann ist die Antwort: Im Bauch seiner Mama! (Sagen Sie Bauch, das ist eine klare Lokalisierung, unter der sich das Kind etwas vorstellen kann – „unter dem Herzen" ist emotional überzogen und vor allem zu ungenau, als daß sich ein kleines Kind darunter etwas vorstellen könnte.) Wie das Baby aus dem Bauch der Mutter herauskam und wie es hineingekommen ist, das sind eigene Fragen, die zu beantworten sind, wenn sie gestellt werden. Einige Kinder – vor allem kleine Mädchen – können das bald tun, andere lassen sich damit Zeit.

Für die Information der Kinder gilt: Nie etwas sagen, was nicht stimmt! Keine Umschreibungen verwenden! Sich selbst nicht in die Situation bringen, etwas zurücknehmen zu müssen! Was wir sagen, muß der Fragestellung des Kindes entsprechen. Es muß nicht vollständig sein, aber immer zu vervollständigen. Es ist gut, wenn wir ein Gespräch beginnen können, indem wir sozusagen ein früheres wieder aufnehmen: „Du weißt ja schon, das habe ich dir schon erzählt . . ."

Die Antwort auf die Frage, wie das Baby aus dem Bauch der Mutter kam (etwa: Wie ist denn das Baby durch die Haut gekommen?), ist relativ einfach: Das weißt du doch, Frauen und Mädchen haben vorn zwischen den Oberschenkeln einen Schlitz, der heißt Scheide. Wenn das Baby groß genug ist, daß es aus dem Bauch herauskann, dann weitet sich die Scheide, und dann kommt dort das Baby heraus. Hinterher zieht sie sich wieder zusammen!

Die Frage, wie das Baby in den Leib der Mutter hineingekommen ist, verlangt je nach Alter und Verständnisfähigkeit des Kindes eine differenzierte Antwort. Im Vorschulalter reicht gewöhnlich der Hinweis, daß, wenn ein Vater und eine Mutter sich ganz liebhaben und der liebe Gott es will, im Leib der Frau ein Kind zu wachsen beginnt. Fragt das Kind jedoch weiter – und selbstverständlich bei etwas größeren Kindern –, sollten wir eine genauere Antwort geben: Im Leib der Frau sind viele Eizellen, und der Vater muß der Mutter seinen Samen geben, damit sich Eizelle und Samenzelle verbinden können. Hier ist selbstverständlich auch nach dem Vorgang gefragt, also sollte das Kind erfahren, daß die Eltern sich ganz liebhaben, eng beieinander liegen, zärtlich zueinander sind und dann der Mann sein Glied in die Scheide der Frau einführt und ihr den Samen gibt. Warum sollten Kinder schließlich nicht wissen, daß die Eltern dabei sehr froh und glücklich sind, daß es ihnen Freude und Lust bereitet?

Vielleicht müssen die Eltern allerdings damit rechnen, daß sie eines Tages gefragt werden, warum kein weiteres Kind kommt, und ob das

daran liegt, daß sie sich möglicherweise nicht mehr „ganz liebhaben". Dann sollten sie versuchen, dem Kind die Gründe für den Verzicht auf weitere Kinder zu erklären. Hier bietet sich der Hinweis auf die Zeitwahl an, durch den das Kind erfährt, daß es zwar auf die Erfüllung seines Wunsches nach einem weiteren Geschwisterchen verzichten muß, aber die Eltern sich noch so lieb wie immer haben.
Und das ist besonders wichtig: daß das Kind seine eigene Existenz in der Liebe seiner Eltern zueinander begründet sieht. Ich lebe, weil meine Eltern sich lieben! – Das ist ein Grund, selbstbewußt und froh zu sein. Aber es wirft auch Probleme auf. Unsere Kinder leben nicht in einer heilen Welt. So begegnen sie anderen Kindern, die keinen Vater mehr haben, weil dieser davongegangen ist. Andere Kinder leben nur bei einem Elternteil, dürfen den anderen jedoch manchmal besuchen. Hier muß gesagt werden, daß jedes Kind seinen Vater hat, daß aber manchmal der Vater nicht bei seiner Frau und seinen Kindern leben kann oder leben will. Doch auch diese Kinder verdanken ihre Existenz der Liebe ihrer Eltern – auch in der Liebe kann man irren!
Die ersten drei Fragen sollten beantwortet sein, bevor das Kind in die Schule kommt. Später wird sich auch die Schule an der Information der Kinder beteiligen, sie kann ausweiten, ergänzen, was im Elternhaus grundgelegt wurde. Aber ihre Möglichkeiten sind auf das Gebiet der Information beschränkt, der mindestens genauso wichtige andere Bereich der Sexualerziehung, über den noch zu reden sein wird, ist ihr weitgehend entzogen. Im übrigen sind die Lehrer verpflichtet, die Eltern am Beginn eines Schuljahres darüber zu informieren, was sie im Hinblick auf die Behandlung sexualkundlicher Fragen planen, damit die Eltern selbst Gelegenheit haben, über diese Probleme vorher oder begleitend mit ihren eigenen Kindern zu sprechen. Dies ist vor allem deswegen nötig, weil in späteren Jahren im Zusammenhang mit der eigenen Entwicklung für das Kind individuelle Fragen wach werden, mit denen es sich an seine Eltern wenden sollte und muß. Das setzt aber voraus, daß das Kind weiß: Mit meinen Eltern kann ich ganz unbefangen über diese Dinge reden.

II.

Sexualerziehung ist aber – es wurde schon angedeutet – weit mehr als nur Aufklärung; sie kann und darf sich also nicht darin erschöpfen, daß wir unseren Kindern zu einem für sie möglichst günstigen Zeitpunkt die Kenntnis gewisser Grund-Tatsachen unseres Lebens vermitteln.

Das kleine Kind weiß bereits, daß es ein Bub oder ein Mädchen ist, lange bevor ihm die körperliche Verschiedenheit der Geschlechter bewußt wird. Es erfährt also seine Sexualität zum ersten Male darin, daß es entweder als männliches oder als weibliches Wesen existiert. Entsprechend übernimmt das Kind auch jene Verhaltensweisen, die ihm in seiner Umgebung als für sein Geschlecht spezifisch dargestellt werden oder erscheinen: das kleine Mädchen spielt Mutter, der Junge kopiert den Vater.

Sexualerziehung ist zunächst einmal Erziehung zur Annahme und Bejahung der eigenen, stets geschlechtlich geprägten Existenz. Sollen wir auch sagen, Sexualerziehung sei Erziehung zum Mannsein und zum Frausein? Grundsätzlich ist das richtig, aber die Gefahr der Mißverständnisse ist sehr groß. Noch sind gewisse Klischee-Vorstellungen darüber, wie eigentlich ein Mann und wie eine Frau zu sein habe, nicht völlig überwunden (noch ist nämlich gelegentlich zu hören, daß ein Bub nicht weinen, ein Mädchen nicht pfeifen dürfe!). Wir fragen daher: Wie ist denn ein Mann, wie sollte er sein? Wie ist die Frau, wie sollte sie sein?

Daß wir keine eindeutigen Antworten darauf wissen, das ist unsere Schwierigkeit. Denn vieles von dem, was man in der Vergangenheit als das „Wesen" des Mannes oder der Frau zu erklären versuchte, erwies sich inzwischen als das Ergebnis von Veranlagung, Erziehung und Umwelteinflüssen. Aber vielleicht können wir eher sagen, was Mann und Frau heute und morgen zu tun, welche Aufgaben sie zu lösen, welche Probleme sie zu meistern haben werden. Erziehung müßte sie darauf vorbereiten und dazu befähigen. Das bedeutet für die Erziehung zum Mannsein sicherlich, daß beim Jungen nicht nur die geistigen Kräfte, sondern auch die des Gemütes entwickelt werden müssen. Für die Erziehung zum Frausein heißt es, daß das Mädchen nicht nur gemüthaft angesprochen und nicht nur auf die sogenannten weiblichen Eigenschaften hin erzogen werden darf; es muß befähigt werden, die verschiedenen Aufgaben und Rollen, von denen zukünftig die Mutterrolle wohl nur eine, wenn auch sicherlich sehr wichtige, neben anderen sein wird, zu übernehmen und zu spielen.

Jungen und Mädchen sollten sich freuen dürfen, als die zu leben, die sie sind. Den Jungen fällt das meistens auch gar nicht zu schwer, sie empfinden es vielleicht sogar als einen besonderen Vorzug, Junge zu sein. Mädchen dagegen neigen zuweilen dazu, ihr Geschlecht eher als eine Benachteiligung denn als einen Vorzug gegenüber den Buben zu empfinden. Hier fragt man sich unwillkürlich, woher das kommt. Eine doppelte Moral, die den Jungen viel mehr Freiheiten und Rechte zugestand, den Mädchen hingegen vor allem Pflichten auferlegte und Zurückhaltung anempfahl, ist auch heute noch nicht überall überwunden.

Sexualverhalten ist eine Form des Sozialverhaltens, weil Sexualität immer einen Bezug zu einem Partner hat und eine sexuelle Beziehung zu einem Partner grundsätzlich auch im Kinde fruchtbar werden kann. Sexualerziehung muß sich von daher als Erziehung zu einem verantworteten sozialen Verhalten verstehen. Das heißt: Für die sexuellen Beziehungen zweier Menschen müssen die gleichen Grundsätze und Regeln gelten, die auch sonst im Umgang mit Menschen üblich sind und ohne die ein Zusammenleben und Zusammenwirken nicht möglich wäre. Zur Sexualerziehung gehört also wesentlich, daß das Kind lernt, kameradschaftlich und fair mit anderen Menschen umzugehen, Rücksicht zu nehmen und in der richtigen Weise mit ihnen zusammen zu spielen, sich ihnen anzupassen und die nun einmal unvermeidlich auftretenden Spannungen und Konflikte redlich und menschlich korrekt auszutragen.

Hier sind Kinder aus sogenannten „kleinen Familien" dadurch benachteiligt, daß ihnen im Elternhaus das Übungsfeld fehlt. Unter Geschwistern erführen sie leichter, daß sie ihre eigenen Rechte nur so weit in Anspruch nehmen dürfen, wie sie die Rechte anderer zu respektieren bereit sind. Hier könnten sie auch lernen, für das Zusammenleben mit anderen unvermeidbare Kompromisse zu schließen. Nicht daß etwa ein Fünfjähriger den Zweijährigen unterdrückt, ist in der „kleinen Familie" das Problem – dies wird in der Regel die Mutter verhindern –, sondern daß gerade wegen des ständig notwendigen Eingreifens der Erwachsenen die Kinder nicht lernen, ihre Beziehungen selbständig zu regeln. Hier können der Kindergarten, vor allem aber auch Spielgruppen, zu denen sich mehrere Mütter mit ihren kleineren Kindern regelmäßig stundenweise irgendwo treffen, als Trainingsfeld für soziales Verhalten von großer Bedeutung sein.

III.

Mehr als neunzig von hundert Menschen in der Bundesrepublik heiraten irgendwann im Laufe ihres Lebens. In der Ehe hat der Vollzug des Geschlechtsverkehrs nach christlichem Verständnis ihren legitimen Ort. Hier sind die Voraussetzungen gegeben, Sexualität in mehrfacher Hinsicht – nicht nur im Kind, sondern auch in der gegenseitigen Beglückung, in der gemeinsamen Freude am Leben – fruchtbar werden zu lassen. Die richtige Integration der Sexualität in der Ehe ist von großer Bedeutung. Die Partner müssen lernen, ihre Wünsche und Bedürfnisse auszusprechen, sich abzustimmen. In manchen Ehen kommt es zu Krisen, weil in ihr die Sexualität einen zu geringen Stellenwert besitzt, weil vielleicht einer der Partner an Hemmungen leidet, mit Störungen in seinem Verhältnis zur eigenen Sexualität nicht fertig geworden ist. Hier werden die Bedürfnisse des Partners vernachlässigt. Aber es kann auch der umgekehrte Fall eintreten, daß der eine Partner von den Ansprüchen des anderen überfordert ist. Längst hat ja die Aufklärungswelle in den Illustrierten neue Leistungsstandards kreiert und damit sowohl Erwartungen im Hinblick auf das Leistungsvermögen des Partners als auch Befürchtungen, nicht zu genügen, hervorgerufen. Voraussetzung dafür, daß diese Schwierigkeiten überwunden werden, ist die Bereitschaft, ganz offen miteinander darüber zu sprechen.

Zu den Irrlehren unserer Zeit gehört die verbreitete Auffassung, das Scheitern einer Ehe liege vor allem oder gar ausschließlich in sexuellen Problemen begründet. Sex als Heilmittel bei Ehekrisen hält selten, was die Illustrierten davon versprechen.

Was ergibt sich daraus im Hinblick auf die Sexualerziehung? Sicherlich kann und darf man Sexualerziehung nicht gleichsetzen mit einer Erziehung zur Ehe. Würde sie so verengt gesehen, bliebe unberücksichtigt, daß immerhin einige Prozent der Bevölkerung auf die Ehe verzichten oder verzichten müssen, daß andere noch nicht oder nicht mehr verheiratet sind.

Aber ob verheiratet oder nicht, jeder Mensch lebt in sozialen Beziehungen. Sollen diese Beziehungen befriedigend sein, setzen sie zwei Eigenschaften voraus, die man als Liebesfähigkeit und als Partnerfähigkeit bezeichnen könnte. Die Liebesfähigkeit eines Menschen entwickelt sich jedoch nicht dann, wenn ihm irgendwann gesagt wird, er müsse die Menschen lieben. Voraussetzung dafür ist die Erfahrung, daß er geliebt wird und daß es beglückend ist, zu lieben. Diese Erfahrung macht bereits das kleine Kind. Sexualerziehung als Erziehung zur Liebesfähigkeit fängt also damit an, daß das Kind geliebt wird und lernt, die Liebe zu beantworten. Die Meinung, daß der Mensch nur das an Liebe geben könne, was zuvor in ihn hineingeliebt worden sei, ist gewiß nicht ohne Berechtigung.

Für das Gelingen einer Ehe aber ist neben der Liebesfähigkeit heute die Partnerfähigkeit beider junger Menschen eine der wichtigsten Voraussetzungen. Wir wissen jedoch, wie schwer junge Paare sich tun, die Partnerschaftlichkeit, die im Umgang mit Kollegen selbstverständlich ist, auf ihre ehelichen Beziehungen zu übertragen. Hier wirkt sich das in der Ursprungsfamilie erlebte Vorbild aus. Der junge Mann, der seinen Vater als den Herrn des Hauses und seine Mutter als die geduldige Magd der ganzen Familie erlebte, wird in seiner eigenen Ehe leicht in das Verhalten seines Vaters verfallen und seiner jungen Frau gegenüber ähnliche Erwartungen hegen, wie sie der Vater der Mutter gegenüber äußerte.

Das kann aber den Tod der Ehe bedeuten, wenn die junge Frau ein anderes Selbstbewußtsein hat als ihre Schwiegermutter, wenn sie den Mann nur deswegen, weil er ein Mann ist, nicht auch schon für fähig hält, immer recht zu haben, und nicht bereit ist, ihm zuzubilligen, daß er immer das letzte Wort haben müsse.

Wenn die Kinder von heute diesen Konflikt morgen nicht erleben sollen, wenn wir verhindern wollen, daß auch weiterhin Ehen an mangelnder Partnerfähigkeit scheitern, dann müssen wir die Kinder von klein auf zur Partnerschaftlichkeit erziehen. Im Hinblick auf die Geschlechter heißt das: Anerkennung der Gleichwertigkeit und Gleichrangigkeit, gleiche Chancen für Buben und Mädchen, gleiche Rechte und gleiche Pflichten in der Familie, keine einseitige Arbeitsteilung (z. B. Hausarbeit nur für Mädchen), gleichmäßige Förderung aller bei den Kindern vorhandenen positiven Anlagen.

Nicht zuletzt aber bedeutet Erziehung zur Partnerfähigkeit das Bemühen der Eltern um Partnerschaftlichkeit in ihren Beziehungen zueinander. Kinder lernen eben weniger durch Worte als durch Beispiele. Und wie soll der Sohn morgen seine Frau partnerschaftlich akzeptieren, wenn er in der Mutter das Dienstmädchen der ganzen Familie erlebte?

IV.

Zum Schluß noch ein paar praktische Probleme und Fragen: Daß Kinder ihren eigenen Körper entdecken, ihn eingehender inspizieren und dabei auch ihre Geschlechtsorgane untersuchen, ist – man sollte es nicht mehr sagen müssen! – normal und notwendig. Nur so findet das Kind zu einem unbefangenen und ungestörten Verhältnis zu seiner Leiblichkeit und zu seiner Sexualität.

In der Vergangenheit ist im Zusammenhang damit mancher Fehler gemacht worden, und zwar unter dem Stichwort „Erziehung zur Schamhaftigkeit“. Man hat häufig die ganz natürliche Neugier des Kindes auf seinen Körper als schädlich und unschamhaft angesehen.

Nun bedeutet aber Scham (nach Friedrich Muckermann) nichts anderes als das Bemühen, den eigenen Intimbereich vor dem unberufenen Eindringen anderer zu schützen. Erziehung zur Schamhaftigkeit ist also Erziehung zur Respektierung des eigenen Intimbereichs und den der anderen. Ein Kind kann schamlos sein, wenn es nicht gelernt hat, bestimmte Dinge für sich zu behalten, wenn *es* dazu neigt, sich selbst und andere bloßzustellen. Daß der Körper in unserem Kulturkreis zu dem schamgeschützten Intimbereich gehört, weiß das kleine Kind noch nicht, also wird es sich normalerweise seiner Nacktheit auch nicht schämen – wohl aber kann es sich längst anderer Dinge schämen, zum Beispiel, wenn es sich von den Eltern „bloßgestellt“ sieht. (Nebenbei: In der Bibel steht die körperliche Nacktheit als Symbol für das Bloßgestelltsein; „nackt“ und „bloß“ sind bei uns synonyme, also inhaltsgleiche Begriffe. Darum können wir die Stelle, als Adam und Eva erkannten, daß sie nackt waren, durchaus übersetzen mit: Sie sahen sich bloßgestellt – Gott hatte sie gewissermaßen durchschaut!)

Selbstverständlich sollen Kinder auch erfahren, wie das andere Geschlecht aussieht. Deswegen ist es gut, wenn Buben und Mädchen vielleicht gemeinsam baden, wenn sie einander in der Familie nackt sehen dürfen. Und selbstverständlich dürfen Kinder auch ihre Eltern nackt sehen.

Wenn wir aus der Häufigkeit, in der danach bei Elternveranstaltungen gefragt wird, schließen dürfen, dann ist es heute weit verbreitet, daß kleinere Kinder oft und intensiv an ihren Geschlechtsteilen spielen. Hier ist also nicht mehr davon die Rede, daß Kinder sich selbst kennenlernen wollen. Man spricht von frühkindlicher Onanie.

Gelegentlich hört man dazu den Rat, die Sache einfach nicht zur Kenntnis zu nehmen und sie zu übersehen. Das Kind reagiere auf irgendeine Störung in seinem Wohlbefinden, auf Unlustgefühle, indem es sich Lustgefühle am eigenen Körper verschaffe. Das helfe ihm, mit der Störung in seinem Wohlbefinden leichter fertig zu werden.
Daran ist sicherlich so viel richtig, daß man weder mit Verboten noch mit der Mahnung erreicht, das Kind solle die Händchen aus der Hose nehmen. Es wird nur dorthin ausweichen, wo es sich unbeobachtet glaubt. Aber gar nichts zu tun, wäre genauso falsch. Selbstverständlich spürt das Kind, solange es mit sich selbst beschäftigt ist, das Problem nicht so stark, an dem es leidet. Aber wenn wir sagen, daß dieses Spielen an den Genitalien ein Ausweichen vor irgendwelchen Störungen ist, dann kann die Hilfe für das Kind nur in dem Versuch bestehen, die Störungen im Wohlbefinden des Kindes zu finden, ihre Ursachen aufzudecken und sie zu beseitigen. (Gleiches gilt übrigens bei intensivem Daumenlutschen, Bettnässen, Nägelkauen usw.) Wichtig ist schließlich noch, daß die Kinder, bevor sie in die Pubertät kommen, vorbereitet werden auf die körperlichen Veränderungen und Vorgänge, die das Erwachsenwerden anzeigen. Doch nicht nur die Kinder sollten auf die Reifezeit vorbereitet werden. Auch die Eltern tun gut daran, sich rechtzeitig darauf einzustellen, was auf sie zukommt, wenn die Kinder anfangen, wegzugehen. Aber bis dahin ist ja für jemanden, der am Anfang seiner Ehe steht, noch etwas Zeit!

Barthold Strätling

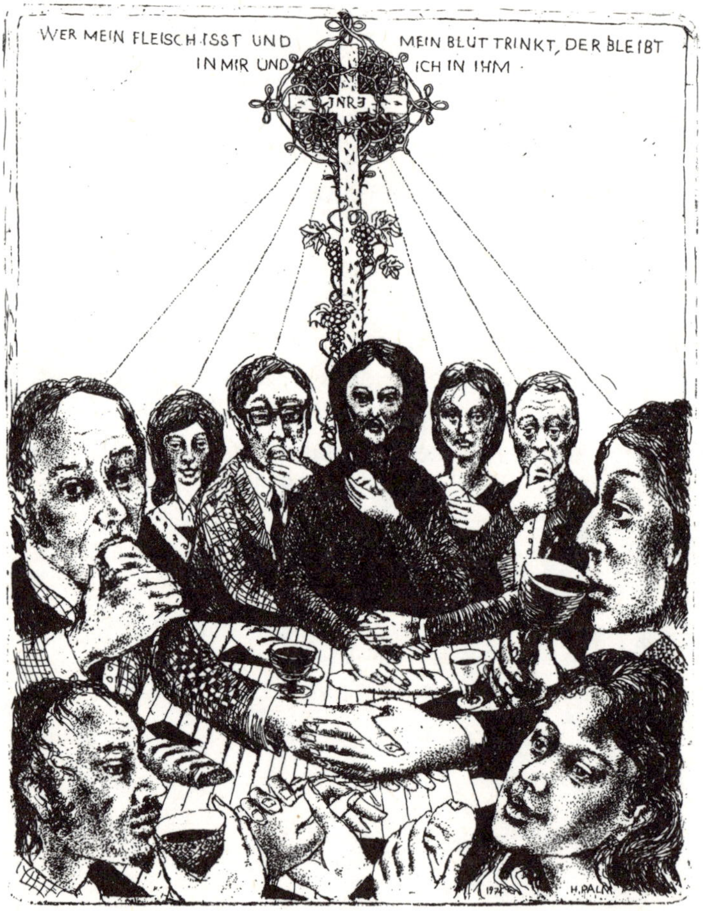
WER MEIN FLEISCH ISST UND MEIN BLUT TRINKT, DER BLEIBT
IN MIR UND ICH IN IHM ·
INRI
H. PALM

HINFÜHRUNG DER KINDER ZUR

ERSTBEICHTE, FRÜH- UND ERSTKOMMUNION

Bei allen räumlichen und zeitlichen Unterschieden im deutschen Sprachgebiet halten es die Bischöfe nach wie vor für erstrebenswert, daß möglichst viele überzeugt aus ihrem Glauben lebende Eltern ihre Kinder selbst frühzeitig, etwa 1 bis 2 Jahre vor Schuleintritt, auf den Empfang der heiligen Kommunion vorbereiten und sie danach zur sogenannten „Frühkommunion" an einem Sonn- oder Feiertag mitnehmen. Das bleibt auch weiterhin für gläubige Eltern sinnvoll, die gewillt und in der Lage sind, ihr Kind in schlichter Weise zur Glaubensunterscheidung des eucharistischen vom gewöhnlichen Brot und damit zur innigeren Verbindung mit Jesus Christus führen. Dabei mögen Pfarrer oder Lehrer den Eltern gern Handreichungen empfehlen oder zur Verfügung stellen, aber keineswegs ihnen diese schöne Elternaufgabe abnehmen. Falls die Eltern diese Hinführung zur Frühkommunion nämlich nicht selbst leisten können, sollten sie lieber warten, bis ihr Kind mit seinem Jahrgang in der Pfarrei oder Schule gemeinsam vorbereitet und zur „Erstkommunion" geführt wird. An diesen gemeinsamen Vorbereitungen und vor allem an dem nachhaltigen Erlebnis einer großen „Erstkommunionfeier" in der Pfarrkirche sollten natürlich auch jene Eltern ihr Kind teilnehmen lassen, die es vorher selbst zur Frühkommunion geführt und ihm danach eine kleine häusliche Familienfeier bereitet haben.

Früh-kommunion erstrebenswert

Hilfe des Pfarrers oder Lehrers

Wann haben nun Gewissensbildung, Bußerziehung und Erstbeichte ihren richtigen Ort und Zeitpunkt? Die Antwort ist verhältnismäßig einfach für die Bildung des Gewissens und der Bußgesinnung, nämlich – der inneren Entwicklung entsprechend, durch das ganze Leben. Alle neueren Handreichungen empfehlen den Eltern, bei der Gewissensbil-

Gewissens-bildung

dung ihrer Kinder im Vorschul- und auch noch im Grundschulalter behutsam zu helfen und ihnen das christliche Hauptgebot der Liebe vorzustellen. Keinesfalls darf dem Kind bei allgemein menschlichem Versagen oder alltäglichen Unarten eine „Höllenangst" wegen angeblicher „Todsünden" eingejagt werden, zu denen es in diesem Kindesalter überhaupt noch nicht fähig ist. Um diese schädliche Sündenangst von den Kleinkindern fernzuhalten, haben die Rahmenrichtlinien zum Religionsunterricht von 1967 die Möglichkeit vorgesehen, daß die Kinder erst und spätestens im 4. Schuljahr „eine eingehende Anleitung zu einem differenzierten Beichten erhalten und im Laufe des Jahres das Bußsakrament empfangen" sollen. Durch das anschließende Überwechseln der Kinder in die weiterführenden Haupt- und höheren Schulen hat sich diese probeweise eingeführte Praxis als schwierig für die notwendige, nachfolgende pastorale Betreuung der Schüler erwiesen, von denen viele sich während der Reifezeit von kirchlicher Praxis distanzieren. Darum haben nach einer römischen Erklärung für die ganze Weltkirche die deutschen Bischöfe bezüglich des Zeitpunktes der Erstbeichte wieder vor der Erstkommunion 1973 folgende Richtlinien erlassen:

Keine Todsünden und Höllenangst

1. „Die Hinführung der Kinder zur ersten heiligen Beichte soll in der Regel vor der Erstkommunion geschehen. Ausnahmen sind – unbeschadet des Rechtes des Kindes auf den Empfang des Bußsakramentes – auf ausdrückliches Verlangen der Eltern zuzulassen. Dabei ist eine konsequente, der jeweiligen Entwicklungsphase des Kindes angepaßte Hilfe auch in den folgenden Jahren unverzichtbar, weil die frühe Hinführung allein das religiöse Leben nicht sichert, vielmehr einer Einordnung in die gesamte Bußerziehung bedarf. Die Hinführung soll ganz auf die Glaubenserfahrung des Kindes von Buße und Versöhnung in der kirchlichen Gemeinschaft hingeordnet sein, ernstes religiöses Streben erleichtern und der Gewissensorientierung in Freiheit und Verantwortung dienen.

2. Wo wegen der Hinführung der Kinder zur ersten heiligen Beichte im 4. Schuljahr eine Zeit des Übergangs erforderlich ist, sollen Seelsorger, Eltern und Erzieher gemeinsam um eine Regelung bemüht sein", wozu sich eine rechtzeitige Absprache empfiehlt.

3. „Die Hinführung der Kinder zur ersten heiligen Beichte und zur ersten heiligen Kommunion ist Sache der Priester, der Eltern und der Gemeinden. Soweit wie möglich sollen darum auch die Eltern an der Vorbereitung der Kinder beteiligt werden. Das sollte auch dann geschehen, wenn örtliche Verhältnisse eine Hinführung im Rahmen der Grundschulklassen noch möglich machen. In der Regel wird die außerschulische Sakramentenkatechese in der Gemeinde der echte Ort für diese Hinführung sein, an der sich auch die am Gemeindeleben aktiv beteiligten Lehrerinnen und Lehrer beteiligen mögen. Die Bischofskonferenz hält es auch nach wie vor für erstrebenswert, daß möglichst viele Eltern ihre Kinder frühzeitig (Frühkommunion) auf den Erstempfang der Sakramente vorbereiten.

4. Nach der heiligen Beichte und der ersten heiligen Kommunion sollen die Kinder eingeladen werden, häufiger zur heiligen Beichte und zur heiligen Kommunion zu gehen. In Verbindung mit den Gruppen der außerschulischen Pfarrkatechese sollte die Hinführung mehrmals im Jahr (z. B. Advent, Fastenzeit, Quatembertage ...) geschehen. Die rechtzeitige Hinführung der Kinder zur Erstbeichte und Erstkommunion muß mit einer entsprechenden Seelsorge an den Eltern verbunden werden. Daher gehört die Hinführung zur ersten heiligen Beichte und zur Erstkommunion in den Rahmen einer allgemeinen Bußpastoral, die in den nächsten Jahren einer besonderen Aufmerksamkeit der Bischöfe und Priester bedarf.

5. Unbeschadet der großen Bedeutung, die einer Gemeindekatechese für die Hinführung zu den Sakramenten zukommt, bleibt die thematische Behandlung dieser Sakramente auch eine wichtige Aufgabe des schulischen Religionsunterrichtes."

Nach alledem kann den Eltern von Kindern in der Grundschule nur empfohlen werden, sich so früh wie möglich mit ihrem Pfarrer zu besprechen, wann, wo, womit und schließlich durch wen die gemeinsame Hinführung zum ersten Empfang des Sakramentes der Buße und der Eucharistie geschehen soll. Bei Elternabenden und durch Rundbriefe und Materialhilfen können Vater und Mutter ihre unverzichtbaren Aufgaben bei der Hinführung ihrer Kinder zum Sakramentenempfang erfahren. Dabei werden auch alle Fragen der Gestaltung einer

würdigen Feier in der Kirche und anschließend im häuslichen Familienkreis zur Sprache kommen.
Nichts und niemand darf im Wege stehen, den mitfeiernden Christen die Glaubenserfahrung der Apostellehre zu eröffnen:
„Heiliger Vater, Preis und Dank sei Dir für das Brot des Lebens und den Quell des Heils, die Deine ewige Gnade in Jesus Christus uns darbietet:
Dank für das Leben und die Erkenntnis, die Du uns durch unseren Retter und Heiland geschenkt hast.
Wir bringen Dir unser Herz und unser Leben; es gehört Dir. Heilige uns durch Deine Gnade, damit wir fähig werden, das ewige Leben zu empfangen. Und wie aus vielen Getreidekörnern dieses Brot und aus vielen Trauben dieser Trank geworden ist: Ein Brot und ein Kelch: So führe Deine Gemeinde von der ganzen Erde her zusammen in Deinem ewigen Reich."

Heinz Loduchowski

WENN KINDER KUMMER MACHEN . . .

Die Familie saß bei Tisch. Vater, Mutter und die beiden Kinder von fünf und neun Jahren boten äußerlich das Bild vollkommener Harmonie. Sie sprachen miteinander, sie reichten einander die Schüsseln, lächelten. Die Kinder schienen gut erzogen, vielleicht eher ein bißchen zu brav. Kaum zu glauben, daß an diesem Tisch auch ein Kummerkind saß.

Und doch hatte mir der Geistliche, der die Bildungsfreizeit für Eltern als Seelsorger begleitete, eben gesagt, das Elternpaar möchte mich gern persönlich sprechen, weil es sich wegen des größeren der beiden Buben ernsthaft Sorge mache und meinen Rat hören möchte. Ihm selbst, dem Geistlichen, sei in diesen Tagen nichts aufgefallen, aber die Eltern hätten sich bei ihm beklagt, zuzeiten sei es mit dem Buben nicht auszuhalten. Dann saßen mir die Eltern gegenüber und berichteten. Und sie fragten sich, was sie denn wohl alles falsch gemacht hätten, daß der Bub sich nun so verhalte, regelrechte Aggressionsausbrüche bekomme, seine Eltern und Geschwister tyrannisiere, wahnsinnig eifersüchtig auf den kleineren Bruder sei, obwohl dazu eigentlich gar kein Anlaß gegeben werde. „Wir haben uns doch so viel Mühe mit dem Kind gegeben – und nun dies!"

Die Eltern reagierten, wie es für viele Eltern typisch ist: Wenn ein Kind sich anders verhält, als man es erwartet und als andere Kinder sich verhalten, wenn es – wie man so sagt – „schwierig", ein Problemkind ist, dann suchen sie die Schuld zunächst und ausschließlich bei sich, sie fragen, was sie falsch gemacht haben. Aber sie können nicht allzuviel finden, denn ihre anderen Kinder verhalten sich ja – trotz der gleichen Erziehung – „normal". Also liegt es am Kinde! – Oder steckt gar der Teufel in diesem Kind?

In diesem Fall brachten einige Äußerungen der Mutter schon bald eine Spur ans Licht, die zu einer Erklärung für die Verhaltensstörungen des Kindes führte und damit die Voraussetzungen bot für eine richtige Behandlung mit Aussicht auf Heilung.
Die Geburt des Kindes war kompliziert gewesen und hatte lange gedauert. Eine Ärztin, die dem Kind gelegentlich Medikamente gegen Unruhezustände verordnete, hatte der Mutter gegenüber angedeutet, es sei möglich, daß während der lange dauernden Geburt beim Kind eine Durchblutungsstörung des Gehirns eingetreten sei, die zu einer leichten, äußerlich aber kaum feststellbaren Schädigung geführt habe.
Die Eltern erwarteten von mir, daß ich ihnen sagen würde, wie sie sich ihrem Kind gegenüber verhalten sollten. Genau das aber konnte ich nicht. Es ist schon im Hinblick auf ein Kind, das nicht verhaltensgestört ist, nicht zu verantworten, Erziehungsrezepte zu geben; denn zur Erziehung gehört, daß man sich auf jedes Kind und seine Bedürfnisse einstellt. Noch viel weniger lassen sich erzieherische Ratschläge im Hinblick auf gestörte Kinder vertreten, wenn man nicht die Situation des Kindes, die Ursachen der Störung und auch Eigenart und Wesen der Eltern einigermaßen verläßlich kennt. Trotzdem, glaube ich, konnte ich den Eltern helfen. Diese Hilfe bestand zunächst darin, daß ich den Eltern einfach verbot, nach der eigenen „Schuld“ an der offensichtlichen Verhaltensstörung des Kindes zu fragen. Kein Vater und keine Mutter wird von sich behaupten können, in der Erziehung der Kinder alles richtig gemacht und sich den eigenen Kindern gegenüber niemals falsch verhalten zu haben. Es ist also durchaus berechtigt, nach jenen Gründen für die Verhaltensstörung des Kindes zu fragen, die in den Personen der Eltern liegen. Doch das heißt nicht, daß man auch von Schuld sprechen sollte, denn Schuld ist eine moralische Kategorie. Wenn Eltern sich aus Unkenntnis dem Kind gegenüber falsch verhalten, aber von der Notwendigkeit und Richtigkeit ihres Tuns überzeugt sind, kann man nicht von Schuld sprechen. Dieser Freispruch – nicht von den Fehlern, sondern von den Schuldhaftigkeitsvorstellungen – erleichtert es den Eltern, möglichst unbefangen an der Heilung ihres Kindes mitzuwirken.

Eltern sind nicht immer schuldig

Die Hilfe bestand außerdem darin, den Eltern einsichtig zu machen, daß es die vielleicht von mir erhoffte schnelle Lösung nicht geben konnte; Voraussetzung für die Heilung des Kindes sei dessen gründliche Untersuchung sowohl durch Ärzte als auch durch geschulte

Psychologen. Denn nur wenn man die Ursachen sicher erkannte, war eine wirkliche Hilfe möglich. Indem ich von Heilung und Hilfe sprach, baute ich bei den Eltern zugleich die Vorstellung ab, es handele sich bei dem Verhalten des Kindes um eine „Ungezogenheit" und um die Folge einer „falschen Erziehung". Sie sollten erkennen, daß hier Verhaltensstörungen vorlagen, die mindestens teilweise als krankhaft oder als Ausflüsse einer Krankheit zu gelten hatten.

Die Hilfe bestand schließlich drittens darin, daß ich den Eltern den Kontakt zu einem Erziehungsberater vermittelte, diesen vorinformierte und meinen Einfluß bei ihm geltend machte, in Anbetracht der Dringlichkeit des Falles dem Elternpaar bald einen Termin zu einer ersten Aussprache zu geben. Inzwischen kenne ich die ersten Ergebnisse. Der Erziehungsberater veranlaßte eine gründliche ärztliche Untersuchung des Buben. Was die Eltern als Erziehungsschwierigkeiten aufgefaßt hatten, erwies sich nun als die Reaktion des Kindes auf eine Krankheit, nämlich eine leichte Gehirnschädigung mit ebenfalls leichten Bewegungsstörungen, die niemandem richtig aufgefallen war. Heute befindet sich der Bub sowohl in medizinischer als auch in heilpädagogischer Behandlung – und auch die Eltern werden nicht nur beraten, sondern in gewissem Sinne sogar in die Behandlung ihres Kindes einbezogen. Denn es kommt wesentlich auf sie an, daß das Kind seine Verhaltensstörungen verliert und mit seiner Krankheit und seiner Behinderung zu leben lernt. Das kann ein durchaus menschlich befriedigendes Leben sein.

Mit ärztlicher Hilfe

Die Geschichte dieses Buben ist eine von vielen, die dem begegnen, der häufig mit Eltern über Erziehungsfragen arbeitet. Kaum ein Seminar mit Eltern, wo man nicht privat auf die Situation eines bestimmten Kindes angesprochen wird, auf die Schwierigkeiten mit einem Kummerkind. Hier verantwortlich einen direkten Rat zu geben, ist nicht möglich. Meistens kann man nur empfehlen, die Erziehungsberatung aufzusuchen und das Kind dort vorzustellen.

Leider begegnet diese Empfehlung noch manchem Vorurteil. Viele Eltern entschließen sich erst dann, die Hilfe der Erziehungsberatungsstelle in Anspruch zu nehmen, wenn sie nach allen gutgemeinten Versuchen, mit dem Kind selbst „zurechtzukommen", keinen anderen Ausweg mehr sehen. Bis dahin ist meistens wertvolle Zeit verloren, die Verhaltensstörungen sind häufig bereits so verfestigt, daß es sehr viel mühsamer ist, wirklich zu helfen. So wird manche Chance vertan.

Beratung ist keine Kapitulation

Selbstverständlich haben die Eltern für ihre Zurückhaltung Gründe. Viele befürchten, in der Erziehungsberatungsstelle werde ihnen sozusagen ein Offenbarungseid in Sachen erzieherischer Unfähigkeit abverlangt. Sie sehen bereits im ersten Schritt zur Erziehungsberatungsstelle das Eingeständnis, in der Erziehung versagt zu haben. Außerdem befürchten sie, ihr Kind könne, weil es in der Erziehungsberatung war, in seiner Umgebung als „schwierig" eingestuft werden und in einen schlechten Ruf geraten. Diese Befürchtungen sind zum Teil verständlich. Nur zu häufig war in der Vergangenheit davon die Rede, daß das Elternhaus in der Erziehung versage, so daß viele Eltern unsicher geworden sind. Immer wieder hat man dem Elternhaus eine Allzuständigkeit in Sachen Erziehung zugesprochen oder abverlangt, die es tatsächlich weder jemals hatte noch jemals haben konnte. So wurden beim Kind auftretende Störungen automatisch den Eltern angelastet, von diesen – siehe oben – als Schuld empfunden. Ein Kummerkind – oder schwarzes Schaf – zu haben, wird als Makel empfunden.

Ganz sicher ist dies: Kinder, die in belastenden Familiensituationen aufwachsen, die vielleicht jahrelang in einem von Unfrieden gekennzeichneten Elternhaus leben müssen, zeigen häufig Störungen, die die Hilfe der Erziehungsberatungsstelle, nicht selten auch eine psychotherapeutische Behandlung erforderlich machen. Aber die Vorstellung, daß Verhaltensstörungen bei Kindern ihren Ursprung vor allem oder ausschließlich in ungünstigen familiären Verhältnissen hätten, ist heute überholt. Wir wissen, wie häufig Überforderung durch den Leistungsdruck der Schule, Anpassungsschwierigkeiten von Einzelkindern in der Klasse und die Flut der aus der Öffentlichkeit auf die Kinder einströmenden Eindrücke Verhaltensstörungen auslösen. Die Eltern können diese Entwicklung noch verschärfen, indem sie vielleicht falsch reagieren.

Leistungsdruck Schule

Umwelteinfluß

Es seien hier nur zwei mögliche Ursachen von Verhaltensstörungen bei Kindern angesprochen. Da ist einmal die Legasthenie, die Lese- und Rechtschreibeschwäche, die heute bei Kindern vermehrt festgestellt wird. Ein vielleicht sogar hochbegabtes Kind, das im Lesen und Schreiben mit den anderen nicht Schritt hält und gar verlacht wird, muß sich als Versager empfinden und wird deswegen – je nach Temperament – mit Aufsässigkeit auf seine Umwelt reagieren, oder aber mutlos und apathisch werden. Ähnliche Schwierigkeiten erwarten Wissenschaftler – vor allem nach Untersuchungsergebnissen in Amerika – hinsichtlich

jener Kinder, die aufgrund irgendwelcher Disposition von der in den Schulen eingeführten neuen Mathematik (Mengenlehre) überfordert sind.
Es sind also keineswegs die Eltern an allem schuld. Und deswegen braucht niemand den Weg zur Erziehungsberatungsstelle zu scheuen. Die Erziehungsberatungsstelle heißt übrigens deswegen „Beratungsstelle“, weil man dort beraten wird, sich beraten lassen, sich Rat holen kann. Und Rat brauchen wir immer dann, wenn sich irgendeine Schwierigkeit ergibt, mit der wir allein nicht fertig werden, wenn wir eine Sache nicht richtig verstehen, wenn wir „keinen Durchblick haben“, wie es heute heißt. Die erste Aufgabe der Erziehungsberatungsstelle ist es, den Eltern zu helfen, ihr Kind besser zu verstehen – also den Durchblick zu schaffen. Damit ist in vielen Fällen schon geholfen. Und damit kann in vielen Fällen vermieden werden, daß später bei einem Kind Verhaltensstörungen auftreten, die sehr viel schwieriger zu beheben sind. Auch hier gilt – wie beim Arzt –, daß Vorbeugen besser ist als Heilen! Leider ist die Inanspruchnahme der Erziehungsberatungsstelle längst noch nicht so selbstverständlich wie beispielsweise die Inanspruchnahme der ärztlichen Mütterberatung.
Allerdings ist diese Inanspruchnahme der Erziehungsberatungsstellen heute auch noch nicht so leicht möglich. Der körperliche Gesundheitszustand eines Kindes läßt sich durch einige Routineuntersuchungen überprüfen. Findet der Arzt Anzeichen einer Krankheit, so verweist er die Mutter mit dem Kind an ihren Hausarzt oder an eine Klinik zur Behandlung. In der Erziehungsberatungsstelle sieht es anders aus. Um die Gründe für eine Verhaltensauffälligkeit des Kindes festzustellen, sind Gespräche mit dem Kind selbst, mit den Eltern, sind Untersuchungsreihen und Tests und manches andere erforderlich. Das alles kostet Zeit. Sofern nicht eine Behandlung in einer Klinik angeraten werden kann, muß die Behandlung des Kindes selbst – ggf. auch seiner Angehörigen – von der Beratungsstelle geleistet werden. Der Aufwand für das einzelne Kind ist also sehr groß. Das führt dazu, daß vielfach nur noch sogenannte dringende Fälle, also Kinder mit sehr erheblichen Verhaltensstörungen, angenommen werden können oder zumindest den absoluten Vorrang haben. Für viele Eltern bedeutet dies eine harte Geduldsprobe, weil sie unter Umständen ziemlich lange warten müssen, bis sie einen Termin bei der Erziehungsberatung bekommen. Daß über das lange Wartenmüssen unter Umständen ein anfangs „leichter

Genaue Diagnose

Fall", dem mit einigen Aussprachen geholfen wäre, sich zu einem „schweren Fall" mit einer langandauernden Behandlung entwickelt, das sehen auch die Erziehungsberater. Aber sie sehen nicht, wie sie diesen Notstand schnell ändern könnten.
Die Eltern sollten daraus zwei Schlüsse ziehen. Der erste: Auch wenn sie lange Wartezeiten in Kauf nehmen müssen, sollten sie sich auf jeden Fall an eine Erziehungsberatung wenden, wenn sich bei ihrem Kind Verhaltensauffälligkeiten zeigen, wenn es sich wesentlich anders verhält als etwa seine Geschwister, wenn sich Schwierigkeiten mit dem Kind ergeben, die über das „normale Maß" hinausgehen.
Der zweite: Der Ausbau der Erziehungsberatungen ist dringend erforderlich. Wer sich vergegenwärtigt, wie viele Kosten verhaltensgestörte Menschen, wenn sie ohne Hilfe bleiben, der Gesellschaft unter Umständen verursachen, dem erscheinen die für den Ausbau des Beratungswesens erforderlichen Mittel geradezu gering. Wer weiß, daß das Wohl seines eigenen Kindes vielleicht einmal davon abhängt, daß er rechtzeitig die Hilfe einer Beratungsstelle in Anspruch nehmen kann, für den sollte es selbstverständlich sein, seinen möglichen Einfluß für den Ausbau des Beratungswesens einzusetzen.
Eine letzte Frage: Wo finde ich die nächste Erziehungsberatungsstelle? Träger dieser Beratungsstellen sind neben den größeren Städten und manchen Landkreisen vor allem die Wohlfahrtsverbände. Auf katholischer Seite sind dies der Caritasverband und der Sozialdienst katholischer Frauen. Geschäftsstellen des Caritasverbandes und des Sozialdienstes werden jederzeit sagen können, wo man die nächste Erziehungsberatungsstelle findet. Ein Verzeichnis dieser Einrichtungen in der jeweiligen Diözese wird auch im Pfarrbüro vorhanden sein. Und schließlich kann man Stadt- und Landkreisverwaltung anrufen und sich vom Jugendamt die benötigte Auskunft geben lassen. Übrigens werden diese Informationen gegeben, ohne daß man seinen Namen nennt.

Barthold Strätling

WIR HABEN ZEIT

füreinander

FREIE ZEIT – WAS NUN?

Mein lieber Freund!

Du bittest mich, in Dein neu bereitetes Heim zu kommen, um Dir zu helfen, die seit einigen Tagen verspürte Langeweile zu vertreiben. Du erwartest Anregung und Erheiterung von meinem Besuch, und auch Deine junge Frau scheint dieser Abwechslung zu bedürfen. Aber gerade diese Begründung, lieber Freund, hält mich zurück, Euch jetzt schon zu besuchen. Zu deutlich spüre ich, wie Ihr dabei seid, die *Gabe* Eurer *Freizeit* und *Mußestunden* zu verscherzen, indem Ihr allzufrüh und ohne innere Vorbereitung nach *Zerstreuung* sucht. Ich will mich nicht mitschuldig machen an dieser landläufigen Verflachung und Versandung, die meistens im Argen des Überdrusses und der Entfremdung endet und die Gemeinschaft zerstört. Aber die erbetene Anregung will ich Dir mit diesem Schreiben schenken, hoffend, daß es Grund und Gewähr ist für ein späteres beglückendes und bereicherndes Wiedersehen.

Teilnehmen an dem, was des anderen ist

Um es gleich zu sagen, lieber Freund, es schenkt sich nichts ohne Mühe und innere Entschlossenheit. Die Gemeinschaft zweier Menschen ist nicht nur da zu gegenseitiger Zerstreuung; und der Partner ist unbillig überfordert, wenn er der dauernde, Sorgen und Langeweile vertreibende Unterhalter sein soll. Das Leben muß auch im innerlichsten Kreise mit *Ernst* und *sorgender Umsicht* und mit *schöpferischer Anstrengung* aufgebaut und gestaltet werden. Ihr müßt umeinander wissen und daran denken, wie Ihr Euch erfreuen und aufrichten könnt, und dürft Euch nicht überladen. Nehmt zunächst einmal *an allem teil*, was des anderen ist, die Frau an den Sorgen und an der Arbeit des Mannes. Du aber an dem Hauswerk Deiner Frau. Wenn es dann so weit ist, daß sie Dir raten kann und Du ihr mit dem Brauchbarsten zur rechten Zeit die Arbeit erleichterst und ihre Leistung mit Freude und Dank ehrst, habt

Ihr alles gewonnen. Wenn's anfangs nicht geht, laß es Dir einige Mühe kosten, die Frau in das Interessante und die menschliche Seite Deiner Arbeit einzuweihen. Lade einmal einige Kollegen ein, daß sie über menschliche Bezüge wach wird für Deine Welt.

Der Spaziergang

Ist das geschehen, dann läßt sich unendlich vieles mit Gewinn und Freude tun. Dann ist der *Spaziergang* zu zweien, und später mit den Kindern, immer köstlich; die erlebte Ruhe erquickt wie das gemeinsame Anschauen der schönen Welt, und jedes Wort fällt wohltuend in ein geöffnetes Herz, das zu antworten gelernt hat. Dann ist das *gute Buch* ein erfüllendes Ereignis. Lest es gemeinsam kapitelweise, und Ihr werdet erfahren, daß der Widerhall des Gelesenen Euch tiefer ins Werk hineinführt und Euch gegenseitig in Eurem inneren Reichtum, in Eurer beglückenden Einheit bei aller Verschiedenheit und Gegensätzlichkeit erkennen läßt. Aber auch die Arbeit im *Garten* wird schön. Tut sie doch ganz persönlich und laßt den kostbaren Schmuck der Blumen und Farben und die Ordnung der Anlagen nicht nur als das Werk Eurer Hände, sondern auch Eurer Wahl Euch gegenseitig zu einem persönlichen Geschenk werden.

Das gute Buch

Es ist gut, wenn jeder sich auch *persönlichen* Dingen widmet, aber nie ohne *Anteilnahme* und *Billigung* des anderen. Wenn Du spürst, daß Deine Mitarbeit an einer karitativen oder kulturellen Sache Deine Frau betrübt, mußt Du nicht ruhen, ihr Verständnis zu erwecken. Viele Dinge werden durch private Initiative allein vollbracht, und es gibt persönliche Aufgaben, denen man nicht ausweichen kann. Aber immer gilt es, daß die Gatten am Berufensein des anderen *innerlich Anteil* nehmen. Nimm Deine Frau, so oft es geht, *mit!* Die schönste Frucht Deiner Bemühungen wäre, daß sie Dein Wirken hilfreich und freudig unterstützt.

Die guten und schönen Künste

Und dann übt Euch auch im *Spiel!* Ihr braucht diese Fähigkeiten ohnedies, wenn Ihr die Kinder, die Gott Euch schenken wird, in gelöster Freude erziehen wollt. Vor allem pflegt die *guten Künste* und laßt nichts verkümmern von Euren *Anlagen*. Eine werkgerechte Bastelei, die Kunst der Fotografie, der Umgang mit Stift und Farbe, das Spielen eines Instrumentes, ein technisches oder wissenschaftliches Interesse hält Dich in echter innerer Beziehung zur *Bildungsaufgabe der Schule*. Was Du mit Deinen Kindern in echter Anteilnahme tun wirst, ist bildnerisch und erzieherisch von größtem Wert. Gebt Euch Mühe, Stunden der *Sammlung* und der *Feier* mit Bedacht zu gestalten. Nutzt das Radio

Das alte Dampfradio brachte mehr Gemeinsamkeit

mit *weiser Wahl;* opfert Eure Hausstille nicht dem lärmenden Getön, sondern bestimmt in Freiheit und geistiger Maßhaltung die Stunden der Erbauung und der gemeinsamen Sammlung. Jede wird so fruchtbar für kommende Stunden, in denen Ihr Euch reicher beschenken könnt. Ähnliches gilt von *Theater* und *Film*. Laßt Euch nie durch das Übermaß zerstreuen und verwirren, und seid weise in Eurer Wahl. Haltet das gemeinsam Erlebte fest, wachst an ihm durch Erfahrung, Urteil und innere Verarbeitung des Zeitgeschehens. Wenn dies gemeinsam geschieht, erfahrt Ihr das Kostbare *gemeinsamen* geistigen Strebens und Reifens. Aus der Weisheit Eurer frommen Herzen werdet Ihr der Zeit mächtig und innerlich verbunden mit dem schaffenden Geist und den Kräften des Guten. Bemüht Euch vor allem, *Feierstunden der Familie* in schöner Geselligkeit zu gestalten, machet aus Ruhe, Erholung wie Unterhaltung stets ein Werk Eures *Geistes* und Eures *Herzens!* Vor allem gönnt einander auch das ganz persönliche Interesse, wenn Ihr des dauernden inneren Zwiegesprächs sicher seid! Aber bleibt beieinander! Wenn Menschen sich liebhaben, reißt die innere Zwiesprache, das Ruhen ineinander, die Freude des Zusammenseins nicht ab. Wenn Du liest, während Deine Frau näht, webt oder strickt, so bedarf es keiner Worte, um dennoch eine erfüllte Stunde gemeinsam zu erleben. Wie selig, reich und angeregt kann eine schweigend beobachtende Mutter im Kreise ihrer spielenden oder still arbeitenden Kinder sein!

Freiheit und Spielraum für Persönliches

Immer geht es darum, im Gemeinsamen des Lebens und Wirkens die *Freiheit des anderen* zu ehren und ihm Spielraum zu persönlicher Selbstentfaltung zu gewähren. So kehrt Ihr, erquickter und freudiger, Herz und Interesse einander wieder zu und beschenkt Euch mit überraschendem Reichtum. Bleibt immer zartfühlend im Anerkennen und Erraten von Herzenswünschen, aber seid auch bereit zu stillem Opfer, das, freudig dargebracht, das Leben im Raum der Gemeinschaft so leicht und hell macht. Wenn das Leben stockt und innerlich ermüdet, so plant ein größeres Unternehmen, vielleicht eine Tageswanderung ins nahe Gebirge oder einen Besuch von interessanten Ausstellungen oder Tagungen. Gemeinsam gehörte gute Vorträge über lebenswichtige Dinge, über religiöse, philosophische, politische und menschenkundliche Wahrheiten geben dem Leben Nahrung und Gehalt. Überhaupt, laßt den Zufall nicht über Gebühr walten, sondern bedenkt miteinander die Gestaltung des kommenden Lebensabschnittes, besonders die Abfolge gastlicher Besuche. Bleibt *treu* und *liebevoll* in Euren *Freund-*

schaften und sorgt auch hier für eine heitere, aber zugleich erbauend ernste Atmosphäre. Viele Menschen verlieren Segen und Würde ihres Heimes durch trödelhafte Zuchtlosigkeit ihres gastlichen Verkehrs. Auch die freie Zeit gehört wie die Arbeitszeit Gott; sie ist ein Geschenk und wird nur recht empfangen, wenn in Dankbarkeit und Sammlung auch Seiner gedacht wird. Ein ruhevolles, besinnliches Leben mündet mit Notwendigkeit ins *Gebet*. Es ist immer Vorstufe, Vorbereitung und Nachklang, wie alle ruhigen Wasser den Himmel spiegeln.

Gustav Siewerth

BEFREIENDE GESPRÄCHE

„Und wenn ich dir sage, daß unser ältester Sohn einige Tage nach Vollendung seines 21. Lebensjahres aus der Kirche ausgetreten ist, dann ist dir damit sogleich ein Stück evangelischer Pfarrfamiliengeschichte heute mitgeteilt. Wir müssen ihm vieles zugute halten: die Ehrlichkeit des Fragens und der Entscheidung vieler junger Menschen heute im Unterschied zu manchem getarnten Atheismus früher, da es die Autorität des Vaters nicht anders zuließ. Dazu bewußte und gezielte, auch im Blick auf seine Eltern gezielte Einwirkungen von einem jungen Theologenehepaar. Und nicht zuletzt die Tatsache, daß es, wie Gollwitzer sagt, schwer ist, Kinder in der Nähe des Evangeliums zu erziehen. Wenn er seine Eltern an diesem Maßstab mißt, dann hat er es schwerer als andere junge Menschen. Und dennoch hat seine Entscheidung, die ein fait accompli für uns war, uns hart und schmerzlich getroffen."
Was konnte ich meinem besten Kameraden aus dem letzten Krieg nach 20 Jahren Schweigen auf dieses Vertrauen hin antworten? Sein vertrauendes Wort hat ihm schon den Weg frei gemacht:
„Wir werden viel Geduld haben müssen. Ich will diesen seinen Weg immer auch als eine Schule für mich selber verstehen und hoffen, daß Vater und Sohn ihn am Ende als Weg gemeinsamer Läuterung erfahren dürfen." Bedurfte es da noch des Rates, zum vertrauensvollen Gespräch bereit zu bleiben und es nie abreißen zu lassen?
Denn erst, wo das Gespräch endgültig verstummt, wo es scheinbar keinen Zweck mehr hat, miteinander zu reden, wo wir „endgültig miteinander fertig sind", da erscheint der Riß, die Scheidung unwiderruflich. Jedes „Es lohnt sich nicht mehr, miteinander zu reden" oder „Wir haben uns nichts mehr zu sagen" wäre die Todsünde wider den Geist

der Liebe und Hoffnung, wäre Verachtung und Selbstisolation. Über alle Enttäuschung und Meinungsverschiedenheit hinweg wird das befreiende Gespräch zur tragfähigen Brücke vom Ich zum Du, von dir zu mir.
Die tragenden Pfeiler im Strom möglicher Alltagsmißverständnisse und sachlicher Entzweiungen bleiben das persönliche Vertrauen auf beiden Seiten. Wie könnte das Vertrauen aber besser erhalten und vertieft werden als durch befreiende Gespräche?
Es spricht schon Lebensweisheit aus dem Rat an junge Eheleute: „Hütet euch vor dem ersten bösen Wort!" Wenn es aber in den Spannungen des Alltags herausrutscht, dann sollten wir uns an das Schriftwort erinnern: „Laßt die Sonne über eurem Zorn nicht untergehen" (Eph 4, 26)! Das heißt ganz einfach, wenn ihr euch gestritten und in Wut auseinandergesetzt habt, dann kommt spätestens vor dem Einschlafen wieder aufeinander zu, setzt euch zusammen und sprecht, jeder von sich aus, das versöhnende Wort. Es befreit von kleinlicher Rechthaberei und beleidigter Eigenliebe ebenso wohltuend, wie ein Gewitter die vorher drückend schwüle Atmosphäre bereinigt. Die versöhnenden Worte werden Eheleute mit Zeichen ihrer Liebe spürbarer machen.

Von Spannungen frei

Was können wir aber tun, daß wir von Belastungen und Ärger in Beruf und Familie nicht total erledigt werden? Es ist natürlich, daß Berufstätigen auch nach Dienstschluß Probleme und Konflikte vom Arbeitsplatz nachgehen, daß die Hausfrau mit ihrer Wirtschaft und den Fragen der Kinder noch so randvoll ist, daß es Eheleuten gar nicht leichtfällt, sich für ein Gespräch von sich selbst und für den anderen frei zu machen. Verständlich, wenn viele daheim zunächst „alle viere von sich strecken" und nachher fast apathisch Funk oder Fernsehen konsumieren. Auf große Anspannung muß auch Entspannung folgen und von dem anderen Partner berücksichtigt werden. Wenn aber ein persönliches Gespräch erwünscht ist, sollten wir uns ehrlich darum bemühen, wach und bereit füreinander dazusein. Sicherlich ist das Erste und Schwerste jedes echten Gesprächs, uns von unseren tausend eigenen Interessen, Plänen, Sorgen, Verärgerungen und Konflikten innerlich zurückzuholen und möglichst frei von uns selbst für unseren Gesprächspartner anwesend zu werden. Erst dann kann zwischen beiden ein frei- und frohmachendes Gespräch entstehen.

Ich komme zu mir und bin für dich da

Wieviel für eine Zwiesprache über Lebensfragen davon abhängt, daß der eine für den andern anwesend ist und auf ihn eingeht, hat uns Martin Buber (Das dialogische Prinzip, Heidelberg 1962, 158) berichtet: „Es ereignete sich nichts weiter, als daß ich einmal, an einem Vormittag, nach einem Morgen ‚religiöser' Begeisterung, den Besuch eines unbekannten jungen Menschen empfing, ohne mit der Seele dabeizusein. Ich ließ es durchaus nicht an einem freundlichen Entgegenkommen fehlen, ich behandelte ihn nicht nachlässiger als alle seine Altersgenossen, die mich um diese Tageszeit wie ein Orakel, das mit sich reden läßt, aufzusuchen pflegten, ich unterhielt mich mit ihm aufmerksam und freimütig – und unterließ nur, die Fragen zu erraten, die er nicht stellte. Diese Fragen habe ich später, nicht lange darauf, von einem seiner Freunde – er selbst lebte schon nicht mehr – ihrem wesentlichen Gehalt nach erfahren, habe erfahren, daß er nicht beiläufig, sondern schicksalhaft zu mir gekommen war, nicht um Plauderei, sondern um Entscheidung, gerade zu mir, gerade in dieser Stunde. Was erwarten wir, wenn wir verzweifeln und doch noch zu einem Menschen gehen? Wohl eine Gegenwärtigkeit, durch die uns gesagt wird, daß es ihn dennoch gibt, den Sinn."
Hier gesteht der große Meister des Dialogs ein, bei einem Gespräch, das er zu spät als ein lebenswichtiges erkennt, nicht ganz mit der Seele dabeigewesen zu sein und das verborgene Problem eines jungen Menschen nicht von sich aus erfragt zu haben. Um wieviel schwerer muß es uns so vielfältig Umhergetriebenen fallen, uns aus der Befangenheit in unsere eigenen Probleme zu befreien und immer wieder neu für unseren jeweiligen Gesprächspartner gegenwärtig und frei verfügbar zu sein. Wir spüren alle recht gut, ob etwa ein Arzt, Lehrer oder Seelsorger im Gespräch wirklich zuhört und auf unsere Fragen eingeht, oder ob er aus seinem Angespanntsein auf ganz andere Probleme gar nicht herauskommt. Selbst wer diese Unaufmerksamkeit zu verstehen sucht, ist enttäuscht. Und macht solche Erfahrung nicht sprachlos und scheu?

Liebende Eltern zum Beispiel verhalten sich instinktiv anders. Mit der Freude an den ersten Lauten und Worten ihres Kindes ermuntern sie es auch zu immer neuen Wortschöpfungen und fördern seine Ausdrucksfähigkeit und Phantasie. Wenn es schließlich so weit ist, daß ihm Worte, Sätze und Fragen nur so heraussprudeln, kann es der beschäftigten Mutter lästig fallen und vom zeitunglesenden Vater barsch zum Verstummen gebracht werden. Vitale Kinder lassen sich dadurch nicht so leicht einschüchtern. Sensible Naturen können hingegen in ihrer Persönlichkeitsentfaltung gehemmt und geschädigt werden. Es ist deshalb wichtig, sich immer wieder um diese erste und auch schwerste Voraussetzung zu bemühen, im Umgang mit Menschen, ob jung oder alt, gegenwärtig, innerlich anwesend zu sein. Bei sich, beim andern und bei der Sache zu sein kann uns anstrengen und manchmal auch mürbe machen, bleibt uns aber nicht erspart, wenn wir über Höflichkeitsphrasen und Alltagsgerede hinauskommen und im persönlichen Gespräch helfen, fördern und befreien wollen.

Ich nehme dich so an, wie du bist

Gelingt es mir, zu mir selbst zu kommen, dann kann ich mich dem anderen zuwenden, ihn annehmen, so wie er ist, das heißt, ihn als diesen Menschen mit seinen Eigenheiten voll akzeptieren. Mit meiner vollen Hinwendung zu ihm zeige ich zugleich, daß ich ihn so achte, respektiere, wie er mir gegenübertritt; das kann natürlich nicht heißen, daß ich alle seine Meinungen und Ansichten, die er im Gespräch äußern wird, bejahe. Nein, hier ist zunächst nur meine volle Bereitschaft, meinen Gesprächspartner ernst zu nehmen und ihm gleichsam mit einem Vorschuß an Wohlwollen und Vertrauen zu begegnen. Denn ein billiges Nach-dem-Munde-Reden würde ihm nur deutlich machen, daß ich ihn nicht wirklich ernst nehme und eine Wahrheitssuche im Dialog kaum möglich ist. Junge Menschen haben meist ein ausgeprägtes Gespür für unehrliches Anbiedern und verachten Eltern und Erzieher, die aus mangelnder Wahrhaftigkeit nicht widersprechen. Gerade in der Phase des Wahrheitsfanatismus wollen sie ihre Widersprüche auch am Widerspruch der Erwachsenen festmachen und messen.
Junge Menschen erwarten Widerspruch in der Wahrheitsfrage, nicht so gerne in Fragen des Geschmacks oder der Mode. In einer Entwicklungsphase, da sie sich gegen jede Autorität auflehnen möchten, begeg-

nen kluge Eltern ihren heranwachsenden Töchtern und Söhnen in allen Fragen des wandelbaren Geschmacks weniger mit Ironie und lächerlich-machender Verurteilung. Manchen Behauptungen aus Opposition oder aus Protest kommen sie mit Gegenfragen bei, die zum kritischen Nachdenken anregen: „Wie meinst du das?" „Wie willst du das beweisen, begründen?" „Warum findest du das richtig, schön, fortschrittlich?" Sieht sich der Jugendliche nicht gleich verurteilt, sondern durch Rückfragen ernst genommen, überlegt er sich vielleicht ebenso andere Ansichten und Meinungen und bleibt mit seinen Eltern auch in zentraleren Lebensfragen weiterhin im Gespräch. Sie dürfen es als höchstes Lob annehmen, wenn sie später einmal auf Umwegen als Urteil von Sohn oder Tochter erfahren: „Mein alter Herr, meine alte Dame – ganz große Klasse! Mit denen kann man über alles reden!"

Ich sage dir ehrlich die Wahrheit in Liebe

Um über alles Lebenswichtige miteinander sprechen zu können, muß jeder Gesprächspartner aber auch vorbehaltlos ehrlich alles sagen, was er zu sagen hat. Ob jeder ehrlich das sagt, was er wirklich denkt, hängt vom Vertrauen zu sich selbst und zum Partner ab. Mangelndes Selbstvertrauen und Mißtrauen gegenüber dem Gesprächspartner verführen dazu, die Wahrheit für sich zu behalten. Beide Fehlhaltungen verderben ein befreiendes Gespräch. Wenn dagegen jeder den andern ernst nimmt und davon überzeugt ist, daß nur Wahrheit den Menschen frei macht, dann drängt das Wahrheitswort aus dem eigenen Inneren nach außen und begründet den weiten Atemraum des Gespräches im gegenseitigen Anvertrauen. Dem Partner meine ausgesprochene Wahrheit zuzutrauen, bekräftigt meine Treue zu ihm genauso wie seine mir anvertraute Wahrheit seine Treue zu mir.
Werden Ehrfurcht voreinander und Liebe zueinander im rückhaltlosen Dialog gewahrt, dann erfüllt sich das Herrenwort: „Ihr werdet die Wahrheit erkennen, und die Wahrheit wird euch frei machen" (Joh 8, 32). Diese Verheißung gilt auch für Ehepartner, deren gegenseitiges Vertrauen im Laufe vieler Jahre durch Bekannte oder Freunde, Begegnungen oder Trennungen auf die Probe gestellt wird. Soll die einmal an-ver-traute Liebe sich in Treue bewähren, dann müssen sich die beiden Ehepartner immer wieder im wahrhaftigen Zwiegespräch von allem Mißtrauen befreien und sich ihre gegenseitige Liebe neu anver-

auft ein
ucht den Kaufmann
Kame

trauen. Paulus hat diese Liebesvereinigung mit dem Treubund von Christus mit seiner Kirche verglichen (Eph 5, 23–32). Die Rückhaltlosigkeit des ehrlichen Aussprechens bedeutet weder ungehemmtes Drauflosreden noch dem anderen „mal kräftig die Wahrheit sagen“! Wer den Partner für die Wahrheit gewinnen möchte, darf ihn nicht vor den Kopf stoßen. Lieblos hingehauene Wahrheit macht widerspenstig, verbittert. Wahrheit befreit nur, wenn sie nicht beleidigt und verletzt. Wie im ökumenischen Dialog sollen wir im Gespräch mit allen Menschen „die Wahrheit in Liebe sagen und so das All in den hineinwachsen lassen, der das Haupt ist, Christus“ (Eph 4, 15).
Liebe zur Wahrheit und Liebe zum Partner sollen stets miteinander verbunden bleiben. Beide verbieten es, sich selbst als Dauerredner vorzudrängen oder als Dauerschweiger zu verstummen. Dahinter kann die Überheblichkeit des Alles-besser-Wissers oder das Es-lohnt-sich-garnicht des Eingebildeten stecken.

Frei von mir – frei für jeden

Wer sich selbst am liebsten und längsten reden hört und sich in den Vordergrund drängt, vertreibt den übrigen Gesprächspartnern bald die Lust am Zusammensein. Wer nämlich sich und seine eigene Wirkung dauernd beobachtet, zerstört die Atmosphäre des echten Gesprächs. Er bringt nur sein eigenes Ich zur Geltung, verkehrt die gemeinsame Wahrheitssuche zur Selbstbespiegelung und verhindert die Befreiung. „ Wer sich ansieht, leuchtet nicht“ (chines. Sprichwort). Daran sollten wir uns erinnern, wenn wir selber als Gastgeber oder Gäste uns partnerschaftlich am Gespräch beteiligen, es aber keineswegs allein zu bestreiten haben. Ein guter Gastgeber versteht es, die allzu Redseligen etwas zu bremsen, indem er mit anderen, vielleicht wesentlicheren Fragen die Schweigsamen in das Gespräch einbezieht. Im Familiengespräch kommt es darauf an, die Interessen der anderen anzusprechen, sich ehrlich dafür zu interessieren und möglichst selbstvergessen am Gespräch zu beteiligen.
Die Art und Weise, wie, wieweit und wieviel sich einer am Gespräch beteiligt oder nicht, es beherrscht oder zerstört, offenbart oft mehr von seinem Innern, als er ahnt. Das Maß des gegenseitigen Vertrauens bestimmt den Freimut des Gesprächs. Befreiende Gespräche schaffen mehr Vertrauen, wenn jeder Gesprächspartner erfahren durfte, daß er

mit seinen eigenen Worten die Wahrheit in Liebe sagen und dadurch frei machen und frei werden konnte. Er erlebt mit Martin Buber (ebd. 295):

„Wo aber das Gespräch sich in seinem Wesen erfüllt, zwischen Partnern, die sich einander in Wahrheit zugewandt haben, sich rückhaltlos äußern und vom Scheinenwollen frei sind, vollzieht sich eine denkwürdige, nirgendwo sonst sich einstellende gemeinschaftliche Fruchtbarkeit. Das Wort ersteht Mal um Mal substantiell zwischen den Menschen, die von der Dynamik eines elementaren Mitsammenseins in ihrer Tiefe ergriffen und erschlossen werden. Das Zwischenmenschliche erschließt das sonst Unerschlossene."

Heinz Loduchowski

GESELLIGKEIT BEI UNS ZU HAUSE

Ein Fest kann damit beginnen, daß man sich sagt: „Wir sollten mal wieder ein paar nette Leute zusammenholen!" oder damit: „Die Dingens müssen wir auch mal wieder einladen – am besten gleich in einem Aufwaschen mit Hinzens und Kunzens, dann haben wir die wieder weg." Und ein Fest kann damit enden, daß Gäste auf der Heimfahrt sagen: „Ich wär auch schon lieber vor zwei Stunden aufgebrochen, aber man kann die Leute ja nicht beleidigen, wo sie sich immer solche Mühe geben", oder damit: „War wieder sehr nett heute, nicht? Bei denen haut eigentlich jedes Fest hin!"
Zwischen unseren ersten Überlegungen für eine Einladung und den letzten Kommentaren unserer Gäste liegen die entscheidenden Stationen der Planung, der Vorarbeiten und des Ablaufs eines Festes, von denen es abhängt, welchen Ruf die Geselligkeit in unserem Hause hat. Ob die Leute, auf die es uns ankommt – Freunde, Kollegen, Vorgesetzte, Verwandte oder Mitarbeiter – gerne zu uns kommen und sich bei uns wohl fühlen. Ob sie sich langweilen, jede Einladung als lästige Verpflichtung auffassen und über unsere Feste – und damit natürlich auch über uns selbst – spotten als „Party bei Muffelmeiers", oder als „Bankett bei Fürst Pinkler zu Großmannshausen".
Sieht man einmal davon ab, daß selbstverständlich jeder Fehler machen oder daß ein Fest mißlingen kann, so gibt es doch drei Hauptgruppen von Leuten, bei denen Geselligkeit grundsätzlich ‚in die Hosen' geht:

1. Leute, die eigentlich von Haus aus völlig ungesellig sind, die am liebsten mit dem Pfeifchen im Mund, dem Bierchen im Krug und dem Weibchen auf dem Schoß vor dem Fernseher sitzen und ihre Ruhe

haben wollen. (Gegen deren Lebensphilosophie ist nichts zu sagen, nur – wenn sie selber keinen Spaß an einem Fest haben, sollten sie eben konsequent genug sein und sich auch keines abquälen.)

Dreierlei Typen

2. Leute, die eigentlich zu geizig sind, um Gäste zu bewirten, die – weit unter ihren Möglichkeiten – nur das Billigste servieren und auch das noch lieblos. Leute, die bei jedem Glas und jedem Brötchen in ihrer inneren Registrierkasse fast hörbar mitzählen und auch mit eigenen Mühen geizen, ihre Räume – je nach Art des Festes – ein bißchen nett zu schmücken oder zu dekorieren.

3. Leute, die mit einem Fest oder einer Einladung nur den anderen imponieren wollen, die – weit über ihre Verhältnisse – in Kleidung, Bewirtung und sonstigem Aufwand so auf die Pauke hauen, daß sozial gleichgestellte Freunde eher verlegen werden und der eventuell eingeladene Chef am nächsten Tag gleich mißtrauisch die Kasse überprüft. Gastgeber aus diesen drei Kategorien – langweilige Phlegmatiker, futterneidige Geizkrägen und hochstapelnde Angeber – sollten sich darüber klar sein, daß sie mit einer Einladung keine Freude auslösen, weil ihre Gäste – spätestens beim zweiten Mal – nur kommen, weil sie sich irgendwie verpflichtet fühlen. Und damit ist schon wieder eine weitere Voraussetzung dafür gegeben, daß keine gesellige Stimmung aufkommt. Wer immer eine Möglichkeit hat, solchen Einladungen mit einer plausiblen Ausrede aus dem Weg zu gehen, der tut auch gut daran, vor allem, wenn daraus eine Verpflichtung zu Gegeneinladungen zu erwachsen droht.
Wer selbst Geselligkeit nicht schätzt und nicht gerne Leute einlädt, für den gibt es eigentlich nur einen guten Rat: er soll es eben bleiben lassen und auch andere Feste meiden; man wird es ihm danken.
Die wichtigste Regel für Geselligkeitsformen, die über ein zwangloses Zusammensitzen alter Bekannter hinausgehen, heißt: Feste müssen rund sein, die Leute zusammenpassen und die Zutaten auch. Konkret heißt das: sich auch im geselligen Rahmen so geben, wie man ist, nicht hoch- und nicht tiefstapeln, den Gästen kein Theater vorspielen. Bei einem richtigen Fest wird man freilich immer – dem besonderen Anlaß entsprechend – über seinen normalen Alltagsverhältnissen leben; denn es soll sich ja auch von Routine-Einladungen abheben, was jedoch nicht bedeutet, daß man sich gleich nach dem Motto „Fest ist Fest“ ruinieren muß.

Ein kaltes Buffet mit Kaviar, Wildpastete und Champagner bei jungen Obersekretärseheleuten wirkt ebenso peinlich wie ein Teller voll schnell hingeschmierter Wurst- und Käsebrote mit billiger Ananasbowle bei Generaldirektors (außer wenn die Einladung improvisiert wurde).

Der rote Faden

Den roten Faden für die Planung einer geselligen Privatveranstaltung sollte immer der Anlaß bilden: je nachdem, ob es sich um eine legere Geburtstagsfeier, eine maskierte Faschingsfete, ein Gartenfest oder eine halbwegs elegante Silvesterparty handelt; je nachdem, ob der Schwerpunkt auf ein festliches Essen, auf zwangloses Geplauder oder auf Tanzen gelegt wird, muß die Auswahl der zu diesem Zweck (und zueinander) passenden Leute, die Gestaltung des Raumes und die Bewirtung variiert werden.
Manchmal ist es jedoch umgekehrt: die Leute stehen bereits fest, die man einladen will oder muß, und man braucht erst einen geeigneten Rahmen, in dem man diese Einladung aufzieht. In beiden Fällen – ob man Leute für ein bestimmtes Fest oder ein Fest für bestimmte Leute sucht – macht es sich gut, eine gewisse Konzeption durchzuhalten: will man beispielsweise eine deftige Bier-Brotzeit veranstalten, wird man zuerst überlegen, für welche Leute sich so etwas eignet und für welche nicht. Dann wird man den Stil dieser Veranstaltung bereits in der schriftlichen oder mündlichen Einladung klar zum Ausdruck bringen, weil so die Gäste sich dazu passend anziehen können. Ferner wird man nach Möglichkeit die Dekoration darauf abstimmen – Tischdecke, Sets,

Geschirr, Blumen (beispielsweise keinen Rosenstrauß zu Leberkäs und Preßsack), Musik usw. – und die zusammenkomponierten Speisen möglichst farbenprächtig und rustikal anrichten.

*

Ähnlich konsequent sollte man auch eine fesche Tanzparty durchhalten. Wichtig ist vor allem, daß die Gäste einigermaßen Bescheid wissen, welche Art von Fest sie erwartet: ob im kleinen intimen Kreis oder in größerer Gesellschaft, ob sie „gegessen" oder „ungegessen" erscheinen sollen, ob an eine Gemeinschaftsfete unter Freunden mit Selbstbeteiligung gedacht ist, oder ob man nur ein Höflichkeitsgeschenk mitbringt. Vor allem will jeder gerne wissen, wie er sich halbwegs richtig anzieht, damit er zur übrigen Gesellschaft paßt. Eine Party kann in Lederhosen, Bluejeans und Pullovern, Sportanzug, Tanzkleidchen oder langem Kaminkleid gleich nett und lustig sein, aber kaum, wenn sich die Gäste bei ein und demselben Fest in so gemischter Aufmachung gegenüberstehen und einige sich falsch angezogen fühlen.

Die Menschen verkommen, wenn sie kein Feierkleid mehr anziehen

Ähnliches gilt für die Bewirtung: Man kann eine Einladung mit Abendessen oder einem selbstgeschneiderten geschmackvoll arrangierten kalten Buffet veranstalten und ebenso nur mit Wein und Bowle, nebst einigen Salzletten, Nüssen und Käsegebäck, vielleicht ein paar kleinen leckeren Appetithappen zu später Stunde. Peinlich jedoch ist es, wenn in einem Fall jemand ein Abendessen erwartet hat und dann heißhungrig an trockenen Keksen herumnagen muß. Oder wenn umgekehrt jemand traurig vor Geflügelsalat und kaltem Braten steht, weil er sicherheitshalber zu Hause noch kräftig gegessen hatte.

Präzise Information bei der Einladung

Darum: präzise Information! Ferner: Die Art der Bewirtung auch auf die Anzahl der Gäste abstimmen! Und zwar nach der Faustregel, daß die Verköstigung um so einfacher organisiert sein muß, je mehr Leute kommen. Wenn man beispielsweise mehr Gäste hat, als am Tisch bequem zum Essen Platz nehmen können, dann empfiehlt es sich, entweder nur Kleinigkeiten vorzubereiten (mit Serviette in die Hand) oder ein kaltes Buffet, das man in Raten aufsuchen kann. Bei warmem Essen für mehr als sechs Personen besteht die Gefahr, daß der halbe Abend mit komplizierten Organisationsproblemen vertan wird und die Hausfrau schließlich vor Arbeit und Hetzerei völlig abgekämpft zwischen die Gäste sinkt.

Ein Fest ist dann am besten organisiert und gelungen, wenn der Gast nicht ständig das Gefühl hat, er mache furchtbar viel Arbeit und Umstände: wenn er eher den Eindruck hat, den Gastgebern gefällt es auch, und es macht fast gar nichts, daß er dabei ist. Je mehr Mühe auf die Vorbereitung verwandt wurde, um so lässiger kann ein Fest ablaufen, um so müheloser erscheint es den Gästen.

Gewiß lebt eine Einladung und ein Fest auch von den Äußerlichkeiten, wie einer zünftigen Bewirtung und Dekoration (etwa im Fasching oder bei einem Gartenfest), aber es ist eine Illusion vieler in eigenen geselligen Veranstaltungen noch unerfahrener Leute, daß es darauf allein ankäme. Manche strampeln sich schrecklich ab, geben eine Menge Geld aus, schleppen viel zuviel Zeug an, und das Fest wird doch kein Erfolg. Warum? Weil sie nicht bedacht haben, daß man nicht nur für das leibliche, sondern auch für das seelische Wohl der Gäste sorgen muß. Das kann schon darin bestehen, daß man sich selbst heiter und gelöst gibt, zeigt, daß man die Anwesenheit netter Leute genießt und nicht ständig aufgeregt und beflissen herumrennt, kommandiert und den Leuten Wohltaten aufnötigt. Wer auf ein Angebot einmal „Nein, danke“ gesagt hat, der soll für den Rest des Abends seine Ruhe haben oder zu Recht verhungern.

Das seelische Wohl

Die Sorge für das „seelische Wohl“ der Gäste beginnt schon bei der Zusammenstellung. Es ist beispielsweise sehr gefährlich, Leute durch eine Einladung zusammenzubringen, zwischen denen es Spannungen gibt, sei es geschäftlicher (unverträgliche Konkurrenz), politischer (aktuelle Fehde) oder menschlicher Art (Scheidung, Freundin ausgespannt usw.). Ein solches Risiko kann man nur eingehen, wenn man die Leute gut kennt und weiß, daß sie souverän genug sind, über ihre Spannungen hinweg gesellschaftlich miteinander zu verkehren, oder daß es ihnen sogar Spaß macht. Im Zweifelsfall ist es besser, einfach zu fragen, vor allem wenn – bei Unverheirateten – nicht genau feststeht, welcher Freund (Freundin) mitgebracht wird.

Am einfachsten ist die Festregie selbstverständlich, wenn die Gäste miteinander harmonieren. Andererseits ist es oft reizvoller, wenn man die Gesellschaft von Haus aus und mit Absicht bunt mischt, um eine spritzige Diskussion zu erreichen. Aufpassen muß man, wenn die große Mehrheit sich kennt, aber ein oder zwei Paare noch fremd in dieser Gesellschaft sind. Oder wenn die meisten durch den gleichen Beruf oder eine gleiche Freizeitbeschäftigung verbunden sind und daher zu beruflichem oder sportlichem Fachsimpeln neigen, bei dem einzelne Gäste sich vorhersehbar langweilen müssen. Wenn es Gründe gibt, solche oder solche „Außenseiter" mit einzuladen, dann gehört es zu den besonderen Pflichten der Gastgeber, sich um diese Gäste etwas mehr zu kümmern, sie in die Runde zu integrieren, indem man der Fachsimpelei etwas gegensteuert oder ihnen das Thema „verdolmetscht" oder Zusammenhänge erklärt.

Diese Hilfestellung der Gastgeber muß aber so unaufdringlich erfolgen, daß nicht entweder die Mehrheit den Spaß an dem Treffen verliert oder die Minderheit das unangenehme Gefühl hat, Außenseiter zu sein, und ständig glaubt, sich entschuldigen zu müssen, weil sie bei diesem Thema nicht mitreden kann. Wenn die Gastgeber Humor haben und die Situation mit leichter Hand überspielen können, ist auch dies kein Problem; nur tierischer Ernst ist unerträglich.

Auch bei einer ganz normalen „Besetzung" einer Einladung oder einer größeren Party haben die Gastgeber die Pflicht, sich um den seelischen Zustand ihrer Gäste, das heißt um die Atmosphäre der Geselligkeit, zu kümmern. Im Grunde ist es dieselbe Rolle, die ein Klassenleiter oder ein Gruppenführer zu spielen hat: Schüchterne ermutigen (aber dezent, nicht auffallend: „Sagen Sie doch auch mal was, Frau Blümchen, trauen Sie sich nur!"); dominierende Gesellschaftslöwen vorsichtig bremsen, damit sie nicht alle an die Wand spielen und das Fest an sich reißen; Empfindliche besänftigen, wenn ihnen etwas in die falsche Kehle geraten ist; peinliche Themen elegant umspielen; Aggressivitäten mildern

oder kontern; stilleren Gästen Bälle zuspielen, um sie wieder ins Gespräch zu ziehen.
Was im einen Fall für die Gesprächsführung gilt, muß in vergleichbarer Weise auch auf Tanzveranstaltungen angewandt werden. Das heißt meistens, daß die Gastgeber einer Tanzparty nicht in erster Linie auf ihr eigenes Vergnügen, sondern auf das ihrer Gäste zu achten haben. Sie müssen unauffällig Regie führen: Mauerblümchen zum Tanz auffordern oder (dezent) verkuppeln, schüchterne oder tanzunlustige Herren einmal beim Plaudern etwas auflockern, allzu intensive Pärchenwirtschaft abbauen und sich anbahnende Eifersüchteleien oder Provokationen möglichst schon im Keim ersticken, aber immer mit leichter Hand und mit Humor, nie plump oder belehrend (etwa in der Art: „Herr Schütze, knutschen Sie doch nicht immer nur mit Fräulein Drallinger! Tanzen Sie halt auch mal mit Ihrer eigenen Frau, sehen Sie nicht, daß sie schon fast heult!“).
Man kann jedes Fest auch mit Einlagen oder kleinen Spielchen auflokkern (dafür gibt es genügend „Fachliteratur“), aber auch dafür gilt grundsätzlich: nicht zuviel, nicht zu umständlich und nicht zu gewollt („Bevor ihr hier alle einschlaft, nimmt mal jeder ein Papier zur Hand ...“). Geselligkeit, Gemütlichkeit und Stimmung lassen sich nicht mit Gewalt erzwingen, dazu kann man nur anregen. Wenn eine gesellige Runde gut läuft, soll man sie nicht mit einer „Auflockerung“ unterbrechen, nur weil diese für den gegenteiligen Fall vorbereitet war. Alles, was verkrampft inszeniert wird, macht ein Fest selbst zum Krampf.
Der beste Weg, selbst ein guter Gastgeber zu werden und sich den Ruf einer Familie mit „gepflegter Geselligkeit“ einzuhandeln, ist für junge Eheleute, die nicht schon genügend Erfahrungen aus einem geselligen Elternhaus mitbringen, einfach bei jedem Fest, wo sie selbst eingeladen sind, die Augen aufmachen. Die Fehler, die einen stören, im stillen registrieren und selbst später vermeiden. Anderes, was einem gefallen hat, im Hinterkopf notieren und – nicht sklavisch, sondern auf die eigenen Verhältnisse abgewandelt – übernehmen. Im übrigen kann man auch aus der Manöverkritik nach eigenen Einladungen Erfahrungen gewinnen. Feste feiern kann nicht jeder auf Anhieb, aber man kann es lernen. Nur die Übung macht die Feier! *Hannes Burger*

KÖRPERPFLEGE UND KOSMETIK

Es dürfte uns mittlerweile geläufig sein, daß die Pflege des Körpers, seiner Schönheit und Gesundheit nicht ein Vorrecht der Leute ist, die Geld haben und mit ihrer Zeit nichts Besseres zu tun wissen. Um Geld handelt es sich in zweiter Linie, und wer seine Körperpflege richtig arrangiert, verliert wenig Zeit. Viel wichtiger finde ich bei diesen Dingen, daß man ein *gesundes* Maß einhält und seinen vernünftigen Verstand anwendet. Sonst ertrinkt man in der eifrig dargebotenen Flut von Ratschlägen, probiert alles, versteht sich auf nichts, wird unsicher und findet am Ende die ganze Sache einschließlich sich selbst gräßlich.

Wenn ich unter der Friseurhaube die Illustrierten lese, dann beschleicht mich immer der Eindruck meiner Ungepflegtheit und Nachlässigkeit. Wie konnte ich versäumen, meine Nägel tomatenrot zu pinseln? Meine Haut ist nicht pfirsichweich, ich habe kein Badeöl, mein Mann benutzt, vom Stand der modernen Forschung aus betrachtet, ein völlig falsches Rasierwasser – eine äußerst rückständige Familie! Wie gut, daß dies Gefühl nach einer halben Stunde nachläßt. Man sieht wieder klar: viel geschicktes Geschwätz, plumpe Schmeicheleien, schillernde Seifenblasen. Schwierig ist nur, den guten Kern herauszuschälen. Aber nötig ist es, denn *Körperpflege geht jeden an.* Die Kunst liegt in der Beherrschung des *Normalen.* Maß ist alles, so ähnlich sagte ich schon. Sie waschen sich täglich, Sie putzen die Zähne, natürlich. Tun Sie es wirklich genau, regelmäßig, sorgfältig? Einer hat die Gewohnheit, im Bett Schokolade zu essen, und über Nacht arbeiten die Bakterien in den Zähnen; ein anderer wäscht sich abends nur die Hände. Lüften Sie allmonatlich das Bettzeug gründlich in der Sonne? Könnten Sie in diesem Augenblick guten Gewissens Ihre Fußnägel vorführen? Sind Ihre beiden Waschlappen salonfähig? Besteht Ihre gesamte Gymnastik darin, gelegentlich hinter der Straßenbahn herzulaufen?

Nehmen Sie nicht zu viel auf einmal vor, bitte. Planen Sie nicht, Ihr Leben zu ändern. Richten Sie aber Ihre Aufmerksamkeit auf *diese Kleinigkeiten*. Sie fangen jetzt an, Sie gründen eine Ehe, geben Sie ihr durch einige natürliche Voraussetzungen die nötige Ordnung. Wechseln Sie mit *Regelmäßigkeit* samstags die Handtücher. Kaufen Sie eine gute *Seife*, nicht irgendeine aufdringlich duftende Schönheitsseife; im Grunde sparen Sie am meisten, wenn Sie Qualität wählen – das gilt auch bei Geschirr, Matratzen, Reibemaschine, Tischwäsche, allen Dingen des Haushalts. Die gute Seife schont Ihre Haut, matscht nicht, verstopft nicht die Poren. Und auf Veilchengeruch werden Sie gern verzichten: am besten riechen Sie, wenn Sie nicht riechen. Achten Sie später bei Ihren Kindern darauf, daß sie mit gewaschenen Händen am Eßtisch erscheinen, daß abends der Hals gewaschen wird, daß man nach dem Zähneputzen nichts mehr ißt. Solche Grundsätze müssen ihnen in Fleisch und Blut übergehen. Wie kann das aber sein, wenn die Eltern nicht ein *selbstverständliches Vorbild* sind?

Womit wir wieder bei Ihnen und Ihrem Mann sind. Es gibt eine Menge Männer, die sind im Grund sehr für Sauberkeit und Ordnung, aber es fällt ihnen schwer, das konkret in die Tat umzusetzen. Er kommt müde und erledigt von der Arbeit; halten Sie ihm nun nicht eine Rede, er solle morgen unbedingt das frische Hemd anziehen: legen Sie es bereit. Predigen Sie nicht dreimal, er müsse heute baden: lassen Sie das Badewasser laufen, Sie zwingen ihn auf diese Weise mit liebreicher Tücke zu seinem Glück. Kaufen Sie ihm zum Namenstag ein anständiges Nageletui, die

Handpflege wird ihm mehr Spaß machen, als wenn er unter den nicht besonders liebenswürdigen Mahnungen seiner Frau Feile und Nagelhautschere in verrostetem Zustand endlich unter dem Schuhputzkasten findet. Waschen Sie seinen Taschenkamm, legen Sie in seine Schuhe neue Einlegesohlen. Kleinigkeiten sind wichtig!

Werden Sie sich schminken? Je maßvoller, um so besser. Zeichnen Sie mit dem Lippenstift nicht über die Konturen des Mundes hinaus. Wählen Sie eine Farbe, die zu Teint und Kleid paßt, niemals knallrot. Rouge für die Wangen ist nur dann notwendig, wenn Sie sehr blaß sind. Tragen Sie keine glänzende Nase spazieren. Über matter Tagescreme pudern Sie leicht. Das Make-up ist für *Nachmittag* und *Abend* da, Sie werden nicht in voller Bemalung frühmorgens Milch holen gehen, dann tragen Sie auch noch keinen Schmuck. Aber bitte, laufen Sie draußen niemals in Lockenwicklern und heruntergetretenen Pantoffeln herum. Sie werden auch nicht den großen Fehler begehen, ungekämmt, Bademantel über, mit Ihrem Mann zu frühstücken. Das wäre ein grober Verstoß gegen die Schönheitspflege und gegen die *eheliche Klugheit:* Pflegen Sie sich *nur* für die Öffentlichkeit? Zunächst doch für Ihren Mann. Wenn er den ganzen Tag die Erinnerung einer verschlafenen, gähnenden Frau hat, wird ihn das nicht gerade ermuntern, heute abend Kinokarten oder drei Tulpen mitzubringen.

Was noch zu sagen wäre – wenn in dieser Kürze überhaupt alles Nötige gesagt werden kann: Haben Sie *gute, praktische Leibwäsche?* Kaufen Sie für Ihre Aussteuer nicht nur viele schicke Blusen, dies und jenes für außen und drumherum. Wäsche ist so wichtig, und ich finde weiße oder hellblaue hübscher als grüne, violette, lachs oder gar schwarze. *Tragbare, gute Schuhe* sollten Sie haben, nicht zu hochhackig, nicht zu modisch, und eine *ausgezeichnete Handtasche,* lieber eine mit Pfiff als drei Eintagsdingerchen. Außerdem ein paar frische *bunte Tücher* für Hals, Kopf, Gürtel, in der Hand zu schwingen. Sie sind schließlich jung. Vielleicht noch ein ganz *leichtes Parfüm*. Kaufen Sie es nicht ohne Ihren Mann. Wichtig ist nicht, was Mode ist, was MAN trägt, hat, benutzt; sondern was *Sie* und *Ihr Mann* gut finden. *Ihm* möchten Sie gefallen. Das ist mehr wert als die ganze flüchtige Mode zusammen.

Die Hauptsache kommt am Schluß, und zwar in aller Kürze.

Die ganze Schönheitspflege ist ein fauler Zauber und eine hohle Nuß, wenn Sie nichts mit *Ihrem Herzen* zu tun hat.

Dann können Sie sich behängen, eincremen, pflegen und schmücken – es wird einfach nichts daraus. Ihre Kleidung hat keine persönliche Note, Ihr Gesicht keinen Glanz. Nichts stimmt dann.

Schönheit muß aus dem Herzen kommen, dann sind Ihre Augen leuchtend,
Ihr Lächeln gewinnend,
Ihre Geste hat Charme,
Ihre Kleidung eine persönliche Note.

Dann sind Sie liebenswürdig.

Rosemarie Bottländer-Harbert

MACH DOCH MIT – TRIMM DICH FIT!

Die Gesundheit verlangt ihren Preis

Cäsar würde sich mit seiner Parole: „Laßt Dicke um mich sein!" unter den Deutschen heute wohl fühlen. Wir sind ein Volk der Dicken geworden, zu sehen auf Campingplätzen, an Stränden, auf Kongressen und nicht zuletzt im Straßenbild.
Beinahe jeder fünfte Mann zwischen 50 und 60 Jahren in der Bundesrepublik erleidet einen Herzinfarkt. Der Sozialbericht der Bundesregierung prognostizierte eine 45prozentige Steigerung der Gesamtaufwendungen des Bundes für soziale Sicherung zwischen 1968 und 1973 (von 123 auf 179 Milliarden DM). Allein die durch Krankheit, d. h. zur Erhaltung und Wiederherstellung der Gesundheit entstehenden Kosten würden sich im gleichen Zeitraum von etwa 27,8 auf 43,6 Milliarden DM erhöhen.
Hauptursache dieser traurigen Bilanz ist Bewegungsmangel. Die Ernährungsforscher haben nachgewiesen, daß 80 Prozent der Fälle von Dickleibigkeit auf eine Störung zwischen körperlicher Aktivität und Nahrungsaufnahme zurückgehen. 100 Kalorien – das sind beispielsweise acht Stückchen Würfelzucker oder ein Glas Bier – täglich bilden in etwa einem Monat ein rundes Pfund Fett, falls sie nicht durch entsprechende Bewegung abgebaut werden.

Sitzen macht dick, nicht essen!

Dick sein ist selten ein Vergnügen. Aber wie lange dauern die in schwacher Stunde gefaßten guten Vorsätze? Schnell wird wieder den vier F gefrönt: Feierabend, Filzpantoffeln, Fernsehen, Flasche Bier. Was die

Römer als panem et circenses (Brot und Spiele) schätzten, sind dem Freizeitmenschen heute die vier F plus Auto. Zehn Schritte zur Garage werden bereits als unzumutbar empfunden. Der Zwang zum Treppensteigen bei fehlendem Aufzug läßt den Schweiß ausbrechen. Fünf Schritte zur Tastatur des Fernsehers verursachen Stöhnen beim Aufstehen, Herzklopfen beim Bücken. Nächste Anschaffung also: ein elektronisches Fernsteuergerät für das Klotzophon.
Das Prinzip ist im wörtlichen wie übertragenen Sinne damals wie heute das gleiche. Konrad Lorenz hat es in seinem Buch ‚Die acht Todsünden der zivilisierten Menschheit‘ treffend charakterisiert: „Die Kraft des modernen Menschen, Hindernisse zu überwinden und vorübergehende Unlust um seines erst in späterer Folge möglichen Lustgewinnes willen auf sich zu nehmen, ist gering. Man will sofortige Befriedigung der Wünsche; es fehlt der lange Atem.“
Hat der Bazillus der körperlichen und geistigen Bequemlichkeit nicht bereits einen Teil der Jugend befallen? Heißt das Glaubensbekenntnis des modernen Fortschritts nicht Bequemlichkeit? Ein wahrer Teufelskreis! Fortschritt und Bewegungsverzicht sind im technischen Zeitalter weitgehend gekoppelt.

Krankheit als Folge von Bewegungsmangel

Adenauer soll bereits humorvoll festgestellt haben: „Der Sport ist der Arzt am Krankenbett des deutschen Volkes.“ Vegetative Dystonie, Fettsucht, Regulationsstörungen des Kreislaufs, Herzschwäche, Drüsenkrankheiten, Übersteigerung des Blutdrucks sowie Schäden am Skelettsystem, d. h. Haltungsschäden am Knochenband- und Muskelapparat der Wirbelsäule, sind typische Bewegungsmangelkrankheiten. Herz und Kreislauf werden heute nicht so sehr durch zuviel Arbeit als vielmehr durch mangelnde Bewegung geschädigt. Die meisten Berufe fordern so wenig Bewegung und Muskelleistung von uns, daß Schultergelenk, Wirbelsäule, Hüftgelenk und der gesamte Muskelapparat, das Herz eingeschlossen, kaum beteiligt bzw. beansprucht werden. Die Gelenke brauchen höchstens 10 Prozent ihres Bewegungsspielraumes herzugeben. Der Anteil körperlicher Muskelleistungen am gesamten Energieaufwand ist in den letzten 100 Jahren in den Industriestaaten von rund 90 Prozent auf 1 Prozent zurückgegangen.
Typische Anzeichen von Bewegungsmangelkrankheiten können sein:

Atemnot bei Anstrengungen (schon beim Treppensteigen!), schnelle Ermüdbarkeit, Herzschmerzen, Konzentrationsschwäche, Reizbarkeit, Nervosität, Unlustgefühl, Rückenschmerzen. Immer mehr Mediziner gehen dazu über, Sport statt Medikamente als Therapie zu verordnen.

Keine Leistung ohne Sport

Es muß nicht sein, daß Leute über 40 in der Leistungsgesellschaft zum alten Eisen gehören. Der Coubertin des deutschen Sports, Professor Carl Diem, hat betont, daß man bei regelmäßigem Sporttreiben ein chronologisches Alter von 60, ein biologisches Alter von 40 Jahren haben kann. Leider zeigen sich die Folgen des Bewegungsmangels meist erst jenseits der vierziger Jahre. Bis dahin vermag beispielsweise der kräftige Muskel- und Knochenbandapparat Schäden am Skelettsystem zu kompensieren, so daß man sich ‚fit' fühlt. Geistige Frische, körperliche Spannkraft und berufliche Leistungsfähigkeit stehen in enger Wechselwirkung mit sportlicher Betätigung. Das Herz eines Untrainierten faßt etwa 700 ccm Blut, das eines Trainierten bis 1400 ccm (das Doppelte!). Ein trainiertes Herz vermag in der Minute bis zu 36 Liter Blut zu pumpen, ein ‚Büroherz' bestenfalls 14 bis 18 Liter. Jede muskuläre Leistung ist primär von der Sauerstoffzufuhr abhängig. Träger des Sauerstoffes ist das Blut (1 Liter Blut bindet 200 ccm Sauerstoff). Ein ‚Büroherz' muß für die gleiche Leistung doppelt so oft pumpen wie das trainierte Herz. Wenn das untrainierte Herz bereits an der Leistungsgrenze (180–200 Schläge pro Minute) angelangt ist, schlägt das Herz des Trainierten bei gleichguter Sauerstoffversorgung des Körpers immer noch im ‚Schongang'. Ein Mensch, der fit ist, kommt in Ruhe mit 60 Herzschlägen je Minute aus, ein Untrainierter braucht etwa 80. In einem Jahr macht der Untrainierte über 10,5 Millionen Schläge mehr. Diese 10,5 Millionen Schläge entsprechen zusammengerechnet etwa 91 Tagen. Das Herz eines Fitnessmenschen hat theoretisch also drei Monate Ferien pro Jahr. Der amerikanische Präsidentenberater für Fitnessfragen, Professor Dr. Steinhaus, soll erstmals diesem Problem nachgegangen sein.

Es ist nie zu früh, selten zu spät

Ein täglicher Dauerlauf von drei Minuten reicht bereits aus, um die Herzmuskulatur optimal zu stärken. Der Berliner Sportarzt, Professor

Mellerowicz, empfiehlt: „Jeder einmal täglich am Rande der körperlichen Erschöpfung." Sein Kollege van Aaken (Stockholm): „Kein Kuraufenthalt, keine Atemgymnastik und keine Kraftübungen usw. können das organische Dauertraining ersetzen. Wer mit 40 anfängt zu traben, bleibt 20 Jahre lang 40 Jahre jung."
Sportliches Training – à la Trimm dich – wirkt sich nicht nur auf das Herz aus, wie nachstehendes Schaubild zeigt:

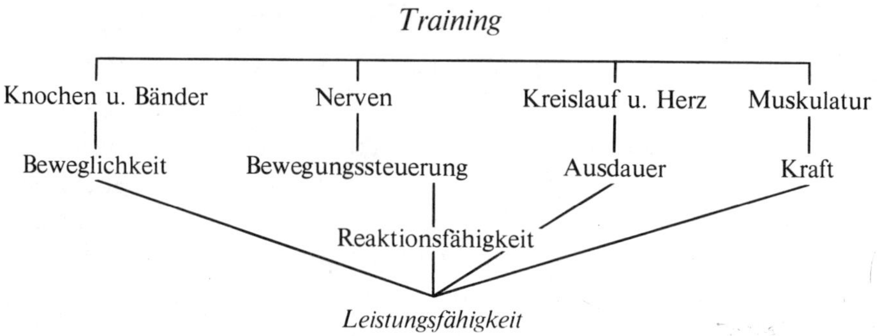

Freizeit muß mehr sein als Faulenzen

„Der Mensch ist nur dort wirklich Mensch, wo er spielt", sagt Schiller. Der homo ludens ist das primäre Ziel des Sports von Anbeginn. Sport kommt von ‚se disportare' = sich zerstreuen, sich ergötzen. Es ist also nicht ‚Reparaturwerkstatt für verbeulte Werktätige', wie es der Beauftragte für den Breitensport im Deutschen Sportbund (DSB), Professor Dieckert, ausdrückte. Der Sport dient auch nicht der leib-seelischen Wiederherstellung des Menschen für die Arbeit. Spiel und Sport sind eigenständige Ziele und Möglichkeiten humanen Lebens. Sie dienen einem elementaren Bedürfnis des Menschen nach zweckfreiem Tun. Der 1500-Meter-Läufer Bodo Tümmler bekannte: „Der Sport ist für mich eine Entdeckungsreise in die eigene Persönlichkeit." Tatsächlich zeigt sich im Sport und Spiel der Charakter wie kaum sonst.
Hier ist der Spitzen- oder Hochleistungssport vom Breitensport wie dem Jedermannturnen, Volks-, Massen- und Freizeitsport zu trennen. Es gibt nach Dieckert zwei Weisen des Sports heute.
Das sportliche Prinzip bedeutet: Streben nach Höchstleistung, Leistungszwang, Imagezwang, Arbeit, Züchtung, Produktionsprozeß. Der Leistungssport ist somit Abbild unserer Leistungsgesellschaft.

Das rekreative Prinzip (von recreatio) bedeutet: einmal Ausgleich und Erholung von inhumanen Arbeitsbelastungen und Leistungszwängen; zum anderen persönliche Befriedigung, Freude, Lustgewinn in einem selbstgewählten Freizeitraum. Dieser Sport ist echter Freizeitsport. Hier wird Turnvater Jahns Wort verständlich: „In jedem freien Spiel regt sich eine Welt." Wer sich einmal in seiner Freizeit vom Fernsehen losreißt, im Urlaub oder in den Ferien aufrafft zum Sporttreiben, der wird es als Sternstunde erleben, die eigene Faulheit überwunden zu haben. Bei regelmäßigem Training nimmt die Muskelkraft pro Woche um 4 Prozent zu. Nach 10 Wochen ergibt sich ein Kraftzuwachs von 40 Prozent, der sich nicht allein auf die Körperform auswirkt. Nur: Aller Anfang ist schwer!

Was tun? –
Das Fleisch ist schwach!

Jeder Betrieb, der auf sich hält, hat heute eine Betriebssportgemeinschaft, in der unter fachlicher Anleitung einmal in der Woche Sport getrieben wird. Ganz fortschrittliche Betriebe bieten Sport sogar während der Arbeitszeit an. Also: Mitgemacht! Die Trimm-Aktion des Deutschen Sportbundes war der bisher größte Erfolg in der Geschichte der Werbung überhaupt. Im vorolympischen Jahr 1971 schlossen sich fast 700 000 Bundesbürger den Vereinen des DSB zum regelmäßigen Sporttreiben an. Der DSB ist mit 11 Millionen Mitgliedern die größte Organisation in der Bundesrepublik. Doch was tun, wenn einer der Vereinsmeierei abhold ist?
Trimm dich am Wochenende! Fahr raus und lauf, fahre Rad, turne mit den Kindern, kick mal wieder, schwimm mal tüchtig! Schwimmen ist eine altersunabhängige, vielseitig fördernde Sportart, bei der ganzheitliche Eigenbewegung sich mit den Reizwirkungen von Sonne, Luft und Wasser kompensiert.
Tanz mal wieder! „Tanzen ist", so heißt es in der Broschüre des DSB, „eine unterhaltsame Art, fit zu bleiben. Mit Musik und der richtigen

Portion Spaß in angenehmer Gesellschaft. ‚Tanz mal wieder' heißt auch die neue Langspielplatte, die der Deutsche Sportbund entwickelt hat. Mit Rhythmen, die bei jüngeren und älteren Leuten Anklang finden werden."

Der Deutsche Sportbund hat über 20 verschiedene Broschüren der Aktion ‚Sport für alle' (Trimm dich durch Sport) für die verschiedenen Sportarten herausgegeben. Diese Broschüren sind kostenlos zu beziehen bei: Aktion Sport für alle, 6 Frankfurt/Main, Postfach 1, oder beim zuständigen Sportamt-Stadtjugendamt. Jede Broschüre enthält eine Trainingsanleitung für die entsprechende Sportart und eine sogenannte ‚Trimmspirale', mit der die eigene Leistung kontrolliert werden kann. Die Palette des Fitnessprogramms enthält: Dauerlauf, Konditionstraining, Schwimmen, Radfahren, Gymnastik, Turnen, Skilaufen, Skifahren, Fußball, Volleyball, Federball, Tennis, Eislaufen, Sitzball, Handball und ähnliche Spiele, Rudern, Kanu, Spazierengehen, Bahnengolf und Gartenarbeit. In allen Disziplinen führt die Trimmspirale zur hundertprozentigen Fitness.

Ein idealer Familien-Freizeitsport, besonders am Strand oder auf dem heimischen Rasen, ist das Spiel ‚Ball über die Schnur' oder die Feinform ‚Volleyball'. Zwei sich gegenüberstehende Mannschaften (mindestens 2 Personen) müssen mit den Händen einen Ball über eine in etwa 2 m Höhe gespannte Schnur oder ein Netz einander zuspielen, wobei der Ball weder gefangen werden noch den Boden berühren darf. Wer die Volleyballturniere bei den Olympischen Spielen verfolgt hat, versteht, daß dieses bewegungsschnelle Spiel als ‚Olympias schönste Tochter' apostrophiert worden ist.

Fitness-Rezept auf Krankenschein

Wer ganz oben auf der Gesundheitswelle schwimmen will und sich der Nachbarn wegen vor dem ersten Sporttest daheim scheut, kann einen regelrechten ‚Sporturlaub' im Reisebüro buchen oder ihn sich vom Arzt verschreiben lassen. Anstatt Heilbäder der traditionellen Kurorte haben die neuen ‚Sportkurorte' die Bewegungstherapie kreiert. Unter ärztlicher Kontrolle, von Sportlehrern angeleitet, können alle erdenklichen Sportprogramme absolviert werden. Im Unterschied zur bisher üblichen ‚passiven' Kur, die ja im wesentlichen nur aus Baden, Trinken und Promenieren (sprich Nichtstun) bestand, bringt die ‚aktive' Sport-

kur echte Fitness mit Hilfe von ‚Vita-Parcours', ‚Schweißtropfenbahnen', Bergtouren, Wanderwegen (‚Kalorien-Promenaden'), Tennis, Reiten, Golf, Schießen und weiteren volkstümlichen oder exklusiven Sportarten. Inzell in Oberbayern und Engelberg in der Schweiz machten den Anfang. Heute zieht sich eine Kette von Sportkurorten von der Ostsee bis zum Bodensee.
Die Hoffnung ist berechtigt, daß ein solcher Sporturlaub über die Urlaubsfitness hinaus den neuen Sportfreund zum regelmäßigen Sporttreiben daheim zu motivieren vermag, wenn er erst mal wieder richtig Spaß daran bekommen hat und die ersten Hemmungen beseitigt sind.

Nicht siegen, dabeisein ist wichtig!

Dieses Courbertinsche Motto kann von jedem auf seine Art verwirklicht werden. Die jährliche Wiederholung des Deutschen Sportabzeichens sollte zum Fernziel eines jeden Fitness-Bürgers werden. Die Vorbereitung darauf – privat oder im Verein – vermag ihn das ganze Jahr hindurch sportlich auszufüllen; denn die Bedingungen sind nicht anspruchslos, aber: Ohne Fleiß kein Preis!
Jährlich werden von den Sportämtern der Städte die Termine für die öffentliche Abnahme des Sportabzeichens in der Tagespresse bekanntgegeben. 1972 erreichte die Olympia-Welle einen neuen Rekord. 323 000 Personen legten das Sportabzeichen ab, rund 8 Prozent der Bundesbürger beteiligten sich, etwa 250 000 zum erstenmal. Aber 45 Prozent der Absolventen waren Schüler und Schülerinnen.
Es liegt wahrlich nur am eigenen Entschluß! Wie verkündet der Trimm-Schlager: Mach doch mit – Trimm dich fit – Dann wirst du so alt wie Methusalem! Da könnte der Alte Fritz kontern: „Hunde, wollt ihr ewig leben?"

Heinz-Kurz Weskamp

DEUTSCHES SPORTABZEICHEN

Gr. Übung	*Männer*				*Frauen*			
	Bronze	*Silber*	*Gold*		*Bronze*	*Silber*	*Gold*	
	ab 18	*ab 32*	*ab 40*	*ab 46*	*ab 18*	*ab 36*	*ab 38*	*ab 41*
I 200-m-Schwimm.					7:00	7:00	15:00	15:00
300-m-Schwimm.	9:00	9:00	15:00	15:00				
15 Min. Schwimm.			ja	ja			ja	ja
Grundsch. DLRG	ja	ja	ja	ja	ja	ja	ja	ja
II Hochsprung	1,35	1,35	1,25	1,10	1,10	1,05	1,00	0,95
Weitsprung	4,75	4,50	4,30	4,00	3,50	3,40	3,20	3,00
Pferdsprung (l.)								
1,35/1,60	14 P	14 P						
Pferdsprung (br.)								
1,10					14 P	14 P		
(1.) bedeutet längsgestellt								
(br.) quergestellt								
III 50-m-Lauf				8,2				9,2
75-m-Lauf			11,0		12,4	12,6	13,0	
100-m-Lauf	13,4	13,9			16,0			
400-m-Lauf	68,0	70,0	72,0					
1500-m-Lauf	5:20	5:20						
IV Diskus	25 m	25 m			22 m	22 m		
	(2 kg)	(2 kg)			(1 kg)	(1 kg)		
Speer	30 m	30 m			22 m	22 m		
	(800 g)	(800 g)			(600 g)	(600 g)		
Kugel	8 m	8 m	7,50 m	7 m	6,75 m	6,50 m	6, 25 m	6 m
	(7,25 kg)	(7,25 kg)	(7,25 kg)	(7,25 kg)	(4 kg)	(4 kg)	(4 kg)	(4) kg)
Steinstoßen	9 m	9 m	8,50 m	8 m				
	links und rechts 15 kg							
100-m-Schwimm.	1:40	1:40			2:00	2:00		
Schleuderball					27 m	26 m	25 m	24 m
					(1 kg)	(1 kg)	(1 kg)	(1 kg)
Schlagball					37 m	35 m	33 m	30 m
					(80 g)	(80 g)	(80 g)	(80 g)
V 1000-m-Lauf							7:00	7:00
1500-m-Lauf						9:30		
2000-m-Lauf					12:00			
3000-m-Lauf			15:00	20:00				
5000-m-Lauf	23:00	25:00						
Radfahren 20 km	45:00	45:00	50:00	55:00	60:00	65:00	70:00	70:00
1000-m-Schwimm.	24:00	24:00			29:00	29:00		
Gehen 5 km						50:00	52:30	55:00

FERIEN – NICHTS FÜR LEUTE MIT KINDERN?

Liebe Karin,

wie schön, daß Ihr bald eine richtige Familie sein werdet! In Deine Freude über das neue Leben in Dir mischt sich jedoch auch eine leise Enttäuschung: Eigentlich sollte das Baby später kommen, erst wolltet Ihr noch ungebundener das Leben genießen, vor allem die Ferien. Und da erinnerst Du Dich an die vielen Urlaubsgrüße von uns und fragst, wie wir trotz der vier Kinder, die wir im Lauf der letzten 10 Jahre bekamen, anscheinend immer schöne Ferien hatten. In der Tat: Auf die Freude und Spannkraft, die jeder gelungene Urlaub mit sich bringt, brauchten wir in keinem Jahr zu verzichten. Und könnte es bei Euch nicht ähnlich sein?
Ich glaube, daß das Gelingen eines Urlaubs weniger von den Familienverhältnissen, etwa der Kinderzahl und dem Geld, abhängt, als vielmehr davon, daß wir wissen, was wir im Urlaub suchen, brauchen und erwarten können. Das ist so simpel, daß man sich fast scheut, darüber ein Wort zu verlieren. Aber alljährlich zeugen Scharen mißmutiger „Heimkehrer“ auch davon, wie wenig Gedanken sie sich über diese entscheidende Ausgangsposition gemacht haben. Sehr wichtig ist es wohl zu klären, ob man etwas erleben oder sich einfach erholen will. Dabei können diese Bedürfnisse durchaus von Jahr zu Jahr wechseln! Am besten berichte ich Dir von den unterschiedlichen Ferien seit Beginn unserer Ehe.

In unseren ersten beiden Ehejahren machten wir eine

Individualreise mit dem Auto.

Als Anne sechs Monate lang unterwegs war (das ist nach den ersten Schwangerschaftsmonaten eine relativ stabile Phase), starteten wir zu einer Schwedenrundfahrt. Mit Hilfe des Baedekers besuchten wir die

dort zahlreichen Fundstätten aus vor- und frühgeschichtlicher Zeit (wir interessierten uns damals gerade besonders dafür) und ließen uns beeindrucken von der eigenen Schönheit der einsamen Wälder, Seen, Küsten. Wie Du wohl weißt, kann man in Schweden auch als Autotourist in jedem „Vandrahem" übernachten. Die Wandererheime entsprechen in etwa unseren Jugendherbergen, sind aber sehr gut ausgestattet und liegen fast ausnahmslos in landschaftlich reizvoller Gegend, oft in alten Burgen. Für den „jungen Geldbeutel" natürlich sehr geeignet.
Im nächsten Jahr, Anne war 8 Monate alt, ließen wir sie bei meiner Mutter und fuhren mit dem Auto durch England bis zum nördlichsten Zipfel Schottlands. Diesmal übernachteten wir bei Privatleuten, die ein „Bed-and-Breakfast"-Schild im Fenster stehen hatten. So bevorzugten wir die billigste Unterbringungsmöglichkeit und lernten darüber hinaus jeden Tag neu Engländer in ihrem ureigensten Bereich, in ihrem Heim, kennen. Das englische Frühstück ist so reichlich, daß wir bis nachmittags davon satt waren. Abends kauften wir dann etwas Obst. Und am Ende dieser erlebnisreichen, schönen Reise konnten wir uns auch noch über einige verlorene Kilos freuen. Trotzdem würden wir *diese* Reise nicht mehr machen: Als wir zurückkehrten, kannte Anne uns nicht mehr. Wie wir heute wissen, hatten wir sie zu einem besonders kritischen Zeitpunkt ihrer „Bezugsperson" beraubt. Viele Schwierigkeiten, die wir nachher mit ihr hatten und manchmal noch haben, führen wir (und Psychologen, die wir um Rat fragten) auf den plötzlichen Mutterverlust damals zurück.

Zum Urlaub im Ferienhaus

fuhren wir im Jahr darauf mit Anne hinten im Auto in die Casa Rotonda hoch über dem Lago Maggiore, die uns Freunde zur Verfügung gestellt hatten. Unser zweites Kind war unterwegs. Wir erholten uns sehr gut. Aber nie konnten wir abends einmal weg: Anne wäre ängstlich gewesen, und außerdem hätte ja wirklich etwas in dem einsamen Haus passieren können.

Ein Bauernhof an der Ostsee

wurde im folgenden Sommer – Jan war inzwischen geboren – unser Ziel. Wir mieteten mit Freunden zwei Wohnungen, badeten, faulenzten, wanderten, diskutierten, und die Kinder lernten in den Ställen und auf den Feldern eine neue Welt kennen. Alle waren glücklich und zufrieden. Als sehr praktisch empfand ich es übrigens, daß ich meine Kinder alle länger als ein halbes Jahr stillen konnte: Ärger mit unverträglicher, verschmutzter Milch, mangelnder Möglichkeit der Zubereitung und anderen Ernährungsschwierigkeiten entfielen daher – meine Milchflasche war immer zur Stelle. In den nächsten Jahresurlaub fiel mein nächstes Wochenbett und die Reise natürlich ins Wasser. Wir verlebten den

Urlaub zu Hause

Das ist auf jeden Fall die billigste Art des Urlaubs und kann auch die erholsamste sein. Bei entsprechender Gestaltung kommt man zu vielen Dingen, die man immer schon tun wollte und wozu sich nie die Zeit fand. Das gilt auch für die Erkundung der näheren und weiteren Umgebung. Nicht nur Schlösser sind sehenswert! Ein Stück Wiese, ein Bachrand stecken voller Wunder. Kinder wissen das und lassen uns unsere Unwissenheit spüren, wenn wir auf ihre vielen Fragen: Wie heißt diese Blume, welcher Vogel war das, warum sitzen Pilze auf diesem Baum? keine Antwort haben. Nach Hause mitgebrachte Pflanzen lassen sich mit Hilfe eines Pflanzen-Bestimmungsbuches erkennen, pressen und zu einer Sammlung ordnen. Zum Erlernen von Vogelstimmen gibt es Schallplatten und für (fast) alles übrige ein Lexikon. Die sonst fehlende Zeit, einen vernachlässigten Teil unserer Allgemeinbildung aufzufrischen, wäre jetzt da . . .

Ferien an der Adria

mit allen vieren gelangen im Sommer darauf. Falls Ihr einmal Badeferien am Mittelmeer plant, achtet unbedingt auf folgendes: Die Wohnung sollte in unmittelbarer Strandnähe sein, die Strandbesuche am Vor- und Nachmittag mit allem, was zum Spielen, Essen und Kleiderwechseln gebraucht wird, geraten sonst leicht zur Strapaze; wenn irgend möglich, fahrt nicht im Hochsommer! Der Sand ist mittags für bloße Füße unbegehbar, und die Wohnungen werden so heiß, daß man nachts kaum schlafen kann. Vor allem aber ist der Strand so bevölkert, daß man ständig aufpassen muß, um die Kinder im Gewimmel nicht aus den Augen zu verlieren.

Wir waren im Juni dort und morgens früh genug am Strand, um uns einen Platz in der ersten Reihe zu sichern. Da spielten die Kinder, wenige Meter von uns entfernt, stundenlang zufrieden mit Sand und Wasser und ließen ihre Eltern zu Ruhe und Erholung kommen... Inzwischen hatten wir von der Möglichkeit der

Familienferien

gehört. Wir meldeten uns frühzeitig in einem Haus des Kath. Familienferienwerks an, bekamen aber postwendend eine Absage. Im Telefongespräch mit der Zentrale in Köln sagte man mir, in Frankreich gebe es noch viel mehr Ferienhäuser als bei uns. ‚Postum' ließ ich mir das Gesamtverzeichnis schicken und meldete uns in einem „Maison Familiale" ganz in der Nähe der belgischen Grenze am Meer an – und bekam eine Zusage. Diese Ferien gefielen uns so gut, daß wir sie im nächsten Jahr wiederholten: Die Fahrt war nicht zu weit, das Haus – in einem riesigen Waldpark gelegen – wunderschön, der Strand nah, die Verpflegung gut und preiswert, und vor allem: die Kinder wurden morgens und nachmittags von netten „monitrices" betreut, so daß die Eltern sich richtig entspannen konnten. Für mich, die ich das ganze Jahr über meine kleinen Kinder am Rockzipfel hängen hatte, war das der ganz ideale Urlaub. In den Mußestunden im Park und an den – manchmal gestalteten – Abenden lernten wir viele liebenswürdige Leute kennen. Dort hörten wir auch von einem Feriendorf in der Bretagne, in dem nicht nur Verpflegung und Kinderbetreuung geboten wurde, sondern auch viele Möglichkeiten des

aktiven Urlaubs.

Unseren neunten Urlaub machten wir also in der Bretagne und fanden ein direkt neben blütenweißem Strand gelegenes Feriendorf, in dessen originellen Bauten neben den Wohnhäuschen, den Mini-clubs (d. h. den Kindergärten) und den Restaurants mehrere Ateliers zur Verfügung der Gäste standen. Hier fanden wir die uns am meisten zusagende Mischung von Anregung, Erholung und Betrieb: Am Morgen gingen die Kinder zuerst zum Judo, anschließend die Großen zum Marionettenbasteln und die Kleinen in ihren Club, Hannes ging reiten, und ich lernte Korbflechten. Am Nachmittag ging's zum Strand, und vor dem

Abendessen hatten wir unsern Gymnastikkurs. Abends wurden immer irgendwelche Diskussionen, Filme, Folklorevorführungen o. ä. angeboten. Ich finde, daß ein Urlaub, der so viel verschiedene Möglichkeiten bietet (wir hätten auch Segeln, Töpfern, Filmen und anderes mehr lernen können), die man je nach Stimmung und Begabung wahrnehmen kann, aber nicht muß, einfach nicht schiefgeht. Entsprechend waren die Kinder (erstaunlicherweise machte ihnen auch die fremde Sprache keine Schwierigkeiten) ebenso begeistert wie wir.
Voriges Jahr konnte Hannes während der Sommerferien nur zwei Wochen Urlaub bekommen. Um nicht viel Zeit für die Anfahrt zu verlieren, wählten wir Langeoog als Urlaubsziel und machten

Ferien auf einer Nordseeinsel.

Weil man überall nördlich der Alpen damit rechnen muß, zumindest einen Teil der Ferien bei schlechtem Wetter zu verbringen, kauften wir uns mehrere Bücher über das Wattenmeer und die Tier- und Pflanzenwelt der Insel und studierten tüchtig darin. Wer eine schöne Gegend nicht nur schön findet, sondern darüber hinaus etwas über ihre Entstehung, ihre besonderen klimatischen Bedingungen, ihre Vegetation, ihre Tierwelt und anderes weiß und dieses Wissen durch eigenes Entdecken vertieft, gewinnt natürlich ein viel gründlicheres Erlebnis. Den Kindern ging es so wie uns, ihr Forscherdrang schien unersättlich. Und weil wir unerwartetes Glück mit dem Wetter hatten, kamen wir auch noch ausreichend zum Baden, Burgenbauen und Faulenzen am Strand.

Zwei Kurzurlaube,

die wir gleichfalls im letzten Jahr unternahmen, will ich noch unbedingt erwähnen, weil sie mir in hohem Maße das gebracht haben, was ich von Ferien erwarte: Anregungen, Kontakte, neuen Schwung für den Alltag und körperlich-seelische Stärkung meiner Spannkraft. Es waren zwei

Wochenendseminare

in einem Haus der Erwachsenenbildung bzw. in einem Familienferiendorf. Das erste Wochenende wurde für die Familienkreise unserer Pfarrei organisiert und hatte die Einübung in „Diskussionstechniken" zum

Thema, beim zweiten ging es um Meditation. Beiden Veranstaltungen war gemeinsam, daß wir nicht nur in wunderschöner Umgebung gut untergebracht und verpflegt, sondern daß die Kinder – nach Altersgruppen getrennt – betreut wurden. So konnten wir uns ohne Kümmern um Küche und Kinder ganz dem geistigen Angebot öffnen. Ich glaube, besonders den Nur-Hausfrauen wie mir hat dieses Atemholen für Leib und Seele gutgetan. Auch die Kinder, die in den Großstädten viel zuwenig echte Erlebnismöglichkeiten haben, kamen ebenso befriedigt, entspannt und erfüllt zurück wie wir.

Verstehst Du jetzt, warum ich die weitverbreitete Meinung, Kinder hinderten ihre Eltern daran, „zu leben", für ein ebenso unsinniges Vorurteil halte wie die Forderung, wenn man es sich nicht leisten könne, in guten Hotels zu wohnen, solle man lieber gleich zu Hause bleiben?

Lydia Strzebniok

STREITEN MIT GEBRAUCHSANWEISUNG

Die großen Aufklärer haben es geschafft, daß heute kaum mehr ein junges Paar heiratet, ohne zu wissen, wie man küßt und kocht, wie man abwechslungsreich lebt und liebt, wie man Kinder kriegt und wie nicht. Nur das Streiten haben die meisten nicht gelernt, teils weil die Eltern es auch nicht konnten (und damit Streiten als etwas ganz Abscheuliches in Erinnerung blieb) oder in verschämter Disziplin immer nur in Abwesenheit der Kinder gestritten haben, teils einfach deshalb, weil die jungen Leute in ihrer rosigen Vorfreude auf die Ehe den Streit überhaupt nicht ins Programm eingeplant haben.

Doch selbst wenn sie so erschütternd realistisch wären – bei keiner Volkshochschule und keinem kirchlichen Bildungsprogramm würden sie je einen Spezialkurs finden: „Streiten – allein und mit anderen". Dabei wäre er genauso notwendig wie alle anderen Dinge; denn der Streit gehört zur Ehe wie die Panne zum Auto. Das heißt: man freut sich nicht gerade darauf, aber man weiß, daß es normal ist.

Freilich ist die junge Generation heute im allgemeinen ohnehin so tolerant und diskussionsfreudig, daß über wesentliche Fragen nur selten gestritten wird. Wenn es um wirklich wichtige Dinge geht, dann setzt man sich für gewöhnlich zusammen, bespricht das Für und Wider, wägt die Argumente ab und sucht gemeinsam eine Lösung. Auch diese Grundeinstellung bestärkt viele junge Leute in dem Glauben, bei ihnen könne es so etwas Altmodisches wie einen Ehestreit überhaupt nicht mehr geben. Weit gefehlt!

Diejenigen Berge, über die man im Leben am schwersten hinwegkommt, häufen sich immer aus Sandkörnchen auf
Hebbel

Es sind nämlich gerade die kleinen Mäuse, die einem die Nerven abbeißen. Die kleinsten Körnchen im ehelichen Getriebe reiben die Partner am meisten auf – ganz einfach schon deshalb, weil man einen Streit um Nebensächlichkeiten viel persönlicher nimmt als ein Engagement für große Entscheidungen. Man überlegt sich ständig: wegen der Sache kann sich der Partner ja kaum so aufregen, also muß es schon meine Person sein, die ihn stört.

Jeder Mensch hat einen anderen Siedepunkt

Der Streit wird personalisiert, also unsachlich, und irgendwann ist die Situation so verfahren, daß man eine riesige Wut aufeinander hat, aber nicht mehr genau weiß, in welcher Sache man sich eigentlich in die Haare geraten ist. Dann ist der Punkt erreicht, wo in klassischen Ehestorys die Frau zu kreischen pflegte: „Ich geh' wieder heim zu meiner Mutter!" und er trocken und türenknallend erwiderte: „Mach, was du willst, ich geh' ins Wirtshaus!" In modernen Ehedramen wird nicht selten gleich zum Hackebeilchen, zum Tortenmesser oder einem Jagdgewehr gegriffen, und der jeweils Überlebende hat später größte Mühe, dem Hohen Gericht zu erklären, worüber denn eigentlich der tödliche Streit ausgebrochen ist.

Der Durchschnittsbürger aber amüsiert sich über den einen Fall und schüttelt über den anderen den Kopf, und viele Menschen halten es wegen solcher Beispiele schon grundsätzlich für ganz schlimm, wenn es überhaupt zu einem Streit kommt. Andererseits können nur wenige Ehepaare ehrlich von sich behaupten, sie hätten so gut wie nie gestritten. Man würde in so einem Fall auch sofort mißtrauisch fragen: Warum haben die nie gestritten? Sind sie so langweilige Menschen? Ist ein Partner so dominierend und autoritär, daß der andere nicht aufzumucken wagt? Oder sind sie ein ganz selten harmonisches und tolerantes Ehepaar mit nahezu „vollkommener Übereinstimmung"?

In der Praxis gibt es sowohl Beispiele von geschiedenen Eheleuten, die sich hoffnungslos zerstritten haben, als auch von Paaren, die von sich behaupten: „Jetzt streiten wir schon dreißig Jahre miteinander und sind recht zufrieden dabei." Also muß es wohl auch an der Art des Streitens liegen, ob man eine Ehe damit belebt, oder ob man sie kaputtmacht. Folglich müßte man ja auch aus der Erfahrung anderer einige Regeln lernen können, mit denen man einem Ehestreit – wenn er schon mal ausbricht – einigermaßen beikommen kann.

Solche Erfahrungswerte gibt es, wobei natürlich vorausgesetzt ist, daß nicht nur jeder Mensch, sondern ebenso jede Ehe anders ist. Andere Temperamente, andere Probleme, andere soziale, bildungsmäßige oder familiäre Gegebenheiten von einer Ehe zur anderen machen die Übertragung von Patentrezepten unmöglich. Aber es gibt doch einige Grundverhaltensweisen, die man vielleicht auf seinen speziellen Fall etwas abwandeln kann, beispielsweise zu folgenden drei „Streitfragen" zusammengestellt: 1. Wie kann man einen sich anbahnenden Streit noch abwenden oder wieder herunterspielen? 2. Wie läßt sich ein Streit zu einem versöhnlichen Ende führen? 3. Was muß getan werden, um durch Streit eine Ehe kaputtzukriegen? Die wichtigste Grundvoraussetzung ist, beim Ausbruch eines Streits nicht gleich aus allen Wolken zu fallen und entsetzt und enttäuscht zu sein, daß es sogar in einer „so großen Liebe" plötzlich „so etwas" geben kann. Also: nicht gleich den Kopf verlieren, sondern sich vorsagen, daß jetzt ein eheliches Routineproblem kommt, selbst wenn es zum erstenmal sein sollte! Eheleute streiten nun einmal, seit es welche gibt, basta!

Keine Nadel hat zwei Spitzen

Ebenso wichtig ist es, daß derjenige Partner, dem im Augenblick nicht nach Streiten zumute ist, möglichst schnell herausfindet, was eigentlich mit dem anderen los ist. Das heißt, derjenige, der glaubt, seiner Sinne mächtig zu sein, muß die Situation analysieren: Weshalb ist der andere explodiert? Ist es eine Laune, eine Stimmung, ein Mißverständnis? Ist das augenblickliche Streitthema die wirkliche Ursache der Explosion des anderen? Oder nur der äußere Anlaß, und der Kern des Problems sitzt vielleicht tiefer? Selten sind beide auf Streit eingestellt, meist fängt einer damit an. Die Hauptkunst des Abwiegelns besteht deshalb darin, sich in den Partner hineinzudenken, sich in seine Rolle zu versetzen, und nicht nur alles aus der eigenen Warte zu betrachten.

Häufig stellt man dabei fest, daß es dem anderen auch mit einer unwichtigen Angelegenheit bitter ernst sein kann. Oder daß der andere in der Sache vielleicht recht hat, aber das Ausmaß seiner Aufregungen nicht ganz verständlich ist. Anstatt sich nun ebenfalls darüber zu erregen, daß der andere überzogen oder sich in der Tonart vergriffen hat, kann man die Sache vom Tisch bekommen, indem man entweder schlicht zugibt, daß man etwas falsch gemacht hat, oder indem man sich überrascht zeigt, daß eine Sache dem anderen wichtiger ist, als man selbst gedacht hat.

Beispiel: Er freut sich auf die Kartoffelsuppe, die Suppe aber ist angebrannt, und er schimpft los (im Ärger natürlich ungerecht verallgemeinernd): „Verdammt noch mal, mußt du denn jede Suppe anbrennen lassen? Ein Saufraß ist das wieder!" Sie könnte jetzt über die Formulierung „jede Suppe" und „wieder" ihrerseits verärgert sein und kontern: „Was soll denn da angebrannt sein? Schmeckt doch gut." Oder: „Dauernd hast du was zu meckern. Wenn das Essen hundertmal gut ist, sagst du keinen Ton, aber wenn einmal etwas anbrennt, dann mußt du eine Szene machen. Früher, als du mich noch geliebt hast, hättest du dich nicht wegen solcher Kleinigkeiten aufgeregt." Was bleibt ihm da anderes übrig, als seinen Angriff zu rechtfertigen und weiterzustreiten.

Wenn sie einfach zugibt, daß ihr die Suppe angebrannt ist, und ganz ruhig sagt: „Das tut mir aber leid, da habe ich einen Moment nicht aufgepaßt – schade um die gute Suppe!", dann ist ihm der Wind aus den Segeln genommen. Und wenn sie ihn gar übertrumpft: „Schmeckt scheußlich, nicht? Sollen wir sie den Abort runterspülen?", wird er vielleicht seinerseits abwiegeln: „Na ja, so schlimm ist es auch wieder nicht – ich würge das Zeug schon ‚runter."

Ein ähnliches Beispiel könnte man umgekehrt durchspielen: „Mußt du ausgerechnet immer mit dem guten Anzug und dem neuen Hemd das Fahrrad reparieren? Ich bin ja nur dazu da, deinen Dreck wieder zu beseitigen." In diesem Fall hat er die Wahl zwischen Eskalation: „Man wird doch noch . . . und wenn du schon mal ein Hemd waschen mußt!" oder abwiegeln: „Ach so, da hab' ich gar nicht aufgepaßt . . . entschuldige bitte!"

Nimm den Ärger wie eine Pille: schlucke ihn, aber kaue nicht darauf herum

Verständnis, Überraschung oder Bedauern zu zeigen, ist die beste Methode, wenn der andere in der Sache recht hat, nicht aber vielleicht im Ton. Wenn man sich jedoch zu Unrecht angegriffen fühlt, ist es nicht immer ratsam, nur um des lieben Friedens willen alles zu schlukken, weil es zum einen den anderen in seiner falschen Selbstgerechtigkeit bestärkt, zum anderen doch irgendwann als gesammelte Empörung hochkommt. Will man trotzdem keinen Streit aufkommen lassen, ist es ratsam, wenigstens ruhig zu bleiben und eventuell durch erstaunte Fragen: „Wirklich? Findest du? Was meinst du denn damit?" dem Partner Gelegenheit zu geben, entweder seine Vorwürfe zu präzisieren und damit zu versachlichen, oder bei der genaueren Erklärung Dampf abzulassen und auf diese Weise selbst zu merken, daß er nicht richtig liegt.

Die Kurve weg von einem unerfreulichen Reizthema kann man mitunter am besten kriegen, wenn man höhere Werte oder das gemeinsame Ganze ins Gespräch bringt: „Komm, lassen wir uns doch davon nicht den schönen Abend (Ausflug) verderben. Hast ja recht, aber reden wir ein anderes Mal darüber."

Einmal lachen

Man kann einen beginnenden Streit auch mit Humor herunterspielen, aber diese Methode ist gefährlich; denn – wie man so schön sagt –

EMANZIPATION
1.
1. Vorwarnung IST FAIR!
2.
2. SCHIMPFEN ENTSPANNT. FASSE DICH KURZ
3.
3. TRITT DEINEM PARTNER NIE ZU NAHE
ES SEI DENN, IHN ZU UMARMEN!
4.
4. VERSÖHNUNG BRINGT
FREUDE, ABER EINER MUSS
ANFANGEN!

Humor kann auch nach hinten losgehen. Wenn man den Eindruck hat, dem Partner ist nur das Temperament oder eine Laune durchgegangen, kann man die Situation mit einem Scherz entspannen, und mitunter ist der Partner sogar froh, wenn er mit Hilfe eines lustigen Zuspiels wieder von seinen Barrikaden herunterkommt.
Wehe aber, der eine meint es tatsächlich bitter ernst und der andere reißt auch noch Witze darüber. Dabei ist zu beachten, daß der äußere Anlaß, der mitunter lächerlich sein kann, durchaus noch nichts über den Ernst der Lage aussagt. Entscheidend ist, rechtzeitig zu merken, ob es dem Partner persönlich ernst ist mit dem Streitthema, ob sich vielleicht aus geringfügigem Anlaß bei ihm etwas lang Angestautes Luft macht, eine tiefergehende Verärgerung, die nur noch schlimmer wird, wenn man sie zu leicht vom Tisch wischen will. „Du machst dich ja auch noch über mich lustig“, heißt es dann unverstanden.
Damit sind wir bereits mitten im zweiten Punkt: Stellt sich nämlich heraus, daß ein Streit eine ernstere Wurzel hat, soll man ihn besser gar nicht erst herunterspielen oder abwürgen, sondern offen austragen. Das bedeutet: ausreden lassen, hinhören (auch auf Untertöne achten!) und versuchen, sich in die Position des anderen hineinzudenken, also nicht schon gleich verübeln, daß ihm überhaupt etwas nicht paßt. Hat man selbst auch einiges angesammelt, ist ein Gegenangriff oder eine Gegenrechnung mitunter dazu angetan, die Gleichheit der Diskussion wiederherzustellen. Aber dann soll man auch eine Aussprache über zwei oder mehrere Themen führen, nicht sie einfach gegeneinander aufrechnen, wenn sie nichts miteinander zu tun haben. Mitunter empfiehlt es sich, in der Situation, in der ein Streit plötzlich ausgebrochen ist, nur kurz die Kontroverse festzustellen und sie auf einen für eine Aussprache günstigeren Zeitpunkt zu verschieben: Hektik oder Zuhörer bei einem Streit sind in jedem Fall schädlich.
Ein sehr beliebter Fehler bei Ehestreitigkeiten ist der Versuch, ohne Diskussion des Themas, ohne Argumente und ohne Bemühen um Verständnis für die Verärgerung des anderen, gleich direkt eine Versöhnung anzustreben. Zu diesen Methoden gehören etwa männliche Ablenkungsmanöver wie: „Süß schaust du heute aus. Warst du beim Friseur?“ Oder: „Du siehst hinreißend aus, wenn du so wütend bist!“ Da fühlt sich eine ernsthaft zornige Frau meist nur auf den Arm genommen und für dumm verkauft – was wiederum die Kluft nur vertieft.

Nicht anders verhält es sich umgekehrt, wenn der Mann schimpft, und sie knöpft beispielsweise provozierend ihre Bluse auf, um ihn mit den Waffen einer Frau zur Strecke zu bringen: „Komm, sei lieb! Es gibt doch was Schöneres als Streiten.“ Auf einen solch unfairen Angriff „unter der Gürtellinie“ dürfte er wohl nur noch sauerer reagieren: „Ich will aber jetzt nicht lieb sein, ich will wissen, wo das Geld geblieben ist!“ Dann fühlt sie sich meist auch noch mit ihrem zärtlichen Versöhnungsangebot zurückgewiesen und ist völlig gekränkt, wenn auch zu Unrecht.

Wenn ein Streit in der Sache ausdiskutiert ist, kann freilich eine stürmische Versöhnung im Ehebett einen schönen Abschluß bilden (manche sagen sogar, sie freuten sich wegen der Versöhnung auf jeden Streit), aber Versöhnung kann man weder erzwingen noch erschwindeln, es muß vielmehr erst der Wille zur Versöhnung dasein. Dies festzustellen ist wichtig, aber nicht immer leicht. Das Ende eines Streites muß nicht gleich schon die Lösung der besprochenen Fragen bedeuten, es genügt die Erfahrung, daß man das Problem erkannt hat und sich gemeinsam bemühen will, damit fertig zu werden. Ebensowenig muß am Schluß ein Urteil darüber stehen, wer nun recht gehabt und wer alles falsch gemacht hat. Meist genügt es, wenn einer etwas einlenkt, vorsichtig Einsicht zeigt und der andere sich damit zufriedengibt, seinerseits ein paar Zugeständnisse anbietet oder Mißverständnisse einräumt.

Mancher kommt von seinem Temperament und seinem Naturell her nur schwer wieder von einer Streitposition herunter, obwohl er es im Grunde gerne möchte; er verkrampft sich im Ärger. Dem sollte der Partner zur rechten Zeit – nicht zu früh – eine Brücke bauen, eine Hilfestellung geben, daß er einlenken kann, ohne sein Gesicht zu verlieren. Die Rücksicht auf die Selbstachtung des Partners und sein inneres oder äußeres Prestige ist der Angelpunkt für die Entscheidung, ob ein Streit zur Versöhnung und vielleicht von da an zu besserem Verstehen führt, oder zu einem anhaltenden Zerwürfnis.

Darum heißt eine Faustregel für jeden, der seine Ehe kaputtmachen will: die Selbstachtung und das Selbstbewußtsein des anderen zu unterminieren und zu zerstören. Konkret sind dazu einige Tips zu geben:

Eine ziemlich verheerende Wirkung beispielsweise hat fast immer die Unterstellung übler Motive, das heißt: eine Lappalie dadurch schlimmer machen, daß man eine böse Absicht dahintersieht. Verspätungen,

Schlamperei, Vergeßlichkeit sind zwar für den Partner ärgerlich, aber für sich allein menschlich und kommen immer wieder vor. Zum harten Streit werden sie jedoch, wenn man dem anderen unterstellt, daß dies nur ein Zeichen seiner Geringschätzung, Überheblichkeit und mangelnder Liebe ist. Anheizende Unterstellungen leitet man am besten ein, indem man sich die Gedanken der anderen selbst ausdenkt: „Du läßt ja dein Zeug immer nur herumliegen, weil du denkst . . .“ Verallgemeinerungen wie „immer“, „nur“, „dauernd“, „nie“ verfehlen selten ihre Wirkung.

Ein weiteres bewährtes Mittel, eine unsachliche Note in den Streit zu bringen, ist das Ausweichen auf die Vergangenheit: „Du brauchst dich hier gar nicht aufzuregen! Du hast damals auch . . .“ Besondere Verbitterung erreicht man, wenn man dabei auf Fehler in der Vergangenheit anspielt, die der Partner längst bereut hat und gerne in Vergessenheit schlummern lassen möchte. Etwa: „Gut, ich hab' dir's zwar verziehen, aber du weißt genau, wie du dich damals benommen hast . . .“ Tiefgehende Verhärtung und einen Riß ins eheliche Verhältnis erzielt man, wenn man mit einem Streit, in dem man im Recht ist, nicht mehr aufhört und sich mit der Einsicht des anderen in sein Unrecht nicht zufriedengibt. Man muß auf der endgültigen Kapitulation des Partners bestehen: Auf die Knie mit ihm und weiterstreiten, bis er Harakiri macht! Auf diese Weise kann man seinen Partner so demütigen, daß er an dieser Ehe nicht mehr viel Freude findet.

Die Wirkung kann man noch dadurch verstärken, daß man entweder den Streit (mit Belehrung des Partners) vor Dritten austrägt oder – wo sich dies nicht ermöglichen läßt – wenigstens vom Streitablauf sowie den Fehlern, unmöglichen Ansichten und der moralischen Niederlage des Partners anderen ausführlich und genüßlich Bericht erstattet. Als eine zusätzliche Variation der Demütigung des Partners kann man bei einem Thema, das nichts mit Geld oder sozialem Status zu tun hat, die Argumentation des Partners unterlaufen mit Bemerkungen wie: „Schließlich bin ich es ja, der das Geld für die Familie herbringt!“ oder: „Ohne das Geld meines Vaters wärst du ein Niemand, und jetzt blähst du dich auf!“

Ein sicheres Mittel, eine Ehe mit Streit zur Scheidung zu treiben, ist die Praxis, bei jedem Streit gleich direkt mit Scheidung zu drohen. In einer verfahrenen Debatte immer die Lösung anzubieten: „Bitte, dann müssen wir uns eben scheiden lassen!“ enthebt einen der Pflicht, sich zu

einem vernünftigen Ausweg durchzuringen. Statt dessen kann man so eine Scheidung oder eine im Kern bereits zerrüttete Konventionalehe systematisch herbeireden.
Abschließende Frage: Soll man vor den Kindern streiten oder versuchen, den Streit der Eltern vor Kindern zu verheimlichen? Wer so streitet, daß er den Partner fertigmacht und die Basis für gegenseitiges Verstehen in einer partnerschaftlichen Ehe zerstört, der sollte die Kinder davon möglichst fernhalten. Wer aber Meinungsverschiedenheiten und sachliche Auseinandersetzungen auf eine menschliche Weise ausstreitet, der kann die Kinder – sofern sie nicht vom Thema überfordert sind – ruhig zuhören lassen. So lernen sie wenigstens ganz selbstverständlich, daß Streiten etwas Natürliches ist und daß der Zweck des Streitens die Klärung der Sache und die Einigung der Partner ist.

Hannes Burger

GEHT DIR DER RAT AUS . . .

Interview mit einem Eheberater

Frage: Kürzlich habe ich die Behauptung gelesen, ungefähr 80 Prozent der Ehen, die heute geschieden werden, brauchten nicht zu scheitern, wenn die Partner mit einer Krise nicht allein gelassen würden, sondern Hilfe erhielten. Würden Sie dem zustimmen?

Antwort: Ich weiß nicht, woher die 80 Prozent kommen. Das ist eine Schätzung, die ich nicht überprüfen kann. Aber es ist sicherlich richtig, daß viele Ehen vor dem Scheitern bewahrt werden könnten, wenn die Partner rechtzeitig von der Möglichkeit der Hilfe erführen und sich auch helfen ließen.

Frage: Sie sagen: Wenn die Partner von der Möglichkeit der Hilfe erführen. Sind die Eheberatungsstellen zuwenig bekannt?

Antwort: Sicherlich auch! Aber es ist nicht nur so, daß die Eheberatungen zuwenig bekannt sind. Es gibt auch andere Hindernisse. Ich habe davon gesprochen, daß die Hilfe „rechtzeitig" erfolgen müsse und die Partner bereit sein müßten, sich helfen zu lassen. Da liegen unsere Schwierigkeiten.

Frage: Das verstehe ich nicht ganz. Wenn ein Ehepaar in Schwierigkeiten steckt, sollte man doch meinen, es sei froh, eine Stelle zu kennen, die bereit ist zu helfen. Warum wird dieses Angebot zur Hilfe denn nicht gern angenommen?

Antwort: Das hängt wohl damit zusammen, daß man die Aufgaben einer Eheberatungsstelle falsch beurteilt. Wahrscheinlich sehen viele in der Eheberatung eine Reparaturwerkstätte für verunglückte Ehen. Das Aufsuchen der Beratungsstelle bedeutet also für manche so etwas wie das Eingeständnis, ihre eigene Ehe sei gescheitert. Und davor scheuen sie aus zwei Gründen zurück: erstens gibt niemand gern einen Mißerfolg zu, und zweitens wird das eigene Problem dann, wenn eine Hilfe leicht möglich wäre, noch nicht als so schwer empfunden, daß man deswegen die Ehe sehr gefährdet glaubt. Das heißt: viele Menschen kommen erst zu uns, wenn die Schwierigkeiten in der Ehe so groß geworden sind, daß sie allein nicht mehr weiterwissen. Vielleicht ist schon ein Grad der Entfremdung zwischen den Partnern entstanden, der eine einfache Rückkehr zum Ausgangspunkt, zur anfänglichen Harmonie der Ehe, nicht mehr zuläßt. Dann müssen wir versuchen, den Partnern, wenn ihnen beiden noch daran liegt, zu einem neuen Verhältnis zueinander zu verhelfen.

Frage: Es käme also darauf an, den Rat der Eheberatung möglichst früh einzuholen, bevor größere Unstimmigkeiten eingetreten sind?

Antwort: Es ist gut, in diesem Zusammenhang das Wort Rat zu gebrauchen. Am Frankfurter Rathaus ist zu lesen: „Geht dir der Rat aus, geh zum Rathaus!“ Auf die Eheberatung angewandt: Hast du das Gefühl, Rat zu brauchen, so hole ihn dir! Das bezieht sich keineswegs nur auf Konflikte und Spannungen zwischen den Ehepartnern. Die Eheberatungsstelle möchte zunächst nicht unglückliche Ehen verhindern, sondern den Ehepartnern helfen, gute Ehen zu führen. Deswegen bezieht sich unser Rat nicht nur darauf, wie man entweder Streit vermeidet oder ihn aus der Welt schafft, sondern vor allem auf notwendige Hinweise, damit eine Ehe gelingt. – Übrigens ist Rat nicht so zu verstehen, als ob wir den Ehepartnern sagen, was sie tun müssen. Ziel unseres Beratens ist es, den Eheleuten zu helfen, für ihre Probleme die ihrer Situation angemessenen Lösungen zu finden.

Frage: Wenn man sich überlegt, was heute – um Ihre Worte zu gebrauchen – alles „notwendig ist, damit eine Ehe gelingt“, dann kann Eheberatung wohl nicht die Sache einer Einzelperson sein. Denn die Fragen, mit denen man es da zu tun hat, reichen vermutlich von den hauswirtschaftlichen Problemen über medizinische und rechtliche Aspekte der Ehe bis hin zur Erziehung der Kinder. Wie sollte oder wie könnte das ein einzelner Eheberater schaffen?

Antwort: Ich gebe gern zu, damit wäre der einzelne Eheberater oft überfordert. Ich darf die Liste noch ergänzen: da kommen psychologische Probleme ins Spiel, da tauchen theologische Fragen auf und Aspekte des Kirchenrechts. Deshalb gehört zu jeder Eheberatungsstelle unbedingt ein ganzes Team von fachkundigen Mitarbeitern aus den verschiedensten Bereichen. Häufig ist der Eheberater selbst sozusagen nur die „Anlauf-Adresse". Er vermittelt dann den Kontakt zu jenem Mitarbeiter, auf dessen Hilfe es im besonderen Falle ankommt. In anderen Fällen, in denen die Hilfe mehrerer Fachleute erforderlich ist, wird die Sache im Team gründlich erörtert und diskutiert. Nehmen Sie etwa die Frage der Empfängnisregelung und der verantworteten Elternschaft, die heute in der Eheberatung eine sehr große Rolle spielt: Das ist weder nur eine medizinische, noch eine nur moraltheologische Frage, sie hat auch ihre sozialen, psychologischen und wirtschaftlichen Aspekte. Nur wenn alle diese Aspekte berücksichtigt werden, ist es möglich, den Partnern zu helfen, die in ihrer Situation richtige Entscheidung zu fällen.

Frage: Welches ist nach Ihrer Meinung der von jungen Eheleuten am häufigsten gemachte Fehler?

Antwort: Zu meinen, in der Ehe komme es darauf an, daß alles möglichst harmonisch zugehe. Man möchte sich durch Meinungsverschiedenheiten, Spannungen oder gar Streit das „Glück der Ehe" nicht trüben lassen. In dem Bestreben, die Harmonie zu sichern, wird am Anfang der Ehe alles Störende verdrängt, sozusagen in eine große Schublade getan. Es ist dann zwar vom Tisch, aber nicht aus der Welt geschafft. Nach einiger Zeit, so nach vier, fünf oder sechs Jahren, ist die Schublade voll, so daß man am Aufräumen nicht mehr vorbeikommt. Dann liegt der Berg der verdrängten Probleme und Schwierigkeiten fast unüberschaubar vor einem. Und dann meinen die Partner meistens, sie säßen vor den Trümmern ihrer Ehe, in Wirklichkeit handelt es sich um nicht rechtzeitig beseitigten „Müll"!

Frage: Sie halten also eine Enttäuschung in der Ehe für unvermeidlich?

Antwort: Für notwendig! Im Anfang sieht jeder ja den Partner nicht so, wie er ist, sondern so, wie er ihn sich wünscht. Vielleicht kann man sagen, die Kunst in einer guten Ehe besteht darin, alles das, was man vor der Hochzeit in den Partner hinein-gehofft hat, nach der Hochzeit aus Erfahrung Stück für Stück abzustreichen – und mit dem Rest glücklich zu werden! – Die Holländer haben übrigens dazu ein gutes Sprichwort: „Niemand kennt den anderen, bevor er nicht vor ihm stand und ihn nicht mehr erkannte!" – Also, bevor er nicht auch die anderen, die unerfreulichen Seiten des anderen kennengelernt hat. Ich halte die Enttäuschung für etwas Positives; denn das Wort sagt ja nichts anderes, als daß man ent-täuscht, von einer Täuschung befreit wird. Ohne diese Enttäuschung würde die Ehe auf falschen Voraussetzungen beruhen.

Frage: Und was tut der Eheberater in einem solchen Fall?

Antwort: Im Gespräch mit den Partnern muß er diesen helfen, selbst zu erkennen, warum sie enttäuscht sind, was sie also erwartet haben vom Partner, und warum der Partner diesen Erwartungen nicht entsprechen konnte. Man muß helfen, eine neue Einstellung zum Partner zu finden und ihn so zu akzeptieren, wie er ist. Wenn das wechselseitig geschieht, ist viel gewonnen.

Frage: Und was halten Sie davon, den Partner noch zu erziehen?

Antwort: Erziehen ist bei erwachsenen Menschen nur als Selbsterziehung möglich. Man merkt, womit man dem anderen auf die Nerven geht, und bemüht sich, das abzustellen. – Für eine Ehe ist es unter Umständen leichter, wenn beide keine Tischmanieren haben, als wenn einer sie hat und darunter leidet, daß der andere sie nicht hat. Es kann unerträglich sein, wenn einer die Zähne nicht putzt und glaubt, dem Partner beim Guten-Morgen-Kuß den Mundgeruch zumuten zu können. – Wer heiratet in der Absicht, den oder die biege ich mir schon hin, der offenbart damit nur, daß er den Partner nicht akzeptiert, wie er ist.

Frage: Welche Probleme kommen nach Ihrer Erfahrung heute besonders häufig vor?

Antwort: Es sind vor allem zwei: Zum ersten ist es die noch vorhandene Bindung eines Partners an einen Elternteil. Das heißt, weil der junge Mann oder die junge Frau noch so stark an Vater bzw. Mutter gebunden ist, ist die Freiheit für die eigene Ehe eingeschränkt. Konkret äußert sich das etwa in der Rivalität zwischen Mutter des Mannes und seiner Frau. Das Problem taucht vor allem in Ehen junger Männer auf, die ihren Vater früh verloren haben und für die ihre Mütter so etwas wie Ersatzpartner geworden sind. Daß es heute so häufig vorkommt, hängt sicherlich mit den vielen Kriegswaisen zusammen, die jung verheiratet sind.

Frage: Wie helfen Sie da? Für eine Mutter, die beispielsweise den Ehemann früh verlor, die Kinder allein ernährte und aufzog und gerade deswegen vielleicht auch wenig Kontakt außerhalb ihrer Familie hatte, ist die Trennung von dem Sohn hart. Könnte eine scharfe Trennung beim Sohn nicht auch Schuldgefühle der Mutter gegenüber auslösen?

Antwort: Da sehen Sie richtig. Trotzdem muß die Entwicklung der jungen Ehe den Vorrang haben. Hier wird das Gespräch mit allen drei Partnern gesucht werden müssen. Dabei geht es einerseits darum, die beiden jungen Menschen in ihrer Ehe frei zu machen füreinander, andererseits darum, der Mutter eine Neuorientierung ihres Lebens zu ermöglichen, d. h. ihr zu helfen, ihrem Leben ohne den Sohn einen neuen Inhalt zu geben.

Frage: Und das zweite besonders häufige Problem?

Antwort: Es ist das Problem der Freizeit-Ehe – oder anders ausgedrückt – das Problem der sozialen Isoliertheit der Frau in den modernen, anonymen und unübersichtlichen Wohngebieten.

Frage: Was verstehen Sie unter Freizeit-Ehe?

Antwort: Daß die Ehepartner häufig nur noch in der Freizeit beisammen sind. Viele Männer sind nämlich mehr Stunden ihres bewußten Daseins mit anderen Frauen zusammen als mit ihren Ehefrauen. Die Ehe spielt sich am Feierabend, am Wochenende und in den Ferien ab.

Frage: Wie äußert sich dieses Problem konkret?

Antwort: Wir erleben es zur Zeit häufig, daß junge Frauen, die ihrer Kinder wegen den Beruf aufgegeben haben, plötzlich wieder in den Beruf zurückkehren wollen, obwohl ihre Kinder noch so klein sind, daß sie die Mutter dringend brauchen. Die vielen Stunden allein mit den Kindern in der Wohnung, ohne die Möglichkeit eines Gesprächs, eines Gedankenaustausches oder einer sonstigen Anregung werden von ihnen als bedrückend empfunden. Die Zeiten, als man im Betrieb mit anderen beisammen war, während der Arbeit mit ihnen sprach, manchmal lachte, an ihrem Ergehen Anteil nahm, diese Zeiten erscheinen in der Einsamkeit der eigenen vier Wände verklärt. Dazu kommt, daß der Mann sich meistens neben der Ehe gewisse private Reservationen offenhält, wie etwa den Verein oder den Stammtisch, also seine Freizeit auch noch anders aufteilt.

Frage: Aber sind die Frauen nicht durch das Glück ihrer Mutterschaft entschädigt? Kann man ihre Unzufriedenheit so ernst nehmen?

Antwort: Gewiß, Kinder sind lieb, nett. Sie machen zwar Arbeit, sie machen aber auch glücklich! Doch sie sind für eine intelligente, aufgeschlossene Frau keine Gesprächspartner. Und diese sind auch in der anonymen Nachbarschaft einer modernen Vorortsiedlung nur schwer zu finden.

Frage: Raten Sie den Frauen, in den Beruf zurückzukehren?

Antwort: Wir können niemandem die eigene Entscheidung abnehmen. Aber wo nicht zwingende Notwendigkeiten für die Berufstätigkeit sprechen, meine ich, sollte eine Frau, die kleinere Kinder hat und ihretwegen ihren Beruf aufgab, nicht aus Einsamkeit in den Beruf zurückgehen. Es ist der Frau allerdings auch nicht geholfen, wenn ich oft wiederhole, wie notwendig ihre Kinder sie brauchen. Die Frage ist doch, wie kann ich das Problem, nämlich die fehlende „Ansprache", lösen helfen? Was mich bedrückt, ist, daß dieses Problem von den Männern bisher so wenig gesehen wird. Bisher wird auch wenig getan, Frauen außerfamiliäre Kontaktangebote zu machen. Das ist eine Aufgabe, meine ich, der Gemeinden, in denen diese Frauen leben.

Frage: Wann geben Sie eine Ehe auf?

Antwort: Nicht, solange bei beiden Partnern – wenn auch unterschiedlich stark – die Hoffnung da ist, es könnte noch einmal gut werden. Vor allem gilt es, momentane Kurzschlußreaktionen aus Enttäuschung oder Verärgerung zu vermeiden, die Auseinandersetzungen in sachliche Bahnen zu lenken und mit beiden Partnern, teils allein, teils gemeinsam, die aufgetretenen Schwierigkeiten aufzuarbeiten und sie so zu einem neuen Anfang zu ermutigen.

Frage: Und wenn ein Ehepaar fast nur noch streitet?

Antwort: Solange sie streiten, ist Hoffnung; denn so lange liegt ihnen noch aneinander. Manchmal kommt es darauf an, die Eheleute das Streiten zu lehren, weil sie es nicht richtig können.

Frage: Ist das ein Scherz, daß man Ehepaaren das richtige Streiten beibringen muß?

Antwort: Das ist durchaus ernst gemeint. Wenn Meinungsverschiedenheiten und Streit sinnvoll sein sollen, dann müssen sie dazu dienen, die Beziehungen zwischen den Partnern zu verbessern, mehr Einmütigkeit herzustellen. Aber die meisten Ehestreitigkeiten werden mit der Absicht geführt, recht zu behalten! Und das ist falsch! Man reagiert verletzt und beleidigt und versucht, den anderen ebenso zu verletzen. Man redet nur, aber man hört nicht hin. Also muß man versuchen, den Eheleuten zu helfen, ihre Meinungsverschiedenheiten sachlich auszutragen und die Meinung des anderen zur Kenntnis zu nehmen. Bis das gelernt ist, braucht es ein regelrechtes Streit-Training!

Frage: Gibt es einen Anlaß, daß Sie zur Scheidung raten? Manchmal hört man von Geschiedenen, sie seien nicht zur Eheberatung gegangen, weil sie befürchtet hätten, dort zum Ausharren verdonnert zu werden. Gerade katholische Eheberatungsstellen stehen manchmal in dem Ruf, sie würden mit allen möglichen Mitteln eine Scheidung zu verhindern suchen. Was sagen Sie dazu?

Antwort: In der Vergangenheit ist es sicherlich vorgekommen, daß selbst dort zum Ausharren ermuntert wurde, wo etwa durch die Schuld eines Partners eine Ehe so sehr zerrüttet war, daß man kaum noch an ihre Wiederherstellung glauben konnte. Und sicherlich hat man manchmal das Wohl der Kinder gesagt und die äußere Aufrechterhaltung der Institution Ehe gemeint – also gesagt, daß des Wohles der Kinder wegen die Ehe aufrechterhalten werden sollte, obwohl den Kindern mit einer Trennung der Eltern besser gedient gewesen wäre. Dabei muß man aber mit berücksichtigen, daß anders als heute die finanzielle Abhängigkeit der Frau von ihrem Mann früher sehr groß war, weil viele Frauen keinen qualifizierten Beruf hatten. Wenn manche Frau mit ihren Kindern nicht in schlimmste wirtschaftliche Not geraten wollte, blieb ihr oft keine andere Wahl als auszuhalten. Heute sind die Dinge meistens anders. Und heute wissen wir vor allem, daß eine Atmosphäre von Zank und Streit, von Haß und Feindschaft ein Kind sehr schädigt. Deswegen helfen wir heute den Partnern auch, die Frage einer möglichen Scheidung sachlich zu prüfen und ihr Für und Wider zu überlegen. Übrigens hat die Kirche ja immer die Möglichkeit einer Trennung der Ehepartner vorgesehen, wenn das Zusammenleben nicht mehr zumutbar erschien. Allerdings blieb das sakramentale Eheband davon unberührt.

Frage: Eine Ehescheidung würden Sie also nur in dem Sinne akzeptieren, daß die Lebensgemeinschaft aufgegeben wird, ohne daß damit das Recht auf Wiederheirat gegeben wäre?

Antwort: Ja! Sie entspräche der kirchenrechtlich vorgesehenen Lösung, der sogenannten Trennung von Tisch und Bett!

Frage: Eine letzte Frage: Welchen Stellenwert hat in Ihrer Arbeit die eigentliche Sexualberatung? Kommen sehr viele Menschen mit sexuellen Problemen zu Ihnen? Und können Sie bestätigen, daß, wie man heute oft hört, die meisten Eheschwierigkeiten auf ungelöste Probleme im ehelichen Sexualbereich zurückgehen?

Antwort: Um mit dem letzten Teil der Frage anzufangen, das halte ich in dieser Einseitigkeit für absurd. Natürlich ist es so, daß dort, wo ein Partner mit dem anderen sexuell nicht harmoniert, er auch in anderen Bereichen an ihm etwas auszusetzen finden wird. Aber es gibt selbstverständlich auch den umgekehrten Fall, wo eine Enttäuschung, eine Spannung, eine von dem Partner empfangene Verletzung sich auf das Sexualverhalten auswirkt. Da hört man etwa die Klage: Tagsüber war er lieblos zu mir, und abends meinte er, es genüge, es auf diese Weise wiedergutzumachen. Aber dann kann ich nicht! – Selbstredend spielen sexuelle Probleme häufig mit, wenn es zu Verstimmungen oder Störungen in einer Ehe kommt. Ob diese sexuellen Probleme jedoch Ursache oder Folge der Verstimmung sind, das läßt sich nie eindeutig sagen. Darum ist aber auch der manchmal gehörte Rat gefährlich: Wenn's in deiner Ehe mal nicht stimmt, dann tu ein bißchen mehr Sex dran! Sicher ist andererseits, daß es aufgrund der früheren Erziehung noch manches Ehepaar gibt, das in diesem Bereich seines Lebens nicht frei von Ängsten ist. Man merkt das dann daran, wie schwer es darüber spricht. Wer darüber zu sprechen gelernt hat, hat auch das Problem schon weitgehend überwunden. Auch das Sprechen über sexuelle Fragen kann man bei uns lernen.

Frage: Jetzt doch noch eine allerletzte Frage: Hat es Zweck, wenn ein Partner allein zur Eheberatung kommt? Oder sollten grundsätzlich beide gemeinsam kommen?

Antwort: Normalerweise wird einer den ersten Schritt tun, also allein kommen. Aber Ehe ist immer eine Sache von zwei Leuten. Und deswegen muß man versuchen, mit beiden Partnern ins Gespräch zu kommen, anfangs vielleicht abwechselnd, später aber auf alle Fälle auch mit beiden gemeinsam! – Wunder gibt's bei uns nicht, aber Hoffnung kann man bei uns gewinnen! *Christian Meinwerk*

F. HANS PALM
SOZIALISMUS
HEIL
HEIL!

WIR LEBEN NICHT FÜR UNS ALLEIN

Die Zukunft gehört uns!
Kaffee

ALS NEUZUGEZOGEN

IN ST. ANTON GRÜSSEN

Das ist die Geschichte einer Umsiedlung, erzählt von fünf Personen: dem jungen Ehepaar, einem Sozialarbeiter der Pfarrei, der Pfarrschwester und dem Pfarrer. Es ist eine wahre Geschichte, und die Moral ist klar.

SIE

Wir sind ein junges Ehepaar. Wie wir gibt es zigtausend in der Bundesrepublik. Wir sind zwei Jahre verheiratet, noch ohne Kinder. Wir arbeiten beide. Ich im Büro, mein Mann ist technischer Zeichner. Es klappte alles wie am Schnürchen. Nette Kollegen, nette Freunde; Eltern und Schwiegereltern nahe genug, um sie zu besuchen, weit genug weg, damit man sich nicht auf die Nerven ging. Und dann eines Tages: päng. Die Baufirma, in der mein Mann arbeitete, war pleite. So von heute auf morgen. Wie man es in der Zeitung immer wieder liest. Nur, diesmal waren wir die Betroffenen. Gut, man war mit der Firma nicht verheiratet. Aber wir hatten Anschaffungen abzuzahlen. Nichts Übertriebenes. Dreihundert Mark im Monat, und ich sage nicht wofür. Von meinem Gehalt allein war das nicht zu schaffen. Also schnellstens neue Stelle für Erwin (meinen Mann). Aber mit ihm waren zwanzig Kollegen frei geworden. So viele offene Stellen gab es in unserer kleinen Stadt ganz einfach nicht. Es gab nur eine Möglichkeit: umzuziehen, fortzuziehen. Das, wovon wir halb im Spaß schon immer wieder mal geredet hatten, wurde ernst. Nach vierzehn Tagen hatte Erwin eine neue Stelle in F. Die Stadt zehnmal so groß wie Gr., unser Heimatstädtchen. Drei Monate arbeitete Erwin dort allein, hauste allein. Dann bekam er durch die Firma eine Wohnung. Wir zogen zusammen. Ich als Sekretärin hatte schnell eine gute Stellung. Ein neues Leben in einer neuen Stadt unter fremden Menschen begann.

ER

Wir hatten eine Hochhauswohnung bekommen in einer neuen Siedlung, zwölftes Stockwerk, drei Zimmer, vernünftige Miete. Wunderschöne Aussicht, Himmel, Wolken, ferne Berge, Rauchgekräusel und ab und zu ein Vogel auf dem Fensterbrett. Menschen sah man keine. Nur wenn man sich hinaus, hinunterbeugte. Das war natürlich nur samstags, sonntags, wenn wir daheim waren, oder am frühen Abend. Wir hatten nette Kolleginnen und Kollegen, beide, keine Frage. Aber, um Anschluß zu bekommen, hätte man nach Geschäftsschluß dableiben müssen, mit zum Kegeln gehen oder in die Kneipe um die Ecke. Es waren natürlich die Ledigen, die noch einen heben gingen. Ehepaare waren kaum gefragt. So fiel uns das Eingewöhnen schwer. Nicht, daß wir uns zusammen gelangweilt hätten. Aber Geselligkeit ab und zu, ja eine einfache Aussprache hätte uns gutgetan. Die Wohnungsnachbarn, die Hochhausliftmitfahrer, sie waren höflich, unpersönlich freundlich. Für uns interessiert hat sich praktisch niemand. Zum großen Teil Eigentumswohnungsinhaber. Die interessierten sich nicht für die doch schneller wechselnden Mieter.

SIE

Wir fragen uns heute oft: Was hätten andere an unserer Stelle getan? In einen Verein eintreten? Anzeigen aufgeben: Junges usw. Ehepaar sucht Gleichgesinnte? Wir erinnerten uns der einzigen Bindung, die wir von daheim mitgebracht hatten, des Katholischseins. Wir sind keineswegs fromm, oder was man so darunter versteht. Aber wir gehen sonntags, wenn's einigermaßen klappt, in die Kirche. Na und dann beschlossen wir, uns am Sonntag nach dem Hauptgottesdienst so ausführlich und langatmig rumzudrücken, bis uns entweder jemand anspricht oder wir jemand sehen, den wir einfach fragen können: Hören Sie mal, wir sind neu hier und hätten gern Anschluß. Können Sie uns helfen?

ER

Ich hielt das für eine typische Frauenidee. Vor die Kirche stellen und auf Anschluß warten. Aber ich muß sagen, es hat geklappt. Ganz phan-

tastisch geklappt. Da gibt's einen Kreis junger Leute. Sie kommen alle 14 Tage zusammen, um sich auszusprechen: Probleme, die man eben hat, wenn man noch nicht lange verheiratet ist, im Beruf vorwärtskommen will, noch keine Kinder haben sollte. Und natürlich auch religiöse und politische Fragen. Der Pfarrer ist prima, redet gar nicht so viel und geht fast in Zivil.
Im Sommer wollen wir zu vier Paaren einen Bergurlaub in einem preiswerten Gasthaus in Südtirol verleben. Die Adresse haben wir von der Pfarrschwester. Ich glaube, wir gewöhnen uns jetzt gut ein.

SIE

Auch mir gefällt es gut. Aber ich bin etwas enttäuscht, wie Erwin hier einsteigt. Als wenn er in einen x-beliebigen Verein eingetreten wäre, nein nur umgestiegen. Tut er nur so, als wäre das umsonst? Ich meine, nur um des Betriebes willen, da hätten wir auch in den Tischtennisklub gehen können. Wir spielen sicher besser, als wir fromm sind.

ER

Blödsinn. Wir waren doch immer katholisch, oder?

SOZIAL-ARBEITER DER PFARREI

Also dieses Ehepaar ist geradezu rührend. Klar sind wir an Neuen für unsere Gruppe Junge Familie interessiert. Aber auf solchen Umwegen, solche vordergründigen Motive. Einsamkeit. Keinen Funken Interesse an Pfarreiarbeit. Keine Ahnung, kein Interesse an sozialen Problemen, von religiösen gar nicht zu reden. So was von bieder, kleinstädtisch, bürgerlich. Sie sind zufrieden, bei uns zu sitzen; sie hören nicht sonderlich zu, aber sie wollen dabeisein. Wenn es nicht zu lächerlich klänge, würde ich behaupten, diese hübsche, schlanke, gutangezogene junge Frau und dieser sportlich wirkende junge Mann haben sich bei uns verkrochen, sind untergeschlüpft, haben Zuflucht gesucht. Aber sie haben keine Probleme. Oder sie wissen es nicht, daß sie welche haben. Nun, fortschrittlicher werden wir durch diese Familie sicher nicht.

PFARR-SCHWESTER

Ich werde genauso mit meinem Bericht beginnen wie unser Sozialarbeiter: Ich finde dieses junge Ehepaar rührend. Sie sind noch so jung und gesund, daß sie auf die Hektik der Großstadt natürlich und gesund reagieren. Sie suchen Anschluß, und von ihrer Erziehung und Herkunft her haben sie ihn bei uns gesucht und gefunden. Sie sind weder religiös noch sozial noch politisch engagiert. Na und! Mindestens das erste können sie hier einüben, weiterlernen. Sie haben Vertrauen zu uns, zur Pfarrei, zur Gemeinde. Seien wir doch damit zufrieden. Vertrauen ist eine gute Basis, um weiter zusammenzuwachsen. Mir gefallen sie, und ich werde sie sicher – soweit es an mir liegt – nicht mehr aus den Augen lassen.

DER PFARRER

Ein seltsamer, oft nur an der Oberfläche der Dinge scharrender Bericht. Aber wahr und konkret. Diese junge Familie mußte zu *uns* kommen, um zu uns gehören zu können. In einem Neubaugebiet ist es organisatorisch unmöglich, alle Neuzuziehenden zu erreichen, einzuladen. Das Problem, wann, wer, wie anzusprechen ist, ist nur in Grenzen lösbar. Es sei denn, wir hätten genügend Hausvertrauensleute. In einem einzigen Hochhaus wohnen 80 Familien. Im Durchschnitt gibt es – wir wissen das von den Hausmeistern – jede Woche einen Aus- beziehungsweise Einzug.
Wir haben am Schwarzen Brett der Kirche Einladungen zu allen möglichen Veranstaltungen. Wir versenden Informationen, wir verteilen sie nach den Gottesdiensten. Das Echo von den Neuzuziehenden ist sehr gering. Ich meine, organisatorische Maßnahmen sind wichtig, ja, unerläßlich, um sozusagen für die Mitarbeit, das Mittun in der Gemeinde zu werben. Aber der eigentliche Ansatzpunkt müßte ganz woanders und viel früher liegen. In der Katechese und der Jugendarbeit nämlich.
Man müßte unseren jungen Leuten klarmachen, daß Christsein heißt, in der Kirche, mit der Kirche, also in der Gemeinde, mit der Gemeinde

leben. Isoliertes Christsein ist Mißverständnis. Einen isolierten, einen christlichen Einzelgänger kann es gar nicht geben. Seien wir doch ehrlich. Was haben wir denn anderes anzubieten als die Heilsbotschaft des Herrn? Nichts gegen alle unsere Kurse, Bildungsmöglichkeiten, Unterhaltungen. Das alles können die Heiden besser, sagt schon der heilige Paulus. Heimat für das sehnsüchtige, ruhelose Herz, von dem Augustinus spricht, in der Gemeinde kann sie zu finden sein, wenn überhaupt auf Erden. Und so meine ich, sind die Motive unserer jungen Freunde gar nicht so oberflächlich. Und selbst, wenn sie es wären: Ich meine bei uns, besser: in dieser Gemeinde Christi werden sie, wenn sie wollen, den Frieden finden, der nicht von dieser Welt ist. Nicht für ewig, aber doch so, daß sie in dieser Welt der Angst, der Unrast, des Trügerischen und Schwankenden mehr oder weniger getrost zu leben vermögen, sich Kinder wünschen und – darf man es noch sagen – die Liebe Gottes weitertragen.

Constantin Rühm

TELE-VISION

FERNSEHEN –

INFORMATION ODER BILLIGER ZEITVERTREIB?

In den USA saß ein 18jähriger im Durchschnitt weit mehr Stunden seines Lebens vor dem Bildschirm als auf der Schulbank. Nähern wir uns auch amerikanischen Verhältnissen?
Neun von zehn Familien in der Bundesrepublik haben ein Fernsehgerät. Im Durchschnitt sitzt der Bundesbürger mehr als zwei Stunden pro Tag vor dem Bildschirm. Staatsverträge verpflichten die Fernsehanstalten, die Zuschauer zu unterhalten, zu informieren, zu bilden. Erfüllen sie diesen Auftrag? Oder macht Fernsehen dumm?

Was erwarten die Zuschauer?

Die Frage „Wenn Sie aus technischen Gründen darauf verzichten müßten, was würden Sie stark, sehr stark vermissen: Fernsehen, Hörfunk oder Zeitung?“ wurde 1970 in der Bundesrepublik so beantwortet: Fernsehen 60%, Hörfunk 42%, Zeitung 47%. Da die Zahlen zugunsten des Fernsehens seit 1964 steigen, kann man 1973 bereits bei zwei Dritteln der Zuschauer eine starke bzw. sehr starke Bindung an das Fernsehen annehmen. Diese enge Beziehung zwischen Publikum und Medium gilt sowohl für politisch interessierte wie auch für politisch kaum oder gar nicht interessierte Zuschauer. Das heißt: Vom Fernsehen wird zugleich Information und Bildung wie auch Unterhaltung erwartet. An der Spitze der Zuschauererwartung steht:

Nachrichten (Tagesschau)	66%,	es folgen:	
Kriminalfilm	65%	Western	45%
Kinospielfilm	61%	Sport	44%
Unterhaltungssendungen	58%	Politisches Magazin,	
Fernsehspiel/Theater	53%	Diskussion	35%

Was sehen die Zuschauer?

70% der Zuschauer sehen jeden Tag im Fernsehen mindestens eine Nachrichtensendung (weit mehr im Ersten als im Zweiten Programm), aber „nur“ 35% schauen sich jeden Tag vertiefende Informationssendungen wie Magazine, Diskussionen, Interviews an (wieder mehr im Ersten als im Zweiten Programm). Hingegen schalten jeden Abend 75% bei Unterhaltungs- oder Sportsendungen ihr Fernsehgerät ein (hier wird das Zweite Programm gegenüber dem Ersten Programm bevorzugt!).
Diese Zahlen zeigen: Die Mehrheit der Bevölkerung wird von mehreren Medien erreicht – Fernsehen, Hörfunk und Zeitung –, aber die Mehrheit der Bevölkerung ist über die „Tagesschau“ hinaus nicht an vertiefender Information interessiert. Die Hauptausgabe der „Tagesschau“ bringt im Durchschnitt 22 Meldungen in etwa 13 Minuten. Das bedeutet oft eine Aneinanderreihung von Fakten ohne erkennbaren Zusammenhang. Hinzu kommt, daß Fernsehnachrichten relativ wenig gesellschaftspolitische Information enthalten und deshalb nur selten die konkreten Interessen der Mehrheit der Zuschauer betreffen. In der „Tagesschau“ findet viel Außenpolitik, aber wenig Sozialpolitik statt. Also: Wer nur die „Tagesschau“ sieht und „Bild“ liest, ist mit Sicherheit nur vordergründig informiert.
Hier beginnt die Aufgabe der politischen Magazine im Fernsehen (z. B. Panorama, Monitor, Report, ZDF-Magazin).
Einmal müssen sie die Hintergründe und Zusammenhänge von „Tagesschau“-Nachrichten aufzeigen; zum anderen aber müssen die zeitkritischen Fernseh-Magazine vor allem auf Probleme und Fragen von Minderheiten eingehen; politische Fernseh-Magazine sollten Sprachrohr der in der „Tagesschau“ Sprachlosen sein.

Ist unser Fernsehen das beste der Welt?

Das deutsche Fernsehen, so hört man gelegentlich, sei das beste der Welt. Auch wenn das stimmt, bleibt die Frage, ob das deutsche Fernsehen auch wirklich gut ist.
Das Programmangebot ist sicher so ausreichend, daß aus zeitlichen Gründen kaum ein Zuschauer all das anschauen kann, was ihn am Angebot interessiert. Schließlich laufen inzwischen drei Programme parallel.
Wie aber steht es mit der Qualität, wie mit der politischen Ausgewo-

genheit? Wenn ich vor einem konservativen Publikum zu dieser Frage spreche, höre ich immer wieder den Vorwurf: „Ihr seid viel zu links." Referiere ich vor einem linken Publikum, so höre ich: „Ihr seid viel zu rechts." Diese Frage wird natürlich zunächst vom eigenen politischen Standort aus beantwortet. Wer sich jedoch die Mühe macht, über mehrere Wochen hinweg die wichtigsten politischen Sendungen und Meinungsäußerungen zu beobachten und dann urteilt, wird feststellen: Es gibt „linke" und „rechte" Journalisten im Fernsehen (über die man sich auch hin und wieder ärgern kann und muß), aber insgesamt überwiegen doch diejenigen, die versuchen, nach *allen* Seiten fair und kritisch zu sein. Das Fernsehen ist weder „links" noch „rechts", sondern – unterm Strich – informativ für den, der will. Allerdings: Auf das Wollen des Zuschauers kommt es auch an, nicht nur auf das Bemühen der Journalisten.

Wie kritisch sind Deutschlands Fernsehzuschauer?

Linke Fernsehsendungen haben überwiegend ein linkes und konservative Sendungen überwiegend ein konservatives Publikum. Das heißt: die Zuschauer schauen sich überwiegend die politischen Sendungen an, bei denen sie annehmen, daß ihre Meinung oder ihr Vorurteil bestätigt wird. Deshalb sind viele Fernsehsendungen so sehr meinungsbestärkend und so wenig meinungsverändernd. Zuschauer erwarten zum Beispiel von einem Fernsehmoderator viel eher, daß er sagt, was sie ohnehin schon denken, und weit weniger, daß er etwas sagt, was ihre Meinung in Frage stellt. Neue Erkenntnisse, die gar politisches oder parteipolitisches Umdenken erfordern, sind von deutschen Fernsehzuschauern kaum gefragt. Die Mehrheit der Zuschauer stimmt den Kommentatoren und Moderatoren entweder kritiklos zu oder lehnt ihre Meinung kritiklos ab. Einen sinnvollen Umgang mit dem Medium Fernsehen haben wir überwiegend noch nicht gelernt. Dazu gehören:

1. Die kritische Auswahl des Fernsehprogramms. Kritische Fernsehkonsumenten schauen relativ wenig fern und haben auch Zeit zum Lesen. Es gibt da eine ganz einfache Regel: Je mehr jemand fernsieht, desto weniger liest er. Und je weniger jemand liest, desto unkritischer ist seine Haltung gegenüber dem Fernsehen. Sinnvolles Freizeitverhalten – das heißt: Nicht nur fernsehen – und kritischer Mediengebrauch stehen in engem Zusammenhang.

Daraus ergibt sich

2. Die richtige Mischung zwischen Fernsehen, Hörfunk und Zeitung. Das Fernsehen darf weder die einzige Quelle der Information noch die einzige Form der Unterhaltung sein. Politisch ist nicht ausreichend informiert, wer nur Fernsehnachrichten sieht. Wer allerdings glaubt, auf politische Information im Fernsehen ganz verzichten zu können, verpaßt Möglichkeiten der Information, die so dokumentarisch nur das Fernsehen geben kann; z. B. das Verhalten eines Politikers auf unbequeme Fragen.

Hin und wieder gibt es im Fernsehen auch gute Unterhaltung. Das sollte aber nicht dazu führen, daß das Fernsehgerät der einzige Anlaß für eine Familie wird, Geselligkeit zu pflegen.

3. Eine kritische Einstellung gegenüber den Programm-Machern. Im Fernsehen wird im Normalfall genausoviel oder genausowenig manipuliert wie auf den ersten Seiten einer Zeitung. Das heißt: Das Programm wird von einigen Journalisten gemacht – nicht von Stars und nicht von Halbgöttern, die alles wissen. In der Bundesrepublik haben Fernsehnachrichten bei vielen Zuschauern noch immer den Charakter von amtlichen „Verlautbarungen“. Seltsamerweise stoßen gerade deshalb Fernsehnachrichten auf soviel Glaubwürdigkeit!

Unsere Frage hieß: Fernsehen – Information oder billiger Zeitvertreib? Nicht jede Fernseh-Minute an jedem Tag ist wert, gesehen zu werden. Aber an jedem Tag bringen die drei Fernsehkanäle so viel interessante und wichtige Informationen und auch gute Unterhaltung, daß der Durchschnittsbürger gar nicht die Zeit hat, das zu sehen, was sehenswert ist. Wir Programm-Macher bieten jeden Tag viele Stunden an, doch auswählen müssen Sie selbst.

Franz Alt

BÜRGERINITIATIVEN

ODER:
WIE WIR DIE WELT VERÄNDERN!

Ein guter Mensch, wer wär's nicht gerne, doch die Verhältnisse, die sind nicht so . . . Diese traurige Weisheit stammt von dem Dichter Bert Brecht. Viele Menschen finden sich damit ab, daß sie nicht so gut, oder auch so froh, zufrieden und gesund leben können, wie sie's eigentlich wollen, weil eben „die Verhältnisse nicht so sind".
In der Tat: Begegnen wir nicht auf Schritt und Tritt beklagenswerten Zuständen, die uns leiden lassen, beeinträchtigen oder ärgern? „Hier müßte dringend etwas geschehen", stellen wir dann fest, bejammern im Chor mit anderen Betroffenen, daß nichts geschieht, und warten, ob irgendeine gerechte, starke Hand von oben alles in Ordnung bringt. Aber ist dieses Warten auf den starken Mann nicht noch Zeichen einer gewissen Unmündigkeit? Sind die Verhältnisse wirklich so stark, daß sie nicht verändert, verbessert werden könnten, und zwar von uns selber?
Immer mehr Menschen in unserem Land werden sich ihrer demokratischen Rechte und Pflichten bewußt, die steigende Anzahl von Bürgerinitiativen gibt davon beredtes Zeugnis. Diese Menschen haben eingesehen, daß es wenig nützt, zu schimpfen und Hilfe von außen, von irgendeiner mächtigen Stelle zu erwarten; viele nehmen selber ihre Angelegenheiten in die Hand und haben Erfolg damit. Einige Beispiele sollen hier für viele stehen:

Selbsthilfe Kinderspielplatz

Nachdem in der Mitte eines neu errichteten Wohnblocks der gesetzlich vorgeschriebene Spielplatz als Riesensandkuhle angelegt worden war,

gab die Gemeinde das restliche zur Verfügung stehende Geld für eine Betonplastik als Mittelpunkt der Kuhle aus. Vielleicht war sie künstlerisch wertvoll, für die Kinder war sie unbrauchbar.
Zunächst in kleinen Privatgesprächen, dann in etwas größerem Kreis überlegen die Eltern, wie sie eine bessere Spielstätte für die Kinder schaffen könnten. Pläne werden beschafft und erweitert, ein in diesen Dingen kundiger Vater sorgt dafür, daß die Genehmigung für die Umgestaltung eingeholt wird. Er weiß auch, an welchen Stellen sich öffentliche Mittel anzapfen lassen. Und dann kann es losgehen. Riesige Baumstämme werden aus den umliegenden Wäldern angefahren, und in wochenlanger Feierabendarbeit – das Handwerkszeug stellen benachbarte Betriebe und die Bundeswehr – schaffen die Eltern ein wahres Kinderparadies mit einer Burg, einer Holzeisenbahn, Indianerhütten, riesigen Kletterbäumen und vielem anderen mehr. Wo früher allenfalls ein paar verloren wirkende Kleinkinder ihre Sandeimerchen füllten und wieder auskippten, klettern, hangeln, spielen und toben nun ständig Scharen fröhlicher Kinder, die abends müde und glücklich in ihre Betten sinken.

Hilfe, wir verblöden!

In einem Einödstandort der Bundeswehr ist ‚nichts los'. Ein paar Soldatenfrauen setzen sich zusammen und beschließen, einen Diskussionskreis zu gründen. Sie stellen ein Programm auf und laden ‚alle Interessierten', Einheimische wie Bundeswehrangehörige, über den Lokalteil der Zeitung, Aushänge an Schulen und Kindergärten und in Gesprächen zu den Abenden ein. Weil zunächst keinerlei Gelder zur Verfügung stehen, wählen sie die ‚Referenten' aus den eigenen Reihen. Eine Kindergärtnerin spricht über neue Spiele und Bücher für Kinder, eine Lehrerin orientiert über Schulschwierigkeiten, eine Buchhändlerin aus einer benachbarten Stadt kommt kostenlos – weil das zur Werbung gehört – und stellt Neuerscheinungen der Buchmesse vor, gleichfalls ohne Honorar führt eine Kosmetikerin ihre Künste vor, und eine Mitarbeiterin der Energiezentrale klärt über Rationalisierungsfragen im Haushalt auf. Inzwischen haben einige öffentliche Stellen Geldmittel angeboten, die für solche Bildungsunternehmen zur Verfügung stehen. Der Diskussionskreis ist zu einer festen Einrichtung geworden. Von Isolierung und Vereinsamung ist keine Rede mehr; denn auch über den

Rahmen der Abende hinaus treffen sich Gleichgesinnte, um die behandelten Themen privat weiterzudiskutieren und die gewonnenen Kontakte zu vertiefen.

Umweltschutz

Seit einiger Zeit stellen die Einwohner einer Landgemeinde fest, daß die Luft häufig ‚chemisch riecht'. Eines Tages liest eine Frau zufällig in den amtlichen Bekanntmachungen im Gemeindehaus, daß die neue Fabrik, die Urheberin der chemischen Düfte, eine das Doppelte der jetzigen Kapazität übersteigende Erweiterung plant. Da die Einspruchsfrist in zwei Tagen abgelaufen ist, reagiert sie sofort: Mit dem Hinweis, daß noch keinerlei Messungen über die derzeitige, bereits deutliche Geruchsbelästigung und ihre möglichen Folgen für die Gesundheit der Menschen vorgenommen wurden, schreibt sie einen Protest gegen die unkontrollierte Erweiterung, mobilisiert Freunde und Schulklassen zur Unterschriftensammlung und hat in den wenigen noch zur Verfügung stehenden Stunden einige hundert Unterschriften unter ihrem Protest. Das Tauziehen um die Erweiterung geht noch hin und her. Auf jeden

Fall aber ist eine ganze Gemeinde wach und hellhörig geworden. Die Presse hat sich des Falles angenommen. Schon jetzt steht fest, daß der Betrieb sich einige Sicherheitsmaßnahmen auferlegt hat, an die vorher nicht gedacht war.

Beim Umweltschutz allerdings gehen unsere Möglichkeiten weit über öffentliche Proteste hinaus. Die Entscheidung, ob wir in einigen Jahren in unserem eigenen Dreck ersticken werden oder nicht, hängt weitgehend von unserem umweltbewußten, verantwortungsgetragenen Handeln und Sprechen – beispielsweise mit den Kindern – ab. Wenn wir etwa aus purer Faulheit eine Besorgung statt mit dem Fahrrad mit dem Auto erledigen oder gedankenlos vor dem Geschäft den Motor laufen lassen, haben wir einfach kein Recht, uns über Smog und schlechte Luft zu beklagen; wenn wir unsere Rosen mit Insektengiften überschütten, auch auf die Gefahr hin, daß einige unserer natürlichen Helfer gegen die Insekten, die Vögel nämlich, dabei draufgehen, sind wir mitschuldig an der Verarmung, Verödung und Vergiftung unserer Umwelt. Wir sollten einmal eine Liste unserer persönlichen Möglichkeiten zur Umweltbereinigung aufstellen.

Landschaftsgestaltung: – Aufgabe nur für Gemeinderäte?

Innerhalb eines Siedlungsgebietes stünden weitere Bauplätze zur Verfügung, wenn ein gemeindeeigenes Wäldchen aus etwa 30 hundertjährigen Linden abgeholzt würde. Bauplatz-Interessenten sind da, und Gemeinden brauchen immer Geld. Das Schicksal der Bäume wäre besiegelt, hätten sich nicht alle Anlieger zu einer Bürgerinitiative zusammengefunden und so lange schriftlich und mündlich bei der Gemeindeverwaltung protestiert, bis der Plan wieder fallengelassen wurde.

Anstelle des Wäldchens könnte auch ein schönes altes Haus stehen, das einem Großkonzern verkauft werden soll, damit an seiner Statt ein Supermarkt gebaut werden kann.

Wir alle kennen diese und ähnliche Fälle zur Genüge. Manchmal, wenn früh genug einige Leute wach werden und sich wehren, bleiben uns und unseren Nachkommen unwiederbringliche Werte erhalten. Oft genug aber verschlafen wir unsere Möglichkeit im Vertrauen auf die Einsicht der Verantwortlichen. Diese aber lassen sich ebensooft blenden von den wortgewandten Argumentierern kapitalkräftiger Interes-

senten. So wird häufig ein Stück Lebensqualität eines finanziellen Vorteils wegen geopfert.
Die Beispiele lassen sich beliebig erweitern. Wir haben nicht nur ‚die Schule', die wir verdienen' – zur Verbesserung der schulischen Situation in unserem Land hat es wohl die meisten Bürgerinitiativen gegeben –. Es liegt weitgehend in unserer Hand zu bestimmen, wie gesund, wie sicher und wie zufrieden wir in dieser Welt leben können.
Übrigens: Auf Wahlversammlungen finden sich fast immer Leute, die über die Schleichwege und Methoden der behördlichen Instanzen gut Bescheid wissen und die ihr Wissen auch weitergeben und einsetzen, weil sie ja nicht zuletzt gewählt werden wollen.

Lydia Strzebniok

WAS GEHT UNS POLITIK AN?

Von der Kunst, das Notwendige mit dem Nützlichen zu verbinden

Jeder hat das Recht, von Politik im allgemeinen und von Politikern im besonderen nichts zu halten. Jeder hat die Möglichkeit, sein politisches Interesse auf Null zu schrauben, wenn er mit dem „schmutzigen Geschäft" nichts zu tun haben will. – Jeder darf sich selbst in die Tasche lügen. Es gibt nämlich Leute, die halten zwar gar nichts von Politik (und kümmern sich um ihre eigenen Sachen), räumen aber eines Tages ihr Sparbuch leer und legen ihr Geld plötzlich für 30 oder 60 Tage bei einer Bank als sogenanntes Festgeld an, nachdem sie in der Zeitung gelesen haben, die Regierung habe sich zu einer Hochzinspolitik entschlossen. Diese Leute, die sich für Politik eigentlich gar nicht interessieren, haben allerdings schon politisches Interesse bekundet und aus einem politisch motivierten Vorgang Konsequenzen gezogen: sie wissen, daß man aufgrund einer wirtschaftspolitischen Entwicklung aus den eigenen Ersparnissen größeren Nutzen ziehen kann. Statt sechs Prozent Zinsen auf einem täglich kündbaren Sparbuch erwirtschaften sie nun über ein Festgeldkonto 9,5 Prozent Zinsen. – Und damit ziehen diese Leute aus einer politischen Entwicklung nicht nur Nutzen, sondern machen ihrerseits bereits mit Politik.

So wie alle Beispiele hinken, deutet der genannte Vergleich doch an, daß Politik uns bestimmt und wir Politik machen. Das ist etwa so wie mit Essen und Trinken. Um leben zu können, müssen wir beides; überlassen bleibt uns nur, ob wir uns schlicht an der Würstchenbude versorgen wollen oder genüßlich im Feinschmeckerrestaurant tafeln.

Wissenschaftlich betrachtet ist Politik das staatliche oder auf den Staat bezogene Handeln, also das, was man auch als „Staatskunst" bezeichnet. Am Stammtisch freilich würde man solche hehre Definition gleich „praxisnah" auseinandernehmen: die Staatskünstler, die da oben also, die machen ja doch mit uns, was sie wollen. Ach, da braucht man sich doch nur an Wahlkämpfe zu erinnern: zuerst wird einem alles versprochen, nachher nichts gehalten: Die Steuern, die zu senken man versprochen hatte, werden erhöht; die Straßen werden breiter, doch die erlaubten Höchstgeschwindigkeiten geringer; die Mitbestimmung soll paritätisch sein, aber die Industriebosse bauen neue Produktionsstätten längst im Ausland, wo die Welt zwischen Kapitalisten und Lohnabhängigen noch im Sinne des 19. Jahrhunderts in Ordnung ist. Und die Politiker selbst? Denken die nicht nur an die eigene Karriere, ist ihr Machtstreben nicht einzig und allein darauf ausgerichtet, unter dem Vorwand der ausgleichenden Gerechtigkeit, der sozialen Wohlfahrt oder des planvollen Fortschritts, sich zu Herrschern über die Geschicke des kleinen Mannes emporzuschwingen, ohne Rücksicht auf Verluste? – Hinzu kommen Parteienstreit, Regierungskrisen, mal belebte, mal eingefrorene internationale Beziehungen, persönliche Feindschaften oder hektische Rednerwettbewerbe über die Frage, ob das Heil des Volkes von der freiheitlichen, sozialen Marktwirtschaft abhängig sei oder von sozialistischer Planwirtschaft. – Der kleine Mann auf der Straße, der inzwischen vom „Otto Normalverbraucher“ zum „mündigen Bürger“ befördert worden ist, schweigt, zahlt, schimpft – und sucht sich aus allem rauszuhalten. Abgesehen von gelegentlichem Dampfablassen am Stammtisch.

Geht uns also Politik, sofern man klug beraten ist, wirklich nichts an? Warum gleich immer an die da oben denken, sich für minderwertig halten und in falscher Bescheidenheit resignieren?

In einigen westdeutschen Großstädten gab es vor gar nicht allzu langer Zeit eine repräsentative Untersuchung über Rindfleischpreise. Ergebnis: die Preise waren enorm gestiegen, Otto Normalverbraucher und Gattin beklagten dies sehr, schimpften darüber – und kauften. Bekannt wurde freilich auch, daß die erhöhten Preise nichts Gottesgewolltes waren, sondern aus einer vergrößerten Gewinnspanne des Handels herrührten, der auf die preispolitische Dummheit des Verbrauchers zählte. Bis zwei Hausfrauen das „Nur-Geschimpfe“ leid waren und vor Fleischerläden zu demonstrieren begannen. Nicht nur als Protest, sondern verbunden mit der Aufforderung, kein Rindfleisch zu kaufen. Dieser spontanen Aktion schlossen sich immer mehr Hausfrauen an, die Presse reagierte aufmerksam, berichtete darüber, der Funke sprang auf andere Städte über, die Rindfleischpreise wurden zum öffentlichen

Politikum: viele Otto Normalverbraucher an Rhein und Ruhr kauften kein Rindfleisch mehr – und die Preise sanken.
Nichts ist leichter als Vereinfachung und Verallgemeinerung. Doch der einzelne ist so hilflos nicht, daß er nichts mitbewirken könnte. Und Staatskunst ist ja auch nicht nur etwas für einige, die sich nach oben durchgeboxt haben. Wer sich mit seinen Nachbarn über die abwechselnde Reinigung des Treppenhauses aufgrund einer Vereinbarung einigt, handelt schon politisch. Denn er organisiert das Notwendige und verbindet es mit dem Nützlichen. Und dies auf der Grundlage der geringsten Belastung für jede einzelne Mietpartei und des größten Nutzens für die gesamte Hausgemeinschaft. Solange sich einer nicht auf eine Robinson-Insel zurückzieht, sondern in Gemeinschaft mit anderen lebt, ist er zu politischem Handeln gezwungen. Denn Politik bedeutet letztlich nichts anderes, als Interessengegensätze in einer Gesellschaft auszugleichen, unter Respektierung der individuellen Rechte für die Gemeinschaft notwendige Dinge zu organisieren und unter dem Aspekt des größten Nutzens für alle durchzusetzen. Wohlgemerkt, wir reden hier nur von Politik in einer demokratisch verfaßten Gesellschaft. Da Demokratie – aus dem Griechischen übersetzt – soviel bedeutet wie „das Volk regiert", ist klar, daß jeder Bürger zum politischen Handeln genauso aufgerufen und verpflichtet ist wie zum Erwerb des täglichen Brotes. Man kann sich nicht für oder gegen Politik entscheiden, sondern nur wählen, ob man über sich und sein Schicksal mitbestimmen will oder dies fahrlässigerweise und in Verkennung der Konsequenzen allein den anderen überläßt.
Die Tatsache, daß fast alle Menschen politisch handeln, sich dessen oft nur nicht bewußt sind, mag ein weiteres Beispiel erhellen: als die Benzinpreise stiegen, die Benzinimporte knapp wurden, das Autofahren für den einzelnen teurer, beschwerlicher und zuweilen auch uninteressanter wurde, entschlossen sich viele, ihr Auto („des Wohlstandsbürgers liebstes Kind") sparsamer zu fahren, den Neukauf eines Wagens hinauszuschieben, die Reparaturwerkstätten nur noch im Notfall aufzusuchen und sich vermehrt der eigenen Füße zu bedienen. Die Folgen: Absatzkrisen bei Autoproduzenten, -handel und -werkstätten. Da aber in unserem hochindustrialisierten und wohlhabenden Land fast jeder fünfte Arbeitnehmer direkt oder indirekt an der Produzierung von Autos beteiligt ist, kam es nicht nur zur Kurzarbeit und Verdiensteinbrüchen, sondern zu einer allgemeinen volkswirtschaftlichen Rezes-

sionsgefahr. Das finanz- und wirtschaftspolitische Fundament des Staates geriet ins Schwanken, und so – ähnlich wie bei der Lohn-Preis-Spirale – schloß sich der Teufelskreis.

Aus diesem Beispiel, wieder unvollkommen wie alle, läßt sich aber ablesen, daß politisches Handeln nicht nur vordergründig Tatsachen zu schaffen vermag, sondern hintergründig Konsequenzen haben kann, die nur schwer oder zunächst gar nicht überschaubar sind. Wer also politisch handelt, muß auch verantwortungsbewußt und vernünftig zu handeln verstehen.

Kein Zweifel, daß heutzutage die Überschaubarkeit und Durchschaubarkeit politischer Vorgänge schwieriger geworden ist. Der allgemeine Fortschritt löst nicht nur Probleme, er schafft auch kompliziertere, neue (zum Beispiel: Umweltverschmutzung). Politik wird auch durch modernisierte und aktuelle Möglichkeiten der Information (Fernsehen und schnellere Nachrichtenverbindung in alle Welt) mit einer oft verwirrenden Fülle an politischem Stoff angereichert. Die Forderung nach dem „mündigen Bürger" ist demnach weniger eine erstrebenswerte Bildungsaufgabe, als vielmehr ein schlichtes „muß sein". Denn nur der Informierte kann politisch schlußfolgern und – in seinem Interesse – mitbestimmen.

Dabei darf uns der komplizierte Prozeß der politischen Meinungsbildung nicht an der Notwendigkeit hindern, die Last der Mitverantwortung zu tragen. Im Altertum, in den griechischen Stadtstaaten zum Beispiel, war es relativ einfach, alle Bürger vor einer für die Gemeinschaft wichtigen Entscheidung direkt zu hören. Heutzutage wird dies noch in einigen Kantonen der Schweiz praktiziert. Doch im allgemeinen ist diese direkte Form der Demokratie nicht mehr praktizierbar. Der einzelne wählt einen Abgeordneten, der ihm die eigene politische Interessenlage am besten zu vertreten scheint. Der Abgeordnete muß in Abstimmung mit den Absichten seiner Partei- oder Koalitionskollegen und auf die Durchsetzbarkeit durch ausreichende Mehrheiten achtend, die Regierungsspitze wählen, sie stützen, kontrollieren und durch eigene Gesetzesinitiativen anreichern. Dieses – hier grob zusammengefaßte – Verfahren, in dem sich politisches Denken und Handeln vollzieht, entläßt den einzelnen Bürger und Wähler keineswegs aus seiner Verantwortung. Nur alle vier oder fünf Jahre politisch zu entscheiden, ist nicht genug. Denn es wäre ein Irrtum, anzunehmen, Wahltage seien nur Quittungstage (obwohl sie das auch sind). Die Partei X ist in allem nicht einfach besser als die Partei Y. Die Partei X kann in ihrer außenpolitischen Konzeption – der eigenen Auffassung des einzelnen nach – gut sein, in der Bewältigung innenpolitischer Fragen jedoch ein „nicht ausreichend“ verdienen. Bei der Partei Y kann es umgekehrt sein. Daß man sich letzten Endes zwischen zwei Möglichkeiten entscheiden muß, oder gar für eine dritte plädiert, erfordert politisch kenntnisreiche und bewußte Überlegung.

Also muß man permanent am politischen Meinungsbildungsprozeß teilnehmen: soll zum Beispiel Vermögensbildung in die Verantwortung des einzelnen gelegt werden, indem man zusätzlich etwas in die Lohntüte legt und rät, den Mehrverdienst individuell zu sparen? Oder soll in der Erkenntnis, daß viele keinen Sparsinn haben, für alle Vermögen geschaffen werden, über das der einzelne nicht oder nur begrenzt verfügen kann? Und hat die Diskussion um die Reform des § 218 nicht gezeigt, wie eng moralische, medizinische und juristische Gesichtspunkte miteinander verquickt sind und bei politischen Entscheidungen berücksichtigt werden müssen? Wo beginnt die moralische Verantwortlichkeit des einzelnen, und wo endet die Pflicht des Staates, den Schutz des Lebens zu garantieren? Hier soll nur aufgezeigt werden, ohne in die Sachdiskussion selbst einzugreifen, weshalb jeden einzelnen Politik etwas angeht. Und zwar fortlaufend! Denn man kann eben nicht nur alle vier oder fünf Jahre die Macht des Volkes ausüben wollen, gleichsam als Schiedsrichter beim Endspiel um die deutsche Regierungsmeisterschaft. Die (erbitterten) Wahlkämpfe auf kommunaler, Landes- und Bundesebene müssen zwar sein, und sie bringen ja auch in sehr vereinfachender und konzentrierter Form einen Überblick über die wesentlichen Unterschiede zwischen den Parteien, aber sie sind letzten Endes doch nur ein lautstarkes Liebeswerben um die politisch Abseitsstehenden und jene, die sich bei Meinungsumfragen so gern in die Spalte „Weiß nicht“ flüchten. Politik ist also keine Sache, die man nur denen da oben überlassen kann, gleichsam wie bei einem Fußballspiel, wo man genüßlich auf der Zuschauertribüne verfolgt, ob die Mannschaft A oder B besser ist. Und zuweilen geschieht es ja auch, daß die Partei A zwar besser spielt, die Partei B aber den Zufallstreffer erzielt – und gewinnt.

In der Politik wäre solche Betrachtungsweise verhängnisvoll. Man hat ja erlebt, daß 1972 die Bonner Regierung, wenn man die Hintergründe würdigt, wegen ihrer innenpolitischen Probleme mindestens ebenso in die Schußlinie geraten war wie über die Frage der Bewertung ihrer Ostpolitik. Wahlgekämpft wurde an unterschiedlichen Fronten, gezielt und heftig, aber nicht allumfassend. Die einen hoben die Innenpolitik hervor und verkleisterten verschämt die Ostpolitik, die anderen machten es umgekehrt. Wichtig war beides. Mitreden und mitentscheiden konnte da eigentlich nur, wer volle drei Jahre politisch wach verfolgt hatte. Wählen durfte jeder!

Eine letzte Frage wäre noch anzuschneiden: soll sich politisches Engagement im Eintritt in eine Partei erfüllen? Oder ist dies sogar eine logische Konsequenz? Hier ist zweifellos ein Punkt erreicht, wo der einzelne selbst herausfinden muß, wie er die Mitgliedschaft in einer Partei für sich werten will. Gemeint ist folgendes: Die Zahlung von Kirchensteuer besagt noch nichts über das Selbstverständnis eines Christen ... man spürt hoffentlich, daß Nichtvergleichbares eben auch nicht verglichen werden kann. Mitgliedschaft in einer Partei kann Engagement bedeuten oder eben nur nichtsnützende Mitläuferschaft bzw. nützliche Parteibuch-Strategie. In Bonn zum Beispiel hat man nach Regierungswechseln zu häufig erlebt, wie Ministerialbeamte plötzlich auf die Verkündigung ihres Parteieintritts Wert legten. Es gibt zweifellos ein politisches Engagement, das es einem nur konsequent erscheinen läßt, auch in einer Partei aktiv mitzuarbeiten. Wobei Aktivität auch Last, Freizeitverzicht, Ärger, Ochsentour, Verschleißprozeß, Enttäuschung und Diffamierung bedeutet.

Zu beantworten war die Frage, ob uns Politik etwas angeht. Deutlich geworden ist wohl zumindest, daß der Mensch, ob er sich dessen bewußt werden will oder nicht, als politisches Wesen geboren wird. Er wird durch Geburt schon Mitglied einer Gesellschaft, mitverantwortlich und zur permanenten Auseinandersetzung mit seiner Umgebung gezwungen. Diese seine notwendige Beschäftigung mit der Umwelt ist Politik. Das Ausmaß und den Umfang muß er selbst bestimmen. Es ist dies die in der Demokratie garantierte Freiheit des einzelnen!

Heinz Schweden

ERBSCHAFT UND TESTAMENT

Der Vater war gestorben. Am Abend des Begräbnistages, als die Verwandten und Bekannten weggegangen waren, nahm die Mutter aus der Kassette ein Schriftstück und sagte zu ihren Kindern: „Es war Vaters Wunsch, daß alles zusammenbleiben soll, bis ich die Augen schließe. Wir haben deshalb etwas auf den *Längstlebenden* gemacht. Der Schmitz, der um die Ecke wohnt, hat es uns auf der Maschine geschrieben, und Vater und ich haben unsere Namen daruntergesetzt." Bruno, der Jüngste, der am Gericht tätig war, warf ein, er wisse nicht, ob das Testament gültig sei, da der Schmitz es mit der Maschine geschrieben habe. Ihnen sei gesagt worden, ein Testament müsse, wenn es nicht von einem Notar beurkundet würde, *eigenhändig geschrieben* sein. Die Mutter war sehr bestürzt. Sie hatten es sich bei Schmitz etwas kosten lassen, damit auch alles ordentlich und richtig sein sollte. Bruno nahm das Testament an sich, um es mit einer Sterbeurkunde des Vaters dem Nachlaßgericht einzureichen, damit es „eröffnet" werde. Und es dauerte nicht lange, da hielten Mutter und Kinder eine Fotokopie des Testamentes in der Hand, auf der am Schluß stand: „Anliegende Fotokopie des offensichtlich ungültigen Testamentes . . ."

Es war hart für die Mutter. Mit den vielen Fragen, die jetzt auf sie einstürmten, wurde sie gar nicht fertig. So beschloß sie, sich beim Notar Rat zu holen. Vom Grundbuchamt hatte sie ein Schreiben erhalten, daß das Haus nun auf die *Namen der Erben umgeschrieben* werden müsse. Auch diesen Brief nahm sie zum Notar mit. Dieser machte ein bedenkliches Gesicht, als er das durch die *Maschinenschrift ungültige* Testament sah. Der Notar erklärte der Mutter, daß die Unterschrift der Zeugen, die bei der Testamentserrichtung zugegen waren, nicht einmal nötig gewesen sei, auch diese Unterschriften könnten jedoch das Testament nicht gültig machen. Weiter sagte der Notar, nun, da kein gültiges Testament vorliege, sei die gesetzliche Erbfolge eingetreten, so daß die Mutter bei gesetzlichem Güterstand nach heutigem Recht vom Vater ½ und die sieben Kinder zusammen ½ oder jedes Kind 1/14 geerbt hätten. Ob sie mit den Kindern gut zurechtkomme, fragte der Notar, worauf die Mutter antwortete: „Die Kinder sind gut, mehr als gut zu mir; aber was dazugekommen ist, Herr Notar . . . Und gerade deshalb wollten wir es auf den Längstlebenden machen.“ Der Notar nickte bedächtig.

Es war ja das, was er täglich hörte. Und dann wollte die Mutter wissen, wie sie geerbt hätte, wenn nur ein Kind oder gar kein Kind da wäre. Im ersteren Falle hätte das Kind neben der im gesetzlichen Güterstand lebenden Mutter ½ bekommen, und bei kinderloser Ehe wäre auf die Frau kraft Gesetzes Dreiviertel des Nachlasses gefallen, während das restliche Viertel die Verwandten des Mannes, also seine Eltern bzw. seine Geschwister oder deren Abkömmlinge erhielten. Ob der Notar allen Eheleuten rate, etwas auf den Längstlebenden zu machen, hatte die Mutter weiter gefragt. „Nein“, antwortete der Notar, „z. B. bei einer zweiten Ehe, wenn Kinder aus der ersten Ehe da sind, ist es oft nicht angebracht, eine gegenseitige Erbeinsetzung der Ehegatten vorzunehmen. Oder wenn bei einer kinderlosen Ehe alter Familienbesitz eines Ehegatten dessen Familie erhalten bleiben soll. Häufig wird in diesen Fällen eine *Nutznießung* des anderen Ehegatten vorgesehen. Sehr sorgfältig muß auch bei kinderlosen Ehen, falls die Eheleute einen Vertrag auf den Längstlebenden errichtet haben, geprüft werden, wer als Erbe des Letztversterbenden eingesetzt werden soll, damit nicht mangels einer derartigen Bestimmung alles an die Familie des Längstlebenden kraft Gesetzes fällt; dies ist oft nicht beabsichtigt.“ Und weiter sprach der Notar von den vielen *eigenhändigen gemeinschaftlichen* Testamenten von Eheleuten, die außer einer gegenseitigen Erbeinsetzung Bestimmungen für die Zeit nach dem Tod des Letztversterbenden enthielten. Häufig tritt hier eine Bindung auch hinsichtlich dieser letztgenannten Bestimmungen ein, und der Überlebende ist nicht mehr in der Lage, sie nach dem Tode des einen Ehegatten abzuändern; darüber sind sich die wenigsten Eheleute, die ein solches Testament errichten, im klaren.

Die Mutter bedauerte es, daß sie nicht, als es noch Zeit war, mit dem Vater zum Notar gegangen war. Die Welt hätte das ja auch nicht kosten können, zumal ihr der Notar erklärte, daß sie nun einen *Erbschein* haben müsse, der jedoch bei Vorhandensein eines notarischen Testamentes oder eines Erbvertrages in der Regel nicht erforderlich sei. Jetzt mußte sie diesen Erbschein für sich und ihre sieben Kinder beim Notar beantragen, damit das Amtsgericht alsdann den Erbschein ausstellen würde. Gut, daß die Mutter ihr *Hausstandsbuch* noch hatte; sonst hätte sie auch noch ihre Heiratsurkunde und sämtliche Geburtsurkunden ihrer Kinder beibringen müssen. Als sie dem Notar das Schreiben vom Grundbuchamt zeigte, wollte dieser wissen, ob die Mutter schon neben dem Vater im *Grundbuch* als *Miteigentümerin* des Hauses eingetragen sei. Nein, damals, als der Bauplatz gekauft worden war, da hatte sie zu ihrem Mann gesagt, er solle schon allein zum Notar gehen, es sei für sie zu umständlich; denn es war kurz vor der Geburt ihres Ältesten, des Heribert. Aber das Haus hätten sie doch gemeinsam gebaut. Nun mußte der Notar die Mutter belehren, daß auch das Haus Alleineigentum ihres Mannes geworden und somit Gegenstand seines Nachlasses sei.

Ob die Mutter eine Forderung gegen die anderen Miterben, also ihre Kinder habe, weil sie das Haus mitaufgebaut hätte, sei nicht so ohne weiteres zu beantworten. „Das soll aber meinen Töchtern eine Lehre sein", sagte die Mutter. „Wenn eine Baustelle gekauft wird, werde ich daraufhalten, daß sie mit ihren Männern beim Notar unterschreiben, damit der Bauplatz und damit das Haus gleich richtig im Grundbuch auf *Eheleute eingetragen* wird." Zum Schluß wollte die Mutter noch folgendes wissen: Wenn sie nun rechtsgültig etwas auf den Längstlebenden gemacht hätten, ob dagegen kein Kind etwas unternehmen könne. Und der Notar sagte, daß sich Eheleute mit dem gemeinschaftlichen Testament oder dem Erbvertrag auf den Längstlebenden so weit sicherten, wie das Gesetz es zulassen würde. Die Kinder könnten jedoch ein sogenanntes Pflichtteilsrecht geltend machen, das nur unter ganz schwerwiegenden Voraussetzungen ausgeschlossen werden kann. Das Pflichtteilsrecht sei immer ein *Geldanspruch* und halb so groß wie das gesetzliche Erbrecht. Betrüge der Erbteil eines Kindes 1/14, so sei sein Pflichtteil 1/28. Für die Berechnung des Pflichtteils sei bei Grundbesitz nicht der Einheitswert, sondern der Verkehrswert maßgebend. Der Pflichtteil müsse binnen drei Jahren seit der Testamentseröffnung geltend gemacht werden, sonst sei er verjährt. – Beruhigt war die Mutter, daß sie und ihre Kinder keine Erbschaftssteuer zu zahlen hatten. So hoch war die Erbschaft ja nicht. Der Notar sagte, für jedes Kind seien nach dem heutigen Erbschaftssteuergesetz 90 000,– DM frei und für sie als Ehefrau 250 000,– DM. Außerdem kämen noch besondere Versorgungsfreibeträge in Betracht. Für die Bewertung hinsichtlich der Erbschaftssteuer sei der Grundbesitz mit 140% der auf den Wertverhältnissen vom 1. Januar 1964 beruhenden Einheitswerte, die am 1. Januar 1974 in Kraft getreten seien, anzusetzen.

Es verging eine Zeit. Der *Erbschein* war inzwischen vom *Nachlaßgericht* ausgestellt worden, und man hatte die Mutter mit ihren sieben Kindern als Eigentümer im Grundbuch eingetragen. Eines Tages kam der Zweitjüngste, der Ludger, der jetzt ans Heiraten dachte, zur Mutter und sagte: „Ich wollte mir auf meinen Erbteil eine Hypothek aufnehmen, um ein eigenes Geschäft anzufangen. Aber die Sparkasse hat gesagt, das ginge nicht. Kannst du mir nicht zehntausend DM geben? Dann verzichte ich auf das, was ich vom Vater geerbt habe, und auch auf das, was ich später von dir zu bekommen habe." Die Mutter überlegte hin und her. Eigentlich hatte sie ja das, was sie auf ihrem Sparbuch stehen hatte, nicht fortgeben wollen. Aber dem Ludger, der fleißig war, zu einer eigenen Existenz zu verhelfen, das war doch wichtiger. Sie würde schon durchkommen. In der nächsten Woche gingen sie beide zum Notar. Ludger hatte zuerst gemeint, der Schmitz würde es einem doch genausogut aufsetzen können, aber wie erstaunt waren sie, als der Notar sagte, daß man zwar gültig ein ganz eigenhändig geschriebenes und unterschriebenes Testament, das zweckmäßig mit einem Datum versehen werde, errichten könne, daß aber für ein Rechtsgeschäft, wie sie es jetzt vorhätten, die *notarische Beurkundung* zwingende Vorschrift sei. So *verkaufte* Ludger seinen *Erbteil* am Nachlaß *seines Vaters* für 10 000 DM an die Mutter und verzichtete gleichzeitig auf sein *zukünftiges Erbrecht am Nachlaß der Mutter.* Ludgers Name wurde im Grundbuch gelöscht und sein Anteil auf die Mutter überschrieben, die also zu ihrem ½ Anteil den 1/14 Anteil von Ludger hinzuerworben hatte. Ludger hatte Glück mit seinen 10 000 DM. Er kam in die Höhe, und die Mutter reute es nicht, daß sie ihm geholfen hatte.

Aber ihr vierter Sohn, der Bernhard, der immer ein Sorgenkind gewesen war, hatte geschäftlich viel Pech, und das Unglück wollte es, daß er sich mit seinem Wagen auf der Autobahn überschlug und an der Unfallstelle verstarb. Er hinterließ Frau und zwei kleine Kinder. Sie hatten etwas auf den Längstlebenden gemacht; aber was nutzte es? Für die junge Frau blieb nichts anderes übrig, als für sich und die Kinder die Erbschaft *auszuschlagen*. Denn wenn sie die Erbschaft annahmen, dann hafteten sie auch für *alle Schulden*, die Bernhard hinterlassen hatte, und diese waren bedeutend größer als das, was er von seinem Vater geerbt hatte. Es war gut, daß man der jungen Frau noch rechtzeitig gesagt hatte, sie müsse die Erbschaft binnen *sechs Wochen* durch *gerichtlich* oder *notarisch beglaubigte Erklärung ausschlagen;* fast wäre es zu spät gewesen. Dadurch, daß die Frau und die Kinder von Bernhard die Erbschaft ausgeschlagen hatten, war diese an die Mutter und die Geschwister von Bernhard zurückgefallen, und auch diese konnten nichts anderes tun, als ihrerseits die Erbschaft ausschlagen, um nicht noch mit ihrem eigenen Vermögen für die Schulden von Bernhard haften zu müssen.

Bernhards plötzlicher Tod und die Aufregung mit seinen Gläubigern hatte die Mutter sehr angegriffen, und so ging sie abermals zum Notar, um mit ihm ihren Letzten Willen zu besprechen. Ihr schwebte vor, daß Gertrud, die älteste Tochter, die unverheiratet geblieben war und mit der Mutter im Hause wohnte, dieses nach ihrem Tode übernehmen und die Geschwister auszahlen solle. Dann hätten auch noch alle Geschwister ein Heim, in das sie zurückkehren könnten. Gehe das Haus dagegen in fremde Hände über, so wäre die Heimat für alle verloren. Das wollte sie noch festlegen, ehe sie die letzte Reise antrat. Und wieder mußte der Notar ihr sagen, daß sie ja nicht *Alleinerbin* ihres Mannes sei und insofern auch keine derartige Verfügung rechtsverbindlich treffen könne.

Das unglückliche, ungültige Testament zog sich wie ein roter Faden seit dem Tod ihres Mannes durch ihr Leben. Nun konnte sie nicht einmal bestimmen, was aus ihrem Haus werden sollte, aus dem Haus, das sie und ihr Mann mit ihrer Hände Fleiß aufgebaut hatten. Jedes Kind hatte mitzubestimmen und indirekt jedes Schwiegerkind! Und durch den Tod von Bernhard war ja dessen Teil infolge seiner Überschuldung in fremde Hände geraten; sie hatten noch Glück gehabt, daß ihnen das Haus nicht über dem Kopf versteigert worden war. So blieb der Mutter nur übrig, Bestimmungen über Seelenämter und Grabpflege zu treffen und eine *Verfügung* über ihren Anteil und denjenigen, den sie von Ludger hinzuerworben hatte, zugunsten von Gertrud vorzunehmen. Im übrigen konnte sie in ihrem Testament nur ihren Wunsch, daß Gertrud in friedlicher Auseinandersetzung das Haus übernehmen möchte, zum Ausdruck bringen.

Erben und beerbt werden – ein Kapitel, um das es sich lohnt, sich Gedanken zu machen.

Maria Krauss-Flatten

VON KRANKHEIT UND TOD

Es ist seltsam mit uns Menschen: Auch wer gern etwas von interessanten Unglücks- oder Krankheitsfällen hört und liest, möchte in der Regel von Krankheit und Tod in bezug auf das eigene Leben, die eigene Familie, nichts wissen. Und doch sollte man schon früh die ernste Wahrheit *erkennen* und *anerkennen*, daß Krankheit und Tod auch jedem von uns einmal begegnen, aber nicht als interessantes Ereignis, nicht als unangenehmer und lästiger Zwischenfall und erst recht nicht als „unverdiente Strafe", sondern als eine *Aufgabe*, die wir zu erfüllen haben. Dazu bedarf es aber nicht nur des guten Willens, sondern der richtigen und rechtzeitigen Vorbereitung, die vielerlei umfassen, aber in einem gegründet sein muß, nämlich in der inneren *Bereitschaft des Christen*, Krankheit und Tod für sich wie für die Seinen als die gerade ihm persönlich bestimmte Form der „Nachfolge Christi" anzunehmen, als sein ureigenstes „Kreuz".
Auf diesem festen Grund baut alles auf, was wir zur Bewältigung der Aufgabe brauchen, die Krankheit und Tod unserer Familie stellen. Mancherlei Kenntnisse und Erfahrungen sind nötig, und es ist den jungen Eheleuten dringend zu raten, sich frühzeitig das *nötige Rüstzeug* durch einen Kursus in „Erster Hilfe" und einige Monate praktischer Krankenpflege zu verschaffen; besonders die *junge Frau* sollte sich die Zeit dafür nehmen. Ein „Ratgeber" in Erster Hilfe und Krankenpflege (preiswert beim Roten Kreuz oder in den Buchhandlungen erhältlich) kann ebenfalls gute Dienste tun und viele nützliche Ratschläge erteilen, für die leider hier der Raum fehlt.

Die Hausapotheke

gehört selbstverständlich zum Inventar des jungen Hausstandes, ein Kasten mit gut schließendem Deckel, den man trocken und außerhalb der Reichweite von Kindern aufbewahrt. Er soll alles enthalten, was man bei leichteren Beschwerden und Verletzungen im Haus braucht: eingepackte Mullbinden, Brandsalben und Brandbinden, Verbandmull und Watte, Leukoplast und Traumaplast, eine flache Pinzette, eine gerade Schere, Sepsotinktur, Baldriantropfen, Kölnisch Wasser oder Melissengeist, Borwasser und als letztes, aber wichtiges Stück, den Fiebermesser; verschiedene Heiltees (Pfefferminz und Kamille, Salbei und Fenchel) werden am besten in verschlossenen Blechdosen im Küchenschrank aufbewahrt. Erst auf Anordnung des Arztes sollen Medikamente ins Haus kommen.

Der Arzt

ist unser sachverständiger Berater in allen Fragen der Gesundheit. Ihn rufen wir zu Hilfe, wenn einer von uns krank wird. Wie bestellt man ihn? Möglichst früh am Vormittag und nicht mit allgemeinen Redensarten, sondern mit *klaren* und *sachlichen Angaben*, damit der Arzt die Dringlichkeit des Falles richtig beurteilen kann. Man gibt also an, wie hoch die Temperatur des Kranken ist, ob er Schmerzen hat und wo (z. B. bei Bauchschmerzen: ob in der Magengrube, oder um den Nabel herum, oder im rechten Unterbauch usw.), ob – vor allem bei Kindern – Hals und Mandeln gerötet, geschwollen oder gar weißlich belegt sind, ob Ausschläge vorhanden sind und wie sie aussehen usf.

Die Wahl des Arztes

soll man vorher genau überlegen. Hat man Vertrauen zu seinem ärztlichen Können? Gefällt einem seine menschliche Eigenart? Ist aber die Wahl getroffen, so soll man sich willig dem Verantwortungsbewußtsein und dem Pflichtgefühl dieses Arztes anvertrauen, und die Umgebung wie die Besucher des Kranken tun unrecht, wenn sie durch unbedachtes Gerede das Vertrauensverhältnis zwischen Arzt und Patienten stören. In dieser Hinsicht wird durch Besserwisserei und Laienratschläge viel gesündigt. Es gibt nicht zwei ganz gleiche Krankheitsfälle, und was dem einen nützt, kann dem andern schaden. Auch ist nicht alles, was in Illustrierten und Sensationspresse gedruckt steht, schon erprobt oder gerade für diesen Kranken das Richtige. Darum: Über die Behandlung verantwortlich zu entscheiden, ist *Aufgabe des Arztes!*

TOD, WO IST DEIN STACHEL ?

Was für Aufgaben hat der Kranke selbst?

Was von ihm erwartet werden muß, klingt zunächst wie ein innerer Widerspruch: Einerseits soll er gegen die Krankheit ankämpfen mit seinem ganzen *Willen zum Gesundwerden.* Um dieses Zieles willen muß er sich den Anordnungen des Arztes unterziehen, auch wenn sie schmerzhaft und unangenehm sind und seine bisherigen Gewohnheiten empfindlich stören. Neben dieser aktiven Mithilfe wird aber vom Kranken noch etwas anderes, scheinbar Entgegengesetztes gefordert: die *geduldige Ergebung* in seine Krankheit, seine Schmerzen, seine Hilflosigkeit. Richtig betrachtet, trägt jedoch auch die Ergebung zur Überwindung der Krankheit bei. Denn ob der Mensch seinem Leiden gefaßt und gelassen gegenübersteht – in stumpfer, hoffnungsloser Gleichgültigkeit oder in wilder Auflehnung – ob er Verworrenheit und Unordnung in und um sich hat oder „Frieden" – das alles ist ja nicht ohne Einfluß auf die Entwicklung des Krankheitsprozesses. Aus der „Ordnung" erwachsen heilende Kräfte. Auch aus diesem Grunde ist ein stärkerer Ausbau der *Krankenseelsorge* mit der Möglichkeit frühzeitiger, intensiver und individueller Betreuung ein dringendes Anliegen. Noch ein Drittes ist vom Kranken zwar nicht zu fordern, aber zu wünschen: daß er den Blick offen behält für seine *Umgebung*, ihre *Bedürfnisse* und *Notwendigkeiten.* Vielleicht wird er dann entdecken, daß er zwar seine körperlichen Schmerzen allein tragen muß, daß es aber kaum weniger schwer ist, die Qualen eines geliebten Menschen anzusehen, ohne helfen zu können. Wer einmal dieses „Mit-Leid" seiner Umgebung recht gespürt hat, gerät nicht mehr so leicht in die Gefahr – selber von seiner Krankheit tyrannisiert – zum Tyrannen des Hauses zu werden!

Was erwarten wir vom Pfleger, von der Pflegerin des Kranken?

Als erstes natürlich, daß sie die zur Krankenpflege erforderlichen Handgriffe und Fertigkeiten beherrschen. Aber ebenso wichtig ist das immer *freundliche Gesicht*, aus dem ein Herz spricht, das um so mehr Liebe verschenken, um so mehr innere Ruhe auf den unruhigen, geängstigten Kranken überfließen lassen kann, je selbstloser es bereits geworden ist, je fester es in seinem Glauben sich gegründet und geborgen weiß.

Geduld ist nötig, auch den unberechenbaren Launen des Kranken gegenüber; *Einfühlungsvermögen* in seine besondere Wesensart wie in die durch sein Kranksein bedingten Wesensänderungen; *Erfindungsgabe,* die noch die eintönige Krankenkost schmackhaft macht (evtl. Diät-Kochbücher zu Rate ziehen!), vor allem ist nötig ein großes Maß von jener besonderen Form der *Liebe,* die wir auch als Klugheit des Herzens benennen können, die keinen Dank erwartet, nichts übelnimmt und die Kunst versteht, zur rechten Zeit „etwas zu überhören"; jene Klugheit, die bei aller Sorge um den Kranken noch darauf bedacht ist, daß auch die gesunden Familienmitglieder zu ihrem Recht kommen. Wir wissen ja alle, welch ungeheuer schwere Aufgabe damit oft besonders der Mutter und Hausfrau gestellt ist!

Diese Klugheit des Herzens wird auch von ihr verlangt, bei der Behandlung des *kranken Kindes,* wenn sie – besonders in langer Krankheit – richtig unterscheiden will zwischen „Liebhaben" und „Verwöhnen". Gewiß, man kann Kinder gar nicht lieb genug haben, aber trotzdem kann und muß man handeln und entscheiden nach *Einsicht, Vernunft* und *Pflicht;* verwöhnen aber heißt: entscheiden nach *Wunsch* und *Laune* des *Kindes.* Wie oft könnte man das Endresultat dann später in die Worte fassen: körperlich gesundet, charakterlich verdorben!

Klugheit in Verbindung mit der Kunst des *Maßhaltens* ist auch nötig, um eine gleichmäßige und ausdauernde Betreuung des Kranken wie des Rekonvaleszenten zu erreichen; auch der letztere bedarf oft stark der menschlichen Hilfe und Nähe. Das Maßhalten fällt den Frauen und Müttern – wie allen Liebenden – meist schwer. Sie möchten Tag und Nacht ohne Ablösung am Krankenbett wachen, aber richtiger ist – auch im Interesse des Kranken – ein selbst auf lange Sicht hin durchführbares, gleichbleibendes Ausmaß an Fürsorge und Pflege, ein „Haushalten" mit den Kräften! Leider muß freilich häufig genug die Mahnung anders lauten, nämlich nicht allzusehr mit seinen Kräften und seiner Liebe zu geizen! Egoismus macht nicht erst zur Krankenpflege, sondern schon zur Ehe *untauglich*, und manche Ehe besteht die Belastungs-, ja Zerreißprobe einer langen Krankheit nicht. Zwar wird es bei langem Kranksein auch bei „tapferen" Kranken, bei selbstlosen und opferwilligen Pflegern selten ganz ohne jede Schwierigkeit, ohne „Pannen und Schlappen" abgehen, dafür sind wir Menschen. Wo man aber immer neu versucht, einander zu tragen und zu ertragen, da kann gerade eine

Krankheit die Eheleute, ja die gesamte Familie enger zusammenbinden, als alle gemeinsam erlebten Freuden es vermögen.
Jedenfalls wäre es nützlich, sowohl bei schwerer Krankheit wie bei den oft noch zermürbenderen kleinen „Wehwehchen", den Bagatellfällen (bei Zahnweh oder eiterndem Finger, Hexenschuß oder Migräne oder den Monatsbeschwerden der Frau), recht oft zwei kleine Sätzchen anzuwenden. Das eine sagt der *Leidende* sich selber vor: „Nimm dich zusammen!", mit dem anderen mahnt die *Umgebung* sich: „Hab Geduld!" Aus dem Gesagten wird ohne weiteres klar, weshalb man einen Kranken erst dann ins Krankenhaus legen wird, wenn die häuslichen Verhältnisse (Mangel an Wohnraum oder Pflege) oder die Art und Schwere der Erkrankung es erfordern. Darüber wird der Arzt am besten Rat erteilen können. Für den Kranken im Krankenhaus hat die Familie meist nur noch

die seelische Betreuung

zu leisten, die zu Hause neben der körperlichen Pflege einhergeht. Über diese seelische Betreuung ist über das bisher Gesagte hinaus noch einiges zu bedenken:
Nicht nur seine Schmerzen, seine Schwäche, seine gestörte Gesundheit unterscheiden den Kranken vom Gesunden. Etwas anderes kommt hinzu, eine Folge aus dem Erstgenannten: Der Kranke ist *herausgeholt* aus dem Gleichmaß, dem Zwang seiner täglichen Pflichten und Arbeiten. Er hat *Zeit,* er hat also das, was dem heutigen Menschen meistens abgeht, und es ist sehr wichtig, was er damit macht. Es kann die *kostbarste Zeit* seines Lebens werden. Wie er sie anfüllt, das wird verschieden sein bei jung und alt, bei Mann und Frau, je nach der Veranlagung des einzelnen, nach seinen Interessen, aber auch nach dem Stadium, in dem seine Krankheit sich befindet. Der Schwerkranke, überhaupt der Kranke mit stark gestörtem Allgemeinbefinden, ist in einer anderen *seelischen Lage* als der Rekonvaleszent oder der chronisch Kranke oder der Patient, der mit einem Beinbruch oder wegen einer Kur (z. B. Magengeschwür oder Tuberkulose) Wochen und Monate hindurch liegen muß; jeder hat andere seelische Bedürfnisse.
Was sie alle brauchen, nur ganz verschieden dosiert, das ist zunächst *Ruhe*, Ruhe zum Schlafen und Ruhe zum Nachdenken, zur Besinnung. Der Kranke soll „zu sich selber kommen", aber er soll nicht in unnützes und schädliches Grübeln verfallen. Er braucht daher Gelegenheit, sich

über seine Krankheit, seine Sorgen *auszusprechen;* auch der chronisch Kranke mit den immer gleichen Klagen verlangt nach dem Zuhörer, dem er sein Herz ausschütten kann. Nun bringt aber jede länger dauernde Erkrankung den Kranken in die Gefahr, sich übermäßig mit *sich selbst* zu beschäftigen, das eigene Schicksal zu überbewerten, die richtigen Maßstäbe zu verlieren. Dagegen hilft nur eins: die *Welt* ins Krankenzimmer hereinzuholen, ihre Schönheit, aber auch ihren Ernst. Doch auch hier ist wiederum Klugheit und Maß nötig. Was die Umgebung, was der Besucher dem Kranken erzählt, sollte ihn nicht ärgern oder niederdrücken, nicht ängstigen, nicht aufregen, aber es sollte ihm doch ermöglichen, an den Ereignissen in der Welt teilzunehmen und seine persönlichen Leiden und Schmerzen in den Zusammenhang des allgemeinen Menschheitsgeschehens einzuordnen.

Sorgen wir also im richtigen Wechsel und Ausmaß für *Besinnung* und *Zerstreuung* wie für *Aufmunterung* und *Beschäftigung.* Radio kann gut sein, aber nicht als tönender Dauerregen; Besuche sind gut, aber nicht am laufenden Band und nicht gleich herdenmäßig, und nur mit den richtigen Mitbringseln, die nicht gerade das einschmuggeln, was der Arzt verboten hat. Führt den Kranken nicht immerfort in Versuchung! Fragt lieber, was erlaubt ist! Gebt dem Kind, dem Jugendlichen, dem Erwachsenen Spiele, Stoff zum Basteln, zur schönen Handarbeit oder nützlichen Näherei, aber sorgt für das *Maßhalten*, damit Augen und Nerven nicht überlastet werden! Bringt Lektüre mit, Zeitungen, gute Bildzeitschriften, Bücher, interessante und spannende sowohl wie belehrende, die den Kranken allgemein und beruflich weiterbilden. Es liegt oft nur am Kranken (und seiner Umgebung), ob er aus langer Rekonvaleszenz aufgrund beruflicher Fachlektüre als Spezialist auf einem Sondergebiet seines Faches hervorgeht. Allerdings gehört dazu etwas mehr Willenskraft als zum bloßen Vertrödeln und Vertändeln der Zeit. Eines muß sehr ernst gesagt werden: *Sensationspresse* und *Magazine* sind als Begleiter durch lange Krankheit oder gar durch die letzten Monate oder Wochen eines Menschen *nicht* geeignet. Nicht, daß wir den Kranken in seiner letzten Lebenszeit ausschließlich auf eine bestimmte „geistige Diät", auf erbauliche Lektüre beschränken wollten! Gerade er soll alles bekommen, was ihn freut, was ihn interessiert, aber auch, was ihn zum Nachdenken über das bringt, wohin unser aller Weg geht. Dazu kann schon eine halbe Stunde kräftiger geistiger Kost, ja schon ein einziger wahrhaft lebendiger Gedanke am Tag vollauf genügen, es sei denn, daß ein Kranker sich bewußt ganz auf die Vorbereitung zum Sterben einstellt. Ein bitterernstes Wort ist damit gesagt. Was bedeutet es?

Vorbereitung zum Sterben

heißt *Abschiednehmen,* aber es heißt noch mehr: nämlich *Ordnung machen,* „Frieden“, im Inneren sowohl wie in den äußeren Angelegenheiten. Für den Christen heißt das erstere, daß er seine Stellung zu Gott, zu seiner Kirche und zu seinem Nächsten überprüft, ob die richtig ist – wie das Ordnungmachen in den äußeren Dingen in der Regelung der bürgerlich-sozialen, der rechtlichen, häuslichen, familiären Verhältnisse und Beziehungen besteht.
Damit ist gesagt, was grundsätzlich die Vorbereitung auf den Tod ausmacht und worin das Sterben des Menschen sich grundlegend vom Verenden des Tieres unterscheidet. Je *früher* dieses Ordnungmachen geschieht, um so besser. Gut, wenn es schon in gesunden Tagen oder doch im Frühstadium einer Krankheit getan ist; daß davon der Krankheitsverlauf günstig beeinflußt werden kann, ist ja schon erwähnt.
Aber so einfach und klar sie sich in der Theorie ausmacht, so schwer ist die *Vorbereitung auf den Tod* in der oft grausamen *Wirklichkeit des Lebens.* Kann man denn in Ordnung kommen, ohne sich mit der Wahrheit auseinanderzusetzen, also ohne irgendwann einmal die Frage nach dem Ausgang der Krankheit, nach Leben oder Tod zu stellen?
Grundsätzlich hat der Kranke ein Recht auf die *Wahrheit*, und Arzt und Umgebung tun unrecht, wenn sie auf eine ernstgemeinte Frage mit leeren Redensarten und bewußter Irreführung, mit verlogenen Trostworten antworten. Einer wahrheitsgemäßen Antwort stehen jedoch bisweilen Schwierigkeiten entgegen. Es gibt Krankheiten, deren Verlauf nicht vorauszusehen und vorauszusagen ist, wobei die Gründe sowohl in der Natur der Erkrankung wie im Menschen selber liegen können. Bei einer Maschine kann man voraussagen, wie sie normalerweise funktionieren wird, beim menschlichen Organismus nicht. Viel größer ist eine andere Schwierigkeit, die aus der Zwiespältigkeit des heutigen Menschen hervorgeht. Gewiß, er fragt nach der Wahrheit, aber ist das immer eine *echte Wahrheitsfrage?* Will er wirklich die nackte, ungeschminkte Wahrheit hören oder im Grunde etwas ganz anderes: Trost, Beschwichtigung, Bestätigung dessen, was er tief im Herzen verborgen so sehnlich

wünscht? Eine ehrliche Antwort kann in einem solchen Falle furchtbare *Verzweiflung* auslösen, nicht so sehr im fortgeschrittenen Stadium der Krankheit, wo der Kranke oftmals apathisch, gleichgültig, „todbereit" ist, aber vorher. Wenn der Mensch „in Ordnung" ist, können wir ihm vielleicht die bewußte Auseinandersetzung mit dem Tod in der letzten Lebenszeit ersparen. Und dem andern? Eine ungeheuer schwere Aufgabe wird hier gestellt. Es kann kein Zweifel daran bestehen:
Ein *gefaßtes, bewußtes Abschiednehmen,* ein *ergebenes* und *bereites Hinnehmen des Todes* ist die dem Menschen als geistbegabtem, denkendem, beseeltem Wesen angemessene Form des Sterbens, und man möchte allen Menschen die Gnade eines solchen Todes wünschen. Soll man jedoch aus dieser Erkenntnis eine allgemeingültige, rigorose Forderung ableiten? In der Theorie vielleicht fernab von der Angst und Qual eines Todgeweihten und erst recht noch weitab von der Not der eigenen Sterbestunde ist das nicht allzuschwer. Aber es ist doch nicht zu leugnen. Der heutige Mensch ist in der Regel durch seine Erziehung von Kindheit an, durch seine Erlebnisse und Erfahrungen, auch durch die vielerorts gängige religiöse Praxis nicht auf ein solches *bewußtes* Sterben vorbereitet, und dieses Versäumnis eines ganzen Lebens läßt sich in der letzten Spanne Zeit vor dem Tod nicht so leicht nachholen. Es gibt zwar auch heute noch das bewußte Sterben, wie es früher geschah, aber es ist die Ausnahme, und die Regel ist der Wunsch nach dem friedlichen „Hinüberschlafen", ein Verlangen, dem die Möglichkeiten der modernen Medizin zur Linderung der Schmerzen und Unruhe noch entgegenkommen. Sollen wir nicht auch in dieser Form des Sterbens einen Sinn sehen? Entspricht sie nicht zutiefst unserer menschlichen *Armseligkeit,* so wie die bewußte Form des Sterbens der anderen im Menschen angelegten Möglichkeit, seiner *Größe* und *Würde*, entspricht?
Jedenfalls ist eins zu sagen: Wer dem Kranken die Wahrheit sagt, hat die Verpflichtung, ihm bei der Bewältigung dieser Wahrheit zu *helfen*, soweit Menschenhilfe in der schrecklichen seelischen Einsamkeit dieser Stunden überhaupt helfen kann.

Die richtige seelsorgliche Betreuung

gewinnt in diesem Zusammenhang besondere Bedeutung. Man sollte endlich mit der Gepflogenheit Schluß machen, den Priester erst zu benachrichtigen, wenn es zu Ende geht; die *Krankenölung* – immer noch im Bewußtsein vieler die „Letzte Ölung“ – sollte dem Kranken *rechtzeitig* erteilt werden, nicht erst dem Bewußtlosen, und sie sollte von den Angehörigen – genau wie die anderen Sakramente – würdig und schön vorbereitet werden. Viel öfter als jetzt werden dann alle Beteiligten nicht bestürzt und geängstigt, sondern *gestärkt* und *getröstet* zurückbleiben.

Häufig sucht der Kranke im Priester mehr als bloß den Spender der Sakramente: den menschlichen Stellvertreter Jesu Christi, von dem er um so stärker *Trost* und *Zuspruch* erhofft, je mehr er noch in Ordnung zu bringen hat, je schmerzlicher er mit dem Abschiedsweh zugleich die Unmöglichkeit empfindet, Versäumtes nachzuholen, Verfehltes gutzumachen – und wem bliebe bei der letzten Rückschau diese Trauer und Bitterkeit ganz erspart! Gewiß gibt es auch Kranke, die allein fertig werden wollen und können, aber sie sind selten.

Besonders schwer erscheint den meisten ein einsames Sterben

Tief in der Seele ist das Verlangen nach Wahrheit und Klarheit in den letzten Menschheitsfragen eng verwurzelt und verflochten mit einem anderen Verlangen: nach Heimat, Geborgenheit, Trost – es findet seinen Ausdruck in dem häufigen Ruf des Sterbenden, auch in vorgerücktem Alter, nach der Mutter – er verlangt nach „Beistand“, nach dem Menschen, der in seiner Ölbergsstunde bei ihm steht, der sich mit ihm unter die Last stellt. Dann muß das *Erbarmen* größer sein als alles Todesgrauen und dem Sterbenden in seiner letzten Stunde noch ein wenig von jener Liebe geben, die Welt und Umwelt ihm so oft vorenthalten haben; vielleicht, daß diese menschliche Liebe es ihm leichter macht, durch das Dunkel des Todes hindurch auf jene große Liebe zu vertrauen, von der sie nur ein blasses Abbild ist.

Alles, was wir tun, muß darum von *Güte* und *Selbstlosigkeit* getragen, aber auch seinen jeweiligen Bedürfnissen angepaßt sein: ob wir seine Hand fassen oder ihn im Arm halten, ob wir still bei ihm sitzen oder ihm langsam und ruhig die Gebete vorsprechen, die er kennt und liebt. Dabei werden wir das eigentlich Wesentliche oftmals und deutlich wiederholen, weil er ein Vielerlei an Gedanken und Vorstellungen nicht mehr aufnehmen kann.

Vom Zustand des Kranken,

nicht von der Rücksicht auf die größere Bequemlichkeit für die Angehörigen, soll es auch abhängen, ob er seine letzten Tage im Krankenhaus oder daheim zubringt. Wenn wir dem armen Leib noch Hilfe und Erleichterung verschaffen können, werden wir es mit besonderer Liebe und Rücksicht tun. Sorgsamer noch als sonst werden wir uns an alles in der Krankenpflege Erlernte erinnern: ihn betten und pflegen, damit er sich nicht durchliegt, ihn reinlich halten, Stirn und Schläfen erfrischen, ihm zu trinken geben oder bei schon entschwundenem Bewußtsein immer wieder die trockenen Lippen, Zunge und Gaumen benetzen. Wir versuchen, sein Lallen zu verstehen, das vielleicht noch einen letzten Wunsch ausdrücken möchte, wir wecken ihn aus Angstträumen, stören aber nicht den ruhig vor sich hin Schlummernden wieder und wieder, um immer noch ein letztes und allerletztes Abschiedswort von ihm zu erhalten. Wir sorgen dafür, daß *Ruhe* um ihn ist; es darf weder Türenschlagen noch lautes Jammern und Klagen, aber ebensowenig Alltagsgeschwätz oder gar – noch vor dem letzten Seufzer – Erör-

terungen über Erbschaftsfragen im Sterbezimmer geben, auch kein halb gelangweiltes und verdrossenes Herumsitzen, bis es „endlich vorbei" ist.
Oft versteht der anscheinend Bewußtlose noch jedes Wort, auch wenn er selbst keiner Lebensäußerung mehr fähig ist, während andererseits (ein Trost für die Angehörigen!) das qualvolle Ringen des Todeskampfes häufig nur noch das letzte körperliche Sich-Aufbäumen gegen den Tod ist, ohne daß der Sterbende diese Qual noch empfindet.
Ist der letzte Seufzer getan, bleibt uns die Sorge für den toten *Leib*, die leere Hülle, die wir in Ehrfurcht für ihre letzte irdische Ruhestätte zurechtmachen. Jetzt darf auch der laute Schmerz sich äußern. Über alle Maßen groß kann dieser Abschiedsschmerz sein, darüber ist kein Wort mehr zu sagen – es sei denn der Hinweis auf ein geheimnisvolles, still waltendes Gesetz, das uns so oft begegnet: Daß mit der Schickung auch die Kraft, *sie zu tragen,* mitgegeben wird.
Damit sind einige von den vielen ernsten Gedanken gesagt, die uns beim Nachdenken über Krankheit und Tod in den Sinn kommen. Vieles ist uns nicht ins Blickfeld gekommen: Nicht das helle Bild jenes Kranken, der – geläutert und still geworden – seiner Umwelt zum Segen wird, nicht das dunkle Bild des seelisch und geistig Kranken oder des anormalen Kindes. – Nimmt uns solches Nachdenken die Lebensfreude? Es sollte es nicht.

„Das Leben liebt nur, wer den Tod gesehen",

sagt ein altes Wort. Angesichts solcher Überlegungen verschieben sich die Maßstäbe von Wichtigem und Unwichtigem, Wertvollem und Wertlosem. Dankbarer und froher genießen wir, was uns umgibt: Familie und Freunde, Haus und Garten, unsere Liebhabereien, unsere Berufsarbeit. Je tiefer wir wissen, daß uns alles nur *vorübergehend* gehört, nur für die Spanne unseres Lebens „geliehen" ist, desto lieber, desto kostbarer wird es uns sein; es wird uns – solange es unser ist – zehnfach gehören.

Josef und Elisabeth Gussone

FAMILIENBUND DER DEUTSCHEN KATHOLIKEN

Man hört heute wenig vom Familienbund, trotz all seiner intensiven Bemühungen, die Rechte der Familie in der Öffentlichkeit, in Staat und Gesellschaft, in Kirche und Welt zu verteidigen und zu fördern, die Interessen der Familie überall dort wahrzunehmen, wo niemand sich um sie kümmert.

Was will der Familienbund?

Die Familie kann sich nur dann in der Gesellschaft frei entfalten, wenn sie genügend Lebensraum besitzt; d. h. die Eltern müssen in der Lage sein, in eigener Verantwortung und Freiheit so viel Kinder großzuziehen, wie sie selbst wünschen. Staat und Gesellschaft haben dafür zu sorgen, daß die kinderliebenden Eltern gegenüber den Ein- und Zwei-Kinder-Familien nicht benachteiligt werden. Das erfordert ein familiengerechtes Einkommen, entsprechendes Kindergeld, eine Steuerpolitik, die die Lasten der großen Familie berücksichtigt, eine Tarifpolitik, die darauf Rücksicht nimmt, daß ein Ernährer von vier und fünf Köpfen mehr braucht als ein Alleinstehender, eine Wohnungspolitik, die jungen und kinderreichen Familien vor allen anderen Baubewerbern den Vorrang gibt, eine Bildungspolitik, die es den Eltern erlaubt, all ihren Kindern eine gute Ausbildung mit auf den Lebensweg zu geben.
Das Grundgesetz fordert in Art. 6 Abs. 1 die besondere Sorge und den besonderen Schutz des Staates für Ehe und Familie. Da aber die Verfassungsgrundsätze sich nicht von selbst verwirklichen und in der Demokratie die Mehrheit entscheidet, müssen sich die Eltern zusammenschließen, um ihre Rechte in der Öffentlichkeit zu sichern.
Die große Schwierigkeit unserer Arbeit besteht darin, daß die Probleme, Sorgen und Anstrengungen der Familien in den Massenmedien weithin nicht die Darstellung finden, die ihnen aufgrund ihrer persönlichen und politischen Bedeutung zukommen, sondern eher lächerlich und überholt, mit negativer Tendenz, erscheinen. Die Politiker setzen

sich nur für Ziele ein, die im Bewußtsein der Allgemeinheit lebendig sind oder unter dem Druck politisch mächtiger Gruppen in den Blickpunkt gerückt werden. Da die meisten Familien sich um ihre eigenen Belange selbst zuwenig kümmern, war es bisher nicht möglich, im politischen Raum die Schallmauer der Gleichgültigkeit zu durchbrechen und den Familien auf allen Gebieten das zukommen zu lassen, was ihnen zur Erfüllung ihrer entscheidenden Aufgabe zusteht.

Der Familienbund kämpft an allen Fronten:

Im familienpolitischen Bereich um wirksamere wirtschaftliche Förderung, im bildungspolitischen Bereich um Verbesserung der Bildungschancen der Kinder,
im rechtspolitischen Bereich, daß die christlichen Wertvorstellungen von Ehe und Familie nicht aus dem öffentlichen Bewußtsein verschwinden, daß die Tätigkeit der Hausfrau höher bewertet und geachtet wird. Wir anerkennen mit anderen Gruppierungen, daß die Frau frei entscheiden kann, ob sie Hausfrau sein oder einer außerhäuslichen Berufstätigkeit nachgehen will. Wir fordern aber auch, daß die Rechte der Familie, vor allem des Kleinkindes, gewahrt bleiben. Das Kind hat ein Recht auf seine Mutter. Wir sind absolut dagegen, daß die Ehe als Privatsache angesehen wird. Ehe ist für uns auf Lebenszeit angelegt, und die Ehegatten sind zur ehelichen Lebensgemeinschaft, insbesondere zu ehelicher Treue und zum Beistand verpflichtet. Es darf nicht sein, daß die Lösung dieser Gemeinschaft in die Willkür eines Teiles gestellt wird. Bei der Neuregelung des Ehe- und Familienrechts bemühen wir uns, die menschlichen Bezüge auch in Zukunft zu erhalten. Wir wollen verhindern, daß die Eltern vom Bildungs- und Erziehungsprozeß der Kinder ausgeschaltet werden. Wir wehren uns mit allen Mitteln gegen die Gleichschaltung unserer Kinder in einer marxistischen Weltanschauungsschule. Die Leitbilder und Wertvorstellungen der Eltern müssen von der Schule respektiert werden. In einer Arbeitswelt, die immer mehr Freizeit gewährt, sollen die Eltern sich in Ruhe ihren Kindern widmen können.

Es hat sich bewährt, daß sich junge Familien in Familiengemeinschaften zusammenschließen, ihre Probleme besprechen und sich gegenseitig helfen, die Schwierigkeiten ihres Alltags zu meistern.

In den meisten Diözesen der Bundesrepublik ist der Familienbund

keine Mitgliederorganisation, seine Belange werden in den Pfarreien und Dekanaten von Obleuten wahrgenommen, die von den Eltern durch ihre Unterschrift hierzu beauftragt werden. In allen Diözesen besteht ein Diözesan-Familienrat, der in jährlichen Versammlungen alle Aufgaben bespricht, die sich der Familienbund in der betreffenden Diözese stellt. Vor allem ist der Familienbund in den Diözesen bemüht, Bildungsangebote für junge Familien, Ehe- und Elternbildungsseminare durchzuführen. Diese Bildungsbemühungen haben in der heutigen Zeit vorrangige Bedeutung. Auf Bundesebene besteht ein oberstes Organ, der Zentrale Familienrat, der jährlich zweimal zusammentritt. Je zwei Vertreter der Diözesen und hinzugewählte Fachleute sowie die Mitglieder des Präsidiums behandeln regelmäßig die aktuellen Ereignisse auf dem Familiensektor.
Ständiges Führungsorgan des Familienbundes ist das Präsidium, das aus elf Mitgliedern besteht und in regelmäßigen Zusammenkünften alle familienpolitischen Angelegenheiten bespricht. Zur Unterrichtung der Öffentlichkeit dient die monatlich erscheinende „Stimme der Familie", 8 München 15, Pettenkoferstr. 8, die eine breite Information über die familienpolitischen Aufgaben und Probleme gibt.
In einer Zeit, in der so viele moralische Normen preisgegeben werden, in der sich starke Kräfte auch in den Massenmedien bemühen, die verbindlichen Wertvorstellungen, die das Christentum über ein Jahrtausend lang gepflegt hat, abzubauen, in der Ehe und Familie als das Fundament der Gesellschaft angezweifelt und Kinder nicht mehr als Segen betrachtet werden, ist es notwendiger denn je, daß sich alle, die für eine gerecht behandelte, existenzfähige Familie eintreten, zusammenschließen und ihre Stimme für die Familie erheben. Die Familie ist unersetzlich. Die Familien müssen davon durchdrungen sein, daß sie nicht nur eine Verantwortung für ihre eigenen Aufgaben besitzen, sondern auch für die Gesellschaft und die Zukunft. Da auch für die Familien das Wort Goethes gilt: „Nur wer fest auf dem Sinn beharrt, der bildet die Welt", bemüht sich der Familienbund unerschrocken und unermüdlich, ob gelegen oder ungelegen, sich für die gerechten Belange der Familie in der Öffentlichkeit einzusetzen.

Hans Hutter,
Präsident des Familienbundes der
deutschen Katholiken

INHALT

WIR WOLLEN HEIRATEN

WIR FEIERN HOCHZEIT

WIR WERDEN FAMILIE

UNSERE FAMILIE WÄCHST

WIR HABEN ZEIT FÜREINANDER

WIR LEBEN NICHT FÜR UNS ALLEIN

Mitarbeiter dieses Buches

Alt, Dr. Franz	Baden-Baden
Breuning, Professor Dr. Wilhelm	Bonn
Burger, Hannes, Journalist	München
Fesser, Lilo	München
Fischer, Professor Dr. Balthasar	Trier
Gebhardt, Dr. Gusti, Erziehungsberaterin	Frankfurt
Grunenberg, Dorothea, Schriftstellerin	Stuttgart
Gussone, Dr. med. Josef und Elisabeth	Köln
Harbert, Rosemarie, Schriftstellerin	Odenthal
Heidemann, Dr. Johanna	Neustadt
Höflich, Dr. Mechtild	Köln
Högemann, Marta, Direktorin	Freiburg
Hörhammer, Pater Manfred	München
Huda, Margret, Redakteurin	Eichstätt
Hutter, Dr. Hans, Oberbürgermeister	Eichstätt
Krämer, Professor Dr. Peter	Eichstätt
Krause-Lang, Dr. Martha, Direktorin	München
Krauss-Flatten, Dr. Maria, Notarin	Köln
Kreitmeir, Hermann J., Chefredakteur	Eichstätt
Loduchowski, Professor Dr. Heinz	Eichstätt
Meinwerk, Christian, Psychologe	Würzburg
Meves, Christa, Psychagogin	Uelzen
Pöggeler, Professor Dr. Franz	Aachen
Reckmann, Ingrid, Dipl.-Ing.	Münster
Röder, Dr. Gerda, Redakteurin	München
Rötzer, Professor Dr. Josef	Vöcklabruck
Rühm, Constantin, Redakteur	Freiburg
Schmalz, Franz, Redakteur	Aachen
Schmidt, Professorin Dr. Maria	Paderborn
Schweden, Heinz, Redakteur	Bonn
Siewerth †, Professor Dr. Gustav	Aachen
Strätling, Barthold, Psychologe	Rottendorf
Strzebniok, Lydia	Ahlhorn
Theyßen, Hansjosef, Journalist	Aachen
Weskamp, Heinz-Kurt, Studienrat	Zweibrücken